EMBRASSER LA VIE

DU MÊME AUTEUR

AUTOBIOGRAPHIES
J'ai quinze ans et je ne veux pas mourir (Grand Prix Vérité, 1954), Fayard.
Il n'est pas si facile de vivre, Fayard.
Jeux de mémoire, Fayard.

ROMANS
Dieu est en retard, Gallimard.
Le Guérisseur, Fayard.
Pique-Nique en Sologne, Julliard.
Le Cardinal prisonnier, Julliard.
La Saison des Américains, Julliard.
Le Jardin noir (Prix des Quatre-Jurys), Julliard.
Jouer à l'été, Julliard.
Aviva, Flammarion.
Chiche !, Flammarion.
Un type merveilleux, Flammarion.
J'aime la vie, Grasset.
Le Bonheur d'une manière ou d'une autre, Grasset.
Toutes les chances plus une (Prix Interallié), Grasset.
Un paradis sur mesure, Grasset.
L'Ami de la famille, Grasset.
Les Trouble-Fête, Grasset.
Vent africain (Prix des Maisons de la Presse), Grasset.
Une affaire d'héritage, Grasset.
Désert brûlant, Grasset.
Voyage de noces, Plon.
Une question de chance, Plon.
La Piste africaine, Plon.
La Dernière Nuit avant l'an 2000, Plon.
Malins plaisirs, Plon.
Complot de femmes, Fayard.

RECUEIL DE NOUVELLES
Le Cavalier mongol (Grand Prix de la Nouvelle de l'Académie française), Flammarion.

LETTRE OUVERTE
Lettre ouverte aux rois nus, Albin Michel.

Pour plus d'informations concernant les œuvres de Christine Arnothy (titres, résumés, années, éditions étrangères, etc.) consulter son site :

arnothy.com

Christine Arnothy

EMBRASSER
LA VIE

Fayard

« *Les Nourritures terrestres* sont le livre, sinon d'un malade, du moins d'un convalescent, d'un guéri — de quelqu'un qui a été malade. Il y a, dans son lyrisme même, l'excès de celui qui embrasse la vie comme quelque chose qu'il a failli perdre. »

André Gide
Extrait de sa préface à l'édition des
Nourritures terrestres, 1927.

Pour Claude Bellanger
À son fils, François
À son petit-fils, Antoine

Pour Marie-Odile et Philippe Amaury,
avec toute mon amitié.

1

En 1954, je vivais avec Georges et notre fille Anne dans un appartement étroit situé au deuxième étage d'une étroite maison bruxelloise. Nous étions un jeune, même très jeune couple, avec une toute petite fille sage. Nous sortions tous les trois d'un livre d'images. Nous étions des « personnes déplacées », secouées par la guerre. Souvent invités, nous racontions chacun les horreurs de l'Histoire d'une manière discrète. Nous parlions plusieurs langues. Nous n'avons jamais perturbé l'atmosphère des châteaux. Je travaillais dans une librairie comme vendeuse. Georges avait un emploi provisoire dans un bureau international. Nos deux modestes salaires permettaient une existence convenable. Anne avait une place dans une crèche, ensuite elle a été inscrite dans une garderie.

Georges était un jeune homme distingué. Son père, ambassadeur, puis ministre des Affaires étrangères en Hongrie, aurait aimé faire suivre à son fils la filière classique des jeunes futurs diplomates. C'était un personnage remarquable. Après être intervenu au Parlement de Budapest contre les déportations des Juifs, il avait été arrêté le lendemain et envoyé à Auschwitz. Le régime nazi avait décidé de le faire mourir avec ceux qu'il défendait. À la fin de la guerre, il est revenu en

Hongrie dans un état physique désastreux. Hélas, il est mort avant que je puisse faire sa connaissance.

Son fils Georges avait des manières. Pour plaire aux personnes agréables et généreuses qui nous accueillaient, j'ajoutais tout ce que je pouvais comme qualités à la liste de ses vertus. Lorsque je l'ai quitté, ma mise en scène conjugale – que je ne manquais pas de peaufiner chaque fois que l'occasion s'en présentait – s'est retournée contre moi. « Vous abandonnez un jeune homme aussi parfait ? »

À Bruxelles, nous étions les protégés d'un sénateur – écrivain, poète, humaniste – et de sa femme. Les deux oiseaux mazoutés arrivés de Paris et leur fille, née à Bruxelles, étaient devenus en quelque sorte leurs enfants adoptifs. En dehors du sénateur R., de sa femme et de leurs enfants, nous étions entourés de gens sympathiques, soucieux de notre destin. Un avocat bénévole intervenait lorsqu'il s'agissait d'obtenir la prolongation de nos permis de séjour. Nous avons été qualifiés d'abord de personnes déplacées, ensuite d'apatrides. Je me sentais en transit. Je n'imaginais pas toute une vie avec Georges. Je voulais parcourir le monde, écrire des romans, des reportages, essayer de transmettre à l'Occident des images de l'Europe centrale. Les sujets se bousculaient en moi. Je cherchais une sortie à notre existence où seule l'écriture était mon oxygène.

Pendant le siège de Budapest, dans la cave de l'immeuble où nous habitions, l'écriture m'avait aidée à espérer une autre vie, ailleurs. Mes cahiers relatant le journal du siège ne me quittaient pas. Je ne m'en séparais jamais. L'un des directeurs de la radio belge s'intéressa à ce journal. Je lui avais montré quelques feuilles de mes manuscrits et, quand il m'invitait à prendre un café à la cafétéria de la radio, il évoquait les sujets qui me passionnaient. Connaissant ainsi mon intérêt pour la politique, il m'a offert la possibilité d'interviewer un homme d'État belge de réputation internationale. Au cours de cette rencontre, j'ai réussi à enregistrer une déclaration sur les pays de l'Est, les réfugiés et l'Europe en général. Ce grand personnage était patient et moi, munie d'un magnétophone à bout de souffle, j'ai pu lui faire dire certaines vérités sur la situation des pays situés au-delà du rideau de fer.

Un jour, l'ami de la radio est venu nous rendre visite en fin d'après-midi. Il m'apportait une page du *Soir* où il avait lu une annonce publiée par un journal français, *Le Parisien libéré*. Ce quotidien fondé à la Libération avait créé le « Grand Prix Vérité », destiné à couronner un témoignage en rapport avec les événements historiques que l'Europe avait traversés. Le document devait présenter aussi des qualités littéraires. « Votre histoire du siège de Budapest, dit l'ami belge, pourrait les intéresser. Vous avez ici l'adresse où envoyer le texte. À votre place, je le ferais. »

Le lendemain même, j'ai acheté une machine à écrire d'occasion, une Remington. Il fallait pousser le chariot après chaque ligne, et il se bloquait souvent aux deux tiers du trajet. Le travail commencé sur les cahiers d'écolier dans la cave de Budapest résistait au temps. Je n'aurais pas pu y changer un mot. Ce texte, dans sa simplicité, était un témoignage irréfutable sur la tragédie de cette ville où s'étaient affrontées deux armées, les Allemands et les Russes. Je tapais ces lignes avec un soin extrême, j'ajoutais les accents circonflexes à la main. De temps à autre, l'ami demandait des nouvelles du manuscrit. Il me rappelait la date limite de l'envoi. La discrète dissuasion de Georges ne me décourageait pas. Il répétait chaque soir, en rentrant du travail, que je m'épuisais pour rien : « Tout est décidé à l'avance. Ce Grand Prix Vérité est certainement décerné déjà – en principe – à quelqu'un. Le concours n'est qu'une mise en scène pour faire croire aux débutants qu'ils ont encore une chance. Tu te fatigues pour rien. À Paris, tout est combine. – Pas toujours, disais-je. Pas toujours. »

J'ai mis le manuscrit à la poste. Selon les exigences du règlement, j'ai joint ma biographie qui tenait en quelques lignes. Cinq jours plus tard une courte réponse est arrivée : « Mademoiselle, nous avons bien reçu votre manuscrit. Le règlement exige deux exemplaires du récit à soumettre au jury. Veuillez nous faire parvenir une copie. » Les catastrophes déclenchent en moi un sang-froid, sans doute héréditaire, qui me permet de garder la tête hors de l'eau. Je n'ai rien dit à Georges, craignant ses plaisanteries. La mâchoire serrée j'ai dactylographié une deuxième fois le texte. Dorénavant, j'achetais des feuilles de papier carbone par dizaines. Il en resterait, pour l'avenir, quelques-unes dans une boîte plate, jaune. Elles coûtaient cher.

J'ai reçu une deuxième lettre. Mon manuscrit avait été soumis aux membres du jury de ce Grand Prix Vérité, présidé alors par Georges Duhamel, de l'Académie française. Le prix serait décerné le 17 décembre 1954 et je serais – si jamais j'avais la chance de le gagner – prévenue à temps pour venir le recevoir à Paris.

Que faire, lors d'une attente de ce genre ? Que faire dans cette tristesse joyeuse qu'était ma vie quotidienne ? Un jour, je vivais dans l'espoir, un autre dans une feinte indifférence.

Attendre. Attendre une lettre, un appel. Dans la librairie où je travaillais, je vendais aussi des disques quarante-cinq tours, principalement la *Petite musique de nuit* de Mozart, très à la mode. Vendre les livres des autres, quand on porte en soi les siens, qui ne seront peut-être jamais édités, donne l'impression d'être une femme stérile errant dans une nursery.

J'étais de plus en plus taciturne. Georges croyait me distraire avec des réflexions tristes : « Que d'écrivains ou de peintres ne deviennent célèbres qu'après leur mort ! » Je répliquais que je ne voulais pas être célèbre, mais lue. Ne pas écrire dans le vide. Il haussait les épaules.

Le début de décembre en cette année 1954 était glacial à Bruxelles. Il faisait froid dans l'appartement de l'étroite maison. Le sénateur R. et sa femme ne cessaient de m'encourager. « Même si vous n'avez pas ce prix, vous réussirez. Vous avez tant de volonté. »

2

Le Grand Prix Vérité allait donc être décerné le 17 décembre 1954. À quel moment me préviendrait-on, si par miracle je l'obtenais ?

Pour tuer le temps et me tuer aussi, je me levais de plus en plus tôt et je travaillais. J'écrivais un roman qui ne serait peut-être jamais édité. Je me préparais déjà à surmonter l'échec. La douche à peine tiède de ces petits matins me rendait alerte. Je me servais un café et je m'installais devant ma table dont un pied était calé par une feuille pliée en quatre. Le bas du corps emballé dans une vieille couverture, j'écrivais. Il était étrange de reconstituer à Bruxelles l'atmosphère étouffante de la Hongrie occupée par l'armée russe et de décrire Budapest émergeant de ses ruines.

L'heure venue, si c'était mon tour, j'emmenais ma fille à la crèche. Le pavé était luisant, la pluie épaisse, souvent transformée en flocons blancs qui ne résistaient guère au contact du sol. Les matins où je laissais ma fille au milieu d'autres enfants, je volais à la vie une halte dans un café. Il avait l'allure d'un bistrot parisien. Le sol était mouillé et sentait l'eau de Javel. À même la table en formica, je griffonnais sur des feuilles pliées sorties de ma poche les *Chroniques bruxelloises*. Je tentais de reconstituer tous les événements et tous les obstacles que, depuis mon enfance, il me fallait transformer en source d'énergie.

Mon non-avenir me rendait – secrètement – suractive. Plus je me sentais piégée, plus les histoires à écrire me soutenaient. Georges allait-il aligner pendant toute son existence des traductions de textes politiques et sociologiques ? Allions-nous devoir vivre des décennies face à face ? Écouterais-je longtemps ses remarques sur l'inutilité de mon travail matinal, sans répondre ? Je ne disais rien de mes démarches secrètes pour un hypothétique départ vers l'Amérique. Georges ne soupçonnait même pas mon profond désir de partir pour les États-Unis, où vivait – sur la côte Est – ma tante. Elle avait rompu avec sa famille austro-hongroise lors d'un conflit interne dans cette branche où noblesse et argent se défiaient et se méprisaient. Elle n'était ni riche ni accueillante, mais représentait pour moi le salut : l'assurance d'un toit, confirmée par une lettre d'invitation, même mi-figue mi-raisin, aurait été suffisante pour obtenir un visa. Mais elle n'avait pas encore envoyé cette invitation tant espérée.

En 1954, l'émigration aux États-Unis était difficile. Âgée d'à peine vingt ans, mariée depuis quelques mois, je ne possédais qu'un bac de complaisance, obtenu dans un collège de langue française dépendant d'un lycée autrichien. Je possédais aussi un petit carnet gris qui certifiait le début de mes études de lettres à la Sorbonne. Je n'étais pas intéressante pour les États-Unis où on cherchait des couturières, des infirmières et des sages-femmes. J'essayais de m'imaginer gouvernante de langue française au service de riches jeunes Américains. J'avais appris le français en même temps que l'allemand et le hongrois. Au début de mon adolescence, mon rêve était la

France. Mais qui engagerait une gouvernante avec une fille à sa charge ? Et qui désirerait apprendre le français ? Après avoir passé un certain temps – comme personne déplacée – à Paris, dégrisée des premières ferveurs, je désirais m'éloigner de l'Europe que j'avais trop vue à feu et à sang.

Les matins fastes, je reprenais un deuxième café et j'écrivais mon histoire à moi, dont les événements absurdes avaient été provoqués par la guerre. Je rêvais de posséder des dictionnaires. Tout était cher. Mon Petit Larousse, mon trésor unique, je le ménageais. Quand les R. nous invitaient dans leur château d'Arlon, j'allais vers la pièce-bibliothèque pour me revigorer comme dans une oasis. Combien de textes j'écrirais avant qu'on accepte, à Paris, de m'adresser la parole ? Ou combien d'années devrais-je passer en Amérique en plongée complète avant de pouvoir m'exprimer en anglais ?

Les journées à la librairie étaient longues. Nous y vendions une littérature « mondaine » qui ne m'intéressait pas. Les premiers clients de luxe arrivaient vers onze heures. En attendant, je rangeais, je nettoyais, je faisais des inventaires. Je continuais à vivre dans l'atmosphère de l'histoire à laquelle je travaillais chaque matin. J'avais déjà le titre : *Dieu est en retard*.

Depuis l'envoi du manuscrit à Paris, je rentrais à la maison brûlante d'espoir. Notre immeuble était classé « modeste ». Entre le modeste et le pauvre, la frontière est mince. Sur le mur usé de la cage d'escalier, il y avait des boîtes aux lettres en métal, abîmées, tordues, mal fermées, avec des portes – genre couvercles – bringuebalantes. Je regardais la nôtre. Je m'attardais devant. Je n'osais pas l'ouvrir. Cet après-midi, dépassait de la boîte une feuille avec un texte imprimé en rouge. De la publicité.

Ce jour-là, c'était Georges qui reprenait Anne à la garderie. J'étais seule. J'aurais aimé soulager mon angoisse en écoutant de la musique. Je n'avais qu'une petite radio que je portais pour la brancher d'une prise à l'autre. Lorsque les R. nous conviaient chez eux, à Arlon, un de leurs fils mettait des disques et j'écoutais, tassée dans un fauteuil, comme un animal qui cherche à passer inaperçu, les *Cantates* de Bach. Cette musique m'emplissait de tristesse. « Un jour, j'aurai une installation comme ça, pensais-je, mais j'éviterai Bach. »

*
**

Vers le 5 décembre, l'attente devint pesante. Il neigeait, les flocons disparaissaient aussitôt. Sur le palier de notre logement, à gauche de l'entrée principale, il y avait une pièce indépendante dont j'avais pris possession dès notre emménagement. Ma tanière. Sitôt rentrée à la maison, j'allais m'y cloîtrer, « chez moi ».

Lors de notre installation à Bruxelles, des amis appartenant à l'aristocratie du pays s'étaient montrés généreux avec ce couple « si charmant » et agrémentaient périodiquement notre vie quotidienne de cadeaux. Georges et moi étions nés dans ce même milieu si bien que nous nous y déplacions à notre aise. Autrement, nous aurions fait figure de caricatures dans un décor de guignols. Une baronne, peut-être une comtesse, nous reçut un jour et, après le thé bu dans une fine tasse en porcelaine, nous envoya au grenier de son hôtel particulier : « Choisissez tout ce dont vous avez besoin. » Il y avait des meubles dorés de style Louis XV, sans doute venus du château qu'elle avait vendu. Elle nous recommanda fortement de prendre quelques anges en bois aux ailes dorées. Ils avaient des crochets dans le dos, ces anges : on pouvait les suspendre au mur ! Nous avons appris qu'ils avaient été expulsés de la chapelle du château que l'acheteur avait transformée en maison d'invités. Nous avons transporté, dans une camionnette louée à l'heure, deux fauteuils Louis XV aux pieds fragiles et un guéridon dont le marbre était fendu. Nous avons reçu aussi deux lits-bateau Empire, aux lignes magnifiques. Les pieds, manquants ou cassés, furent, grâce aux soins de Georges, remplacés par des briques. Les deux lits, dont l'un était plus long que l'autre, étaient équipés de si vieux matelas qu'ils perdaient – parce que leur toile était trop usée – des brindilles de paille. Sur la coiffeuse de la chambre à coucher, devant un miroir fêlé, étaient posés des peignes et des brosses achetés dans une boutique bon marché.

Comme j'avais reçu en cadeau un lit pliant et deux couvertures supplémentaires, j'ai pris possession avec allégresse de la petite chambre où j'avais accès à partir du palier. Enfin, j'avais mon royaume, mon univers, ma liberté. Traverser la frontière entre la Hongrie et l'Autriche relevait d'une extrême difficulté, mais quitter Georges au milieu de la nuit pour me réfugier dans ma petite chambre et claquer des dents sous les minces couvertures n'était pas un moindre exploit. Il fallait échapper à ses questions prononcées dans un demi-sommeil. Le manuscrit attendait sur la table.

Plus le 17 décembre approchait, plus les jours se vidaient. Le 10, j'avais perdu espoir. Pourtant, j'avais reçu une lettre, sans aucun mot personnel : le prix serait décerné au restaurant *Lucas-Carton* à 12 heures 30, place de la Madeleine.

Les jours suivants, j'ouvrais la boîte aux lettres avec une fiévreuse impatience. Une fin d'après-midi, la fragile porte m'est restée dans la main tellement j'avais été brusque. J'ai dû la réajuster en la coinçant. Quand on est une personne déplacée – donc rien –, quand on paye très peu de loyer dans une maison digne mais pauvre, il ne faut rien abîmer.

Le 11 décembre, Georges faisant des heures supplémentaires, je devais aller chercher ma fille. Elle était maussade. Elle avait dû attraper froid. Je la pris dans mes bras pour monter à l'étage. Son petit lit était installé dans la pièce du milieu. Elle avait un « parc », un carré en bois formé de barreaux. Elle s'amusait avec des jouets qu'avaient donnés des amis belges dont les enfants avaient grandi. Elle portait des vêtements que nous avions reçus par valises entières, des choses très chic qui avaient déjà vécu plusieurs vies. Ces cadeaux n'étaient pas humiliants mais précieux, et offerts d'une telle manière que nous semblions rendre service aux donateurs en les acceptant.

Le 12 décembre 1954, toujours rien. Georges était satisfait. Depuis le temps qu'il répétait que je n'aurais jamais ce prix ! D'ailleurs, mes histoires ne l'intéressaient guère. Mais il aimait dire aux amis : « Ma femme écrit. » Phrase anodine prononcée dans le tunnel où nous vivions. Tunnel pour moi. Pas pour lui.

À force de travailler avec une mauvaise lumière, j'avais mal aux yeux, comme dans la cave de Budapest occupée d'abord par les Allemands, « libérée » ensuite par les Russes. Pour les Hongrois, c'était passer d'une occupation à l'autre. Je m'efforçais de décrire avec objectivité le comportement de la société hongroise, la manière dont elle réagissait à la guerre.

Non slaves, rebelles, les Hongrois étaient haïs par les Russes. La réciproque était vraie. Une irrémédiable incompatibilité ethnique persistait entre eux depuis des millénaires. La fureur des Russes n'était que plus redoutable à leur arrivée en Hongrie, où l'armée allemande avait mis au pouvoir un groupe pro-nazi, antisémite, un gang sanguinaire. J'écrivais à Bruxelles l'histoire d'une couche de la société hongroise et de ceux qui voulurent « s'accommoder » plus tard des « libérateurs » russes en cherchant leurs grâces. Il s'agissait de leur survie. J'attachais de l'importance à chaque mot, je voulais être objective, un scribe, rien d'autre.

Le 13 décembre, je n'espérais plus le prix. Un pharmacien amical, dont je gardais – en cas de besoin pendant les week-ends – l'enfant avec notre fille, m'a donné un calmant. Je faisais mes premiers pas dans le domaine des produits « anti-angoisse ». Je ne me nourrissais presque plus. Et comme j'étais à l'époque une mince petite chose blonde – je m'appelais l'« endive » –, je n'avais pas beaucoup de marge pour maigrir. Je me voyais déjà condamnée pour toute l'existence à garder des enfants et à vendre les livres des autres.

Le 14 décembre, j'abandonnai l'espoir d'en sortir : je ne serais jamais lauréate du Grand Prix Vérité du *Parisien libéré*. Je continuerais à écrire dans mon tunnel et je taperais avec deux doigts *Dieu est en retard*, que j'enverrais à des éditeurs qui le jetteraient. « C'est quoi, ça ? Qui est cette inconnue qui ne sait même pas ce qui est "politiquement correct" ? »

Le 15 décembre, je pris un puissant somnifère. Je me suis réveillée à l'aube, mon oreiller trempé de larmes. Le chagrin épuise, même dans le sommeil. Dans la salle de bains, j'ai tourné mon visage vers le filet d'eau de la douche. J'ai passé ma journée à la librairie. J'ai accepté de faire des heures supplémentaires. Je devais prendre l'enfant à la crèche, mais Mme R. me dit qu'elle irait la chercher. Elle était compatissante et d'une extrême douceur.

Le 16 décembre, à midi, je suis revenue à la maison. Dans la petite boîte aux lettres, juste une publicité. Le 16, vers 18 heures, je décidai de m'extraire de la vie quotidienne, de la routine. Je voulais dormir, être déjà au lendemain. J'ai confié Anne à Georges, je me suis retirée dans ma petite chambre et j'ai pris dans mes réserves une double dose de somnifère.

Je devais enfin dormir sans rêve lorsque, dans mon néant, j'ai entendu frapper. Comme je n'avais pas fermé la porte du palier, Georges a pu entrer. Il m'a secouée pour me réveiller. « Il y a une lettre exprès pour toi. Je dois donner un pourboire au facteur. Est-ce que tu as de la monnaie quelque part ? » Il avait des manières, Georges. Il savait qu'il fallait donner un pourboire au facteur lorsque celui-ci délivre un courrier spécial. La chaleur de l'espoir monta en moi. Je n'étais ni réveillée ni endormie. Je flottais. Puis j'ai dit : « Dans mon sac, là. » Mon sac était par terre. Georges y a pris de la monnaie. Il est descendu, remonté en tenant la lettre : un papier couleur ivoire, marqué *Le Parisien libéré*. J'ai déchiré l'enveloppe.

3

Pieds nus sur le sol glacé, grelottante, j'ai lu la lettre :

« Mademoiselle, nous avons le plaisir de vous informer que vous êtes la gagnante du Grand Prix Vérité 1954. Le Prix sera décerné lors d'une conférence de presse, le 17 décembre à 12 h 30, au restaurant Lucas-Carton. Nous vous attendons à l'endroit et à l'heure indiqués. Veuillez recevoir l'expression de nos sentiments distingués. »

J'ai déchiffré quelques mots manuscrits ajoutés en bas de la feuille : « Nous comptons sur votre présence. » Puis des initiales griffonnées.

— Alors ? demanda Georges. Quelles nouvelles ?

Je tenais la lettre, je la relisais, je retournais l'enveloppe. Date de l'envoi : 15 décembre.

— Alors ?

Georges insistait :

— Parle !

— J'ai gagné le Prix. Je dois être à Paris demain. À midi trente.

Je tremblais tellement que je n'ai même pas pu dire : « Je suis heureuse. » Georges a haussé les épaules.

— Mets un pull. Ou recouche-toi. Tu vas attraper froid.

— Je dois aller à Paris.

J'étais comme une bête qui attend que le gardien ouvre la porte de la cage.

— Insensé, a dit Georges. Te prévenir si tard ! Tu veux partir comment ? Nous n'avons même pas encore un permis de séjour définitif. Tu n'as aucun droit de quitter ce pays ni d'entrer dans un autre.

Le froid montait le long de mon corps :

— Je dois être demain midi à Paris.

— Ils t'enverront ton prix, a-t-il dit avec impatience. Ce n'est pas si important que ça. Pour le Goncourt, je comprendrais ! Mais un prix décerné par un journal...

Je le regardais. Il était de mauvaise humeur. Dans sa vie quotidienne, prévue sans heurts, cette nouvelle risquait de créer des troubles. Je restais douce, presque inerte. Je ne pouvais pas me brouiller avec lui juste avant mon départ, il fallait qu'il prenne notre fille à sa charge.

— Je dois m'organiser, Georges. Si tu pouvais me faire un café.

— Maintenant ? À dix heures moins le quart ? Un café ?

— Je me suis assommée avec un somnifère. Tu le sais bien. Il faut m'aider.

— Je ne fais que ça.

Il a jeté un coup d'œil à la lettre :

— En aucun cas tu ne pourras être à Paris à temps. Tu as oublié qu'il y a une frontière ?

— Sans barbelés.

Il a hoché la tête.

— Les gens de ce journal, tu vas les appeler demain matin et leur expliquer que la lettre est arrivée trop tard. Tu ne seras pas à Paris. Ce n'est pas ta faute ! Ils te feront parvenir l'argent et l'affaire sera réglée.

— Il s'agit de mon avenir, ai-je remarqué comme si je parlais de courses à faire au magasin d'à côté.

— Ce n'est pas ce prix qui va arranger ton avenir.

— Si. Je pourrais rencontrer un éditeur qui s'intéresse au manuscrit. Je dois être à cette réception de presse.

— À quoi bon ? Une heure après, tu seras oubliée. Que tu y sois ou non, ça revient au même. Recouche-toi et dors. En tout cas, c'est ce que je vais faire. On crève de froid, ici.

J'ai enfilé un jean encore acheté à Paris et de grosses chaussettes. Je me suis précipitée dans l'appartement. J'ai pris le téléphone et composé le numéro de M. R. Après plusieurs sonneries, c'est le sénateur qui prit la communication.

— Bonsoir. Pardonnez-moi de vous appeler si tard.

— Christine, dit-il, qu'est-ce qui se passe ? L'enfant est malade ?

J'ai résumé en quelques phrases la situation. Le rendez-vous à Paris. Il m'a félicitée, ravi. Pas pour longtemps : je lui ai rappelé que je n'avais pas de papiers d'identité valables pour traverser la frontière.

— Demain, à Paris ? répéta-t-il. Il y a un train qui part tôt le matin. Je le prends souvent. La réception est à quelle heure ?

— À 12 heures 30, au restaurant *Lucas-Carton*. Si Mme R. voulait bien garder ma fille, ce serait déjà une grande aide. Mais le passage de la frontière...

— Je vais le lui demander tout de suite – il m'écoutait à peine –, je reviens.

Mme R. est venue me parler, me féliciter et me rassurer. Les R. se révélaient une fois de plus des parents de rechange.

Ils remplaçaient les miens qui se trouvaient toujours en Autriche.

— Vous pouvez m'amener la petite avant votre départ. Sinon, Georges la conduira ici.

Elle redonna l'appareil à son mari et j'ai répété :

— Je n'ai aucun document. Pas de laissez-passer...

Quand nous étions partis de Paris, Georges et moi avions été obligés de rendre à la préfecture nos permis de séjour provisoires. Dès que nous avions quitté la France, les fragiles liens avaient été rompus.

Le sénateur se rappelait soudain, mécontent, que la définition de mon état civil était, d'après le permis provisoire, « personne déplacée ». De six mois en six mois un tampon autorisait une prolongation de séjour. Il réfléchit à haute voix :

— Il est trop tard pour réveiller l'ambassadeur de France et lui demander un laissez-passer. Je crois que j'ai une solution. Attendez...

Il revint au bout de quelques minutes, annonçant qu'il m'emmènerait lui-même à Paris.

— Ma voiture est connue des douaniers luxembourgeois. Ils ont l'habitude de me voir passer avec mes enfants. Ils ne demanderont pas de papiers. Mon fils aîné nous conduira.

*
**

Le lendemain matin, le père et G., le fils, sont venus me chercher. D'abord, nous avons déposé ma fille Anne chez Mme R., ensuite nous avons continué vers la frontière luxembourgeoise. G. était un jeune homme poli. Il n'avait pas refusé la corvée. Il conduisait, muet. Le sénateur me parlait de ses rencontres avec les hommes politiques à Paris. Les routes traversaient des paysages de forêts couvertes de givre. Il faisait un vrai temps d'hiver avec de la neige et des flocons scintillaient dans le soleil pâle.

J'étais en route vers Paris, la ville que j'avais quittée dans un état physique pitoyable. Enceinte, je n'y trouvais plus de travail et, à la fin, nous n'avions même pas d'argent pour acheter des sandwiches. On pouvait avoir faim à Paris en 1949-50. Grâce à des relations qui avaient parlé de nous à des Belges possédant de l'argent et du cœur, nous avons été accueillis dans un château, chez des amis des R. Nous n'étions pas là-bas un « surplus de l'humanité difficile à caser », mais considérés comme des invités depuis longtemps attendus. Puis ces mêmes hôtes nous avaient aidés à nous installer à Bruxelles.

De la voiture, j'ai aperçu le poste de contrôle. L'angoisse m'a saisie. Pas de mirador. Juste quelques uniformes. L'un des douaniers s'est penché vers la vitre de la voiture :

— Monsieur R. Comment allez-vous ?

R. a fait un geste de grand seigneur.

— Comme toujours entouré d'enfants. Nous allons passer la journée à Paris.

Un joli salut et le geste : « Allez-y. » Au volant, G. a redémarré, imperturbable, conscient de l'importance de sa mission. « Passez. » Le même rituel s'est reproduit du côté français : le sénateur et sa nombreuse famille étaient connus. Vêtue d'une robe noire boutonnée devant et agrémentée d'un petit col, je me sentais fondue dans le décor. La ceinture de ce vêtement de magasin bon marché faisait deux fois le tour de ma taille. Mon manteau d'hiver était aussi de couleur foncée.

En approchant de Soissons, le sénateur a voulu me raconter l'histoire du vase, mais l'atmosphère ne s'y prêtait guère. Je n'ai pas osé tout de suite attirer son attention sur la fumée qui s'échappait du capot. Je pensais que c'était l'effet du froid. Mais la fumée devenait blanche et la voiture n'avançait plus qu'avec de légers sursauts. G. craignant une panne, nous avons roulé au ralenti jusqu'à un garage situé à l'entrée de la ville.

Il y a eu aussitôt un attroupement, le patron a ouvert le capot et a déclaré qu'on n'avait pas mis assez d'eau dans le moteur et que les bielles avaient coulé. Les bielles ? Je n'avais aucune idée de ce que c'était. La scène du garage ressemblait à un enterrement. Le patron et son personnel entouraient une voiture noire, un sénateur vêtu de noir, une fille en noir. Le capot était ouvert, on aurait pu croire que l'assemblée contemplait avec respect un cadavre.

Le sénateur, conscient de la difficulté, surtout de l'enjeu que ce prix représentait pour moi, a demandé au garagiste de nous trouver un taxi. Celui-ci a appelé aussitôt l'un de ses amis. G. a pris place devant, à côté du chauffeur, le sénateur et moi derrière. Nous sommes partis en silence.

Que la route semblait longue. Enfin, nous avons traversé des banlieues sinistres, longé des avenues bordées d'immeubles décrépis, puis peu à peu nous sommes arrivés dans le Paris chic, le Paris élégant. La Citroën noire s'est arrêtée devant le restaurant *Lucas-Carton*, place de la Madeleine. Il était 13 heures 10. Deux hommes courtois mais pressés m'attendaient à l'extérieur. Du garage nous n'avions pas pu appeler le restaurant pour prévenir du retard : la ligne était en dérangement.

— Mademoiselle Arnothy ?

— Oui. Je suis navrée de vous avoir fait attendre. La voiture est tombée en panne à Soissons. Nous sommes venus en taxi. Ce monsieur, ici, est un sénateur belge. Sans lui...

L'un des hommes a esquissé un sourire : « Pas le temps maintenant. » Il était chargé de me conduire jusqu'au salon du restaurant, situé au premier étage. Nous avons traversé le rez-de-chaussée au pas de charge.

Je me suis retournée vers le sénateur, désespérée de paraître impolie. Il m'a fait signe de suivre l'homme qui me conduisait. Je n'ai même pas pu demander à quel moment il me ramènerait à Bruxelles. Sans M. R., je ne pourrais pas retraverser la frontière franco-belge. J'espérais qu'il n'allait pas repartir seul. Au premier étage, même pas une seconde pour m'apercevoir dans l'un des miroirs du couloir. Un léger brouhaha me parvenait. Puis la porte s'ouvrit.

Sur un fond rouge, dans les éclats de lumière des lustres en cristal, je ne voyais que des visages, partout des visages. Ils semblaient flotter sans corps, peut-être parce que tout le monde se penchait vers moi. Pour expliquer mon retard, j'ai tenté de raconter la panne à Soissons. Personne n'écoutait. Un micro apparut près de mon visage. « Pour Paris-Inter », m'a dit le journaliste. Entourée d'un cercle assez serré, sans connaître ceux qui étaient là, il fallait répondre.

— Êtes-vous contente ?
— Je suis heureuse.
— Vous arrivez de Hongrie ?
— Non, de Bruxelles.

Soupçon de désappointement. Je ne correspondais pas au cliché. La petite Hongroise aurait dû venir de Hongrie. Qu'est-ce qu'elle faisait à Bruxelles ? Pas dans le contexte, la lauréate. Ils avaient oublié le rideau de fer.

31

— C'est votre première visite à Paris ?

— Non. Je connais Paris.

Trouble-fête, la lauréate.

— Votre français est parfait. Vous êtes pourtant hongroise.

— Merci, ai-je dit. Merci. J'ai appris le français, enfant. Beaucoup de Hongrois parlent le français.

Quelques questions sur la guerre, les Russes, les bombardements, puis des mains tendues vers moi. Un monsieur âgé, au sourire jovial, m'a ouvert les bras. « Georges Duhamel, de l'Académie française », a susurré l'homme qui me guidait dans cette petite foule brillante. Il était l'un des rédacteurs du journal, spécialisé dans les événements parisiens. Il m'a offert, pris sur un plateau tendu vers nous par un serveur qui passait, une coupe de champagne. Je l'ai acceptée, mais j'ai cherché aussitôt une place où déposer le verre qui m'encombrait. Quelqu'un me l'a enlevé. Les flashes crépitaient.

*
**

Soudain, le cercle autour de moi s'est écarté pour laisser passer un homme élégant, élancé, aux yeux brillants derrière des lunettes à la monture sévère.

— Claude Bellanger, a-t-il dit. Je suis ravi de vous accueillir.

— Nous étions en retard, ai-je répondu.

Puis, par bribes : « Panne de la voiture, taxi... »

— Je ne vous ai pas saluée tout de suite, il fallait laisser travailler les journalistes.

— Êtes-vous journaliste aussi ? ai-je demandé.

— En effet. Je dirige ce journal.

— Ces petits mots à la fin de la lettre, c'est vous qui les avez ajoutés ?

— Oui. Je voulais être sûr que vous viendriez. L'annonce du prix et des rumeurs autour d'un possible événement ont amené beaucoup de monde.

Je lui ai rappelé l'existence du sénateur, abandonné à la porte du restaurant.

— C'est grâce à lui que je suis là.

— Je lui suis très reconnaissant. Vous dites : M. R. ? L'homme politique ?

— Vous le connaissez ?

— De nom. Où est-il ?

— Je l'ai quitté devant la porte du restaurant, avec son fils.

— Nous allons l'inviter, et son fils aussi.

Il s'est éloigné une minute, sans doute pour donner des instructions concernant le sénateur. Sa silhouette élégante apparaissait ici et là, tandis que je répondais aux questions. On m'enleva mon manteau. Mme Duhamel m'embrassa. « Pauvre petite, a-t-elle dit. Quelle aventure, la guerre, si jeune. Georges adore votre livre. » J'étais troublée par le « Georges », le prénom de Duhamel. Le mot « adorer » revenait souvent.

J'étais au milieu d'un tourbillon de personnages, les photographes ne me lâchaient pas. Si j'avais pu seulement m'apercevoir dans un miroir ! Aucune chance. Un homme de petite taille, le regard aigu, s'est approché de moi.

— Je suis M. H., des éditions Gallimard. Je suis content de faire votre connaissance. Nous aimerions avoir une option sur votre journal de guerre.

— Pour Gallimard ? ai-je dit.

Les lustres valsaient au plafond. Mille et un éclats. Gallimard. Le rêve.

— Si vous nous donnez une option, nous serons la première maison qui aura votre texte en lecture.

— Évidemment, vous avez l'option.

— Vous êtes à quel hôtel ? Je vais vous apporter cet après-midi un accord à signer.

— Pas la peine de vous déranger. L'option, vous l'avez !

Les serveurs offraient de petites choses chaudes et sûrement délicieuses. J'avais faim, mais je ne prenais rien. Je ne voulais pas m'encombrer les mains. J'étais grisée. Le mot « Gallimard » avait agi comme un verre de champagne. Un homme très mince aux yeux noirs et aux cheveux noirs plaqués comme ceux d'un danseur espagnol m'a interpellée et a demandé une option pour Fayard.

— J'ai déjà...

— Je vous ai vue avec M. H. Avez-vous signé quelque chose ?

— Non.

— Alors, c'est bien. Vous savez, Fayard est l'éditeur le plus prestigieux pour les ouvrages d'histoire.

— Je n'écrirai ensuite que des romans...

Il y eut alors l'annonce officielle de mon prix à la presse. Claude Bellanger déclara que le Grand Prix Vérité de 1954 était décerné à une jeune Hongroise francophone. Je l'écoutais. Il parla de la misère de la guerre et de la promesse littéraire que je représentais. Je le trouvais séduisant. Une manière d'être, un charme, l'aura d'un métier. Claude Bellanger. Un beau nom. Il me semblait que j'étais davantage troublée par lui que par le prix. Il est venu vers moi, m'a prise par le bras.

— Pas trop fatiguée ?

— Non. Le sénateur...

— Nous l'avons retrouvé, il va assister au déjeuner.

Les journalistes partis, nous avons été invités à nous installer à table. J'ai aperçu M. R. qui m'a fait signe de l'autre côté. L'aventure de Soissons fut bientôt répandue. J'étais placée entre Georges Duhamel et Claude Bellanger. Nous échangions des phrases anodines.

— Nous commencions à nous inquiéter. Vous étiez en retard. Heureusement qu'il y a eu le taxi. Vous n'avez pas pris de marge — je veux dire de temps — pour rejoindre Paris.

— J'ai reçu la lettre hier soir.

Il a froncé les sourcils.

— Hier soir ? Seulement ?

— Oui.

— Je vais me renseigner. Je vous ai vue avec M. H...

— Je lui ai donné une option.

Il eut l'air étonné.

— Quand ?

— Maintenant.

— Vous avez signé quelque chose ?

— Non.

Il me semble qu'il y avait des tranches de foie gras. J'entendais mentalement les cris de souffrance des oies.

— Vous aimez le foie gras ?

Je me suis contentée de sourire. Des pointes d'asperges à côté.

— Vin blanc ? demanda le serveur.

— Rien. De l'eau.

La voix de Claude Bellanger me parvenait comme en sourdine.

— Le choix de votre éditeur... important. Nous avons eu déjà plusieurs demandes de lecture...

J'étais légère :

— J'ai donné une option aux éditions Fayard aussi.

— Ça ne se fait pas exactement comme ça, a-t-il dit. C'est sérieux, une option.

— Tant mieux. Je suis comblée. Il y a quelques jours, personne n'aurait voulu de moi...

— Vous avez fait une promesse formelle ?

— Je ne sais pas. J'ai juste dit « oui ».

— Au moment du choix définitif, on pourra évoquer votre manque d'expérience.

— J'aime Gallimard, ai-je dit.

— Pour les romans, en effet. Mais Fayard est le spécialiste des documents qui sont aussi de la littérature.

— Une tranche de plus, mademoiselle ?

— Non. Merci. Je n'écrirai que des romans, ai-je répété. Ce texte que vous avez eu n'aurait jamais existé sans la guerre. Si je n'avais pas eu l'impression que l'écriture m'aiderait à survivre, je n'aurais pas tenu ce journal. Ensuite, il n'y aura que des romans. Le « je » ne m'intéresse pas.

Le bruit des conversations s'estompait. Claude Bellanger se penchait souvent vers moi et souriait. Il m'interrogeait. Je m'entendais répondre de loin : « ... toujours voulu écrire... » Je perdais au fur et à mesure ma consistance, il me restait ma voix. La personnalité et la douceur de ce directeur de journal, renforcées par la magie du moment, me désorientaient. Apesanteur. Premiers pas sur la lune parisienne. Son visage, son regard, son attitude laissaient supposer – peut-être que je l'imaginais – une certaine tendresse à mon égard. Ou une extrême politesse...

36

Si, à ce moment, quelqu'un m'avait obligée à exprimer mes pensées, j'aurais dit : « Je vis à la fois le début et la fin du monde. » Si on m'avait demandé : « Juste après le repas, vous voudriez faire quoi ? – Partir pour les États-Unis, vivre là-bas. Me sauver de Paris. De Claude Bellanger. – Que vous a-t-il fait ? – Rien. Il me semble juste qu'il pourrait devenir aussi essentiel dans ma vie que l'écriture. Je ne peux pas me permettre le luxe d'être vulnérable. »

En acceptant du serveur quelques haricots verts noués en forme de fagot, je m'efforçais intérieurement de neutraliser l'attirance que C.B. exerçait sur moi. Il me fallait écarter de moi tout désir d'être avec lui. Si je ne prenais pas d'extrêmes précautions morales, le piège de l'attirance pourrait se refermer sur moi. J'avais une puissante envie de fuir. Je désirais plus que jamais l'Amérique. Devenir écrivain de langue anglaise, comme Conrad, d'origine polonaise, ou Koestler, d'origine hongroise. D'où venait cette peur absurde, ce besoin d'être ailleurs ? Je voulais à l'avance me sauver d'une dépendance sentimentale parce que l'homme à côté de moi – je le sentais – aurait pu bouleverser mon équilibre. Il était le Français tel que ma mère le décrivait. Enfant de vieux parents saturés de culture, ayant vu des intellectuels riches devenir pauvres, j'avais pu développer un certain instinct de défense. Mais le destin m'avait placée à côté de l'idole emblématique de tout un pays, idéalisée plus encore par ma mère.

Le Prix Vérité me comblait mais que savais-je de l'homme assis à côté de moi ? Rien. Et lui de moi ? Rien. Je n'étais qu'une lauréate parmi d'autres, il m'oublierait. Il fallait me défendre de tout fantasme de le revoir, de l'écouter, de lui parler. Conclusion ? Faire face, se taire, vaincre et se vaincre.

Partir dès que possible à l'autre bout du monde pour éviter les dangers d'une profonde émotion, physique et morale.

Georges Duhamel me parlait de littérature française, j'évoquais quelques-uns des titres de ses romans. Il était satisfait. Puis, je me suis retournée vers Claude Bellanger pour demander des renseignements sur le journal dont j'étais la lauréate. J'ai vite absorbé les quelques éléments utiles à une novice. Une des expressions de De Gaulle, « Paris libéré », était à l'origine du nom du journal : *Le Parisien libéré*. Le premier numéro, une page recto verso conçue par Claude Bellanger, avait été distribué sur les barricades, lors de la Libération de Paris, par lui et les typographes qui avaient composé la page dans la nuit. Tout me semblait irréel. Je sortais des décombres de la Hongrie pour me trouver écrasée à Paris par des noms et des notions prestigieuses. La France. La Libération. De Gaulle. Barricades. Héroïsme. La séduction d'une personne dans l'aura de l'Histoire. Claude Bellanger. Moi, qui barbotais dans cette langue en faisant des châteaux de rêves, j'étais emportée par une lame de fond. À quoi pouvais-je me cramponner ? J'étais dépassée.

Notre destin était joué aux dés par des dieux qui s'amusaient. Ces dieux savaient que l'homme au sommet de sa carrière avait accusé – lui aussi – le choc de cette rencontre. Plus tard, sur les photos, on découvrirait son regard qui ne me quittait pas.

Un coup de foudre entre une fille d'à peine plus de vingt ans qui n'est rien et un homme de quarante-cinq ans à la tête d'un puissant journal provoque une situation à la fois bouleversante et ridicule, où le banal et l'exceptionnel s'entrechoquent. À la main gauche de Claude Bellanger, une alliance. J'en avais une aussi. Nous étions prisonniers tous les deux. Un homme, aussi raffiné, aussi intelligent soit-il, a besoin de réflexion pour comprendre ce qu'une femme, même très jeune, perçoit en peu de temps.

Pendant le déjeuner, il a consulté l'objet culte de notre future existence : son petit carnet qu'il appelait le « calepin », où s'alignaient ses rendez-vous. À cause de Soissons, ce déjeuner se terminait plus tard que prévu.

— Donc la lettre — il revenait à la charge —, vous ne l'avez reçue qu'hier ?

Au lieu d'être envoyée à Bruxelles le 9 décembre, elle avait été expédiée en express une semaine plus tard. J'ai répété que je l'avais reçue le 16 au soir. La veille de la remise du prix.

Il a noté quelque chose dans le calepin. Entre-temps, Duhamel avait analysé les qualités de mon récit et énuméré les raisons qui l'avaient décidé à voter pour moi.

— Vous vous êtes mariée très jeune, a dit Claude Bellanger.

La réponse fut abrupte :

— Parce que j'ai eu une petite fille. Il lui fallait un nom.

Expliquer que c'était un mariage de raison, dans l'intérêt d'un enfant, et qu'il ne durerait pas ? Ç'aurait été une sorte d'appel ou de signal.

— Qu'est-ce qu'il fait, votre mari ?

— Des travaux historiques et sociologiques. Un fils d'ambassadeur sans pays n'a pas trop de perspectives dans l'immédiat.

À tour de rôle, m'interpellant ici et là, les membres du jury m'interrogeaient. Parfois, les questions étaient — comme on dit avec une fausse délicatesse — « pointues ».

— Tous ces cadavres à Budapest ? C'était vraiment comme ça ?

— Et ce train chargé de munitions sur les rails du tramway, devant l'immeuble où vous habitiez. Vous l'avez vraiment vu, ce train ?

— Après l'explosion d'un wagon, nous sommes devenus sourds, à cause de la déflagration. Cette surdité a duré deux jours. Nous correspondions par signes. Peu à peu, l'ouïe s'est remise à fonctionner. Tout est authentique dans ce livre. Chaque mot, chaque événement.

— Vous donnez une description bien méchante de l'armée russe entrant à Budapest.

— Pour les Russes, Budapest était un territoire ennemi. Ils y affrontaient les Allemands qui voulaient gagner la guerre dans cette ville, du moins en faire un dernier obstacle. D'où la destruction des ponts qu'ils ont fait sauter sur le Danube.

— Vous oubliez qu'ils vous ont libérés des Allemands ?

— Je n'oublie rien du tout. Sur le plan humain, l'intérêt capital de l'armée russe, c'était la libération des prisonniers des camps d'extermination, notamment d'Auschwitz. C'est grâce à eux que mon beau-père est encore en vie.

Claude Bellanger, pour me soulager de ce genre d'interrogations, voulut connaître mes lectures. « Vous m'en parlerez à notre prochain déjeuner. » Il comptait me revoir ? S'il m'invitait, je pourrais lui dire que je voulais partir pour les États-Unis. Avec ma fille. Chez ma tante. Lui annoncer mon désir de départ immédiat, ce serait déjà un début de dégagement. Mais de quel lien inexistant voulais-je me dégager ? Ces précautions semblaient absurdes. Mon subconscient était comme un garde-meubles où on entasse les éléments non exprimés, où on étiquette les interdits. J'entendis la voix de Duhamel :

— Mon enfant, regardez ce plateau de fromages ! Nous avons plus de trois cent soixante-cinq sortes de fromages en France. Si vous passiez ici une année entière, vous pourriez goûter un fromage différent chaque jour. Quels sont vos autres projets littéraires ?

Le plateau de fromages — déposé au milieu de la table pour que je l'admire, c'était un honneur, je l'ai su plus tard — annonçait la fin du repas. Avec les étiquettes piquées dans chaque variété, l'ensemble ressemblait à un cimetière miniature. « Ci-gît Chavignol ». « Ci-gît seigneur Roquefort. » Le Père-Lachaise des fromages. La mort. Je ne verrais plus Claude Bellanger. Peut-être plus jamais. Il oublierait le déjeuner dont il venait de parler. Pourquoi m'inviterait-il ? Je serais une perte de temps pour lui. Pourtant, je l'exposais à un danger. Moi. Cet astéroïde égaré, tombé dans un restaurant parisien pratiquement dans son assiette. J'avais l'impression que je ne lui étais pas indifférente.

Duhamel relança sa question :

— Ce roman, auquel vous avez fait allusion...

— Le titre est *Dieu est en retard.*

Il paru intrigué. Il avait pour moi l'intérêt d'un entomologiste qui aurait repéré un insecte rare.

— Un reproche à Dieu ?

— En quelque sorte. À Yalta, il était en retard. À cause de son absence, quatre hommes politiques, dont Staline, ont offert une partie de l'Europe en cadeau à l'autre bloc.

— De Gaulle était présent à Yalta, a-t-il dit, étonné de la vivacité de la réponse.

La lauréate n'était donc pas le doux agneau avec un petit ruban autour du cou. Elle exprimait des idées interdites, volontairement effacées.

— Le Général en retard, ai-je dit, n'a pas pu éviter une tragédie à plusieurs peuples.

Duhamel semblait incommodé par ma définition du partage du monde. Il se tourna vers un autre sujet.

— Votre français est parfait, a-t-il dit. Vous l'avez apprise, notre langue, quand et comment ?

— Grâce à ma mère et à mes études partiellement en français, en Autriche. Quelques semestres ensuite à la Sorbonne.

— Donc, vous avez déjà été à Paris ?

— Oui. Étudiante et bonne d'enfants.

— Comme c'est beau, a-t-il dit romantique. J'ai été à Vienne dans les années trente. Mais pas à Budapest. Non. Connais pas. Ce que vous décrivez dans votre journal de guerre est tragique.

L'un des membres du jury – il me fut désigné ainsi, je n'ai pas saisi son nom – s'est penché par-dessus la table vers moi :

— L'histoire de la bague que votre mère aurait donnée à un garçon de café, à Vienne, me semble un peu exagérée, non ? Ça fait sourire...

— Nous ne devions pas attirer l'attention sur nous...Il ne fallait pas s'exposer à une réclamation. La bague a fait taire le serveur.

— Bien sûr, a-t-il dit en essayant de cacher une légère hostilité.

J'ai su plus tard qu'il avait voté contre moi. Mais un jury est fait de contradictions, c'est sa force. Lors de ce déjeuner, je n'avais que deux désirs. Sortir indemne du choc de la rencontre avec Claude Bellanger – son intérêt pour moi semblait croissant – et être publiée.

— J'ai aussi appris par votre curriculum vitae..., a-t-il dit, puis quelqu'un s'est penché vers lui. Un message peut-être.

Mon CV ? Quelques lignes générales. Études continuées dans un camp. Trois langues apprises dès la naissance. Vocation ? Écrire des romans qui reflètent le monde. Des reportages aussi. Faire connaître le monde que j'ai quitté et en connaître un autre. Il a continué, en se tournant vers moi :

— J'ai été en URSS, en Tchécoslovaquie aussi. Mais jamais en Hongrie.

— Dommage, ai-je dit. Un beau pays, la Hongrie.

— Peut-être un jour.

4

Duhamel a fait signe à un serveur pour qu'on lui apporte le plateau de fromages. L'académicien a fait son choix pour moi. On a découpé les tombes. Du « ci-gît Chavignol », j'ai eu un petit quart. Un fragment de la pierre tombale tachetée de vert du roquefort a rejoint l'assiette. En regardant le couteau s'enfoncer dans une pâte débordante, j'écoutais l'académicien qui me parlait du reblochon. Ce nom m'a fait songer à Rastignac et je me demandais si Rastignac avait aimé ou non le reblochon. On était dans la France balzacienne.

Claude Bellanger, avec le soin et l'adresse d'un microchirurgien, ôtait la croûte d'un morceau de crottin de Chavignol : tant de soins exaspérants pour une bouchée m'étonnaient. Des années plus tard, sa mère m'a raconté en détail les secrets de l'épluchage d'une pêche, avec l'aide d'une fourchette et d'un couteau à dessert, tout en regardant exclusivement le voisin de table et sans jeter un coup d'œil sur le fruit. Ç'aurait été mal élevé. Le temps que chaque convive regarde, réfléchisse, devine, les narines frémissantes, le fumet particulier des fromages, Claude Bellanger m'interrogeait sur mon roman en cours. « L'histoire de la société hongroise actuelle. La situation morale et physique derrière le rideau de fer, ai-je dit. Des personnes disparaissent, il vaut mieux passer inaperçu dans la rue. – Noble peuple, les Hongrois », a dit Claude Bellanger. Les personnes polies désignent souvent un peuple dont elles ne savent pas grand-chose par l'épithète « noble ». « Noble peuple » ? Les Indiens décimés par les conquérants américains étaient de « fiers combattants ».

Enfin débarrassé des fromages, Claude Bellanger a continué : « Lorsque j'ai lu votre manuscrit, j'ai marqué en marge : "Elle n'est pas seulement notre Prix Vérité, mais un futur grand écrivain." Je vous montrerai cette feuille à l'occasion... » Me montrer cette feuille ? Il voulait donc me revoir, sous prétexte d'une phrase.

Le dessert. J'avais le cœur serré. Je ne reverrais peut-être plus jamais cet homme à côté de moi. Je m'interdisais l'idée même de nostalgie. L'amour désespéré n'était pas mon style. Claude Bellanger a demandé si j'aimais Colette. « Avec une tendre passion, ai-je répondu. J'ai acheté quelques-uns de ses romans, sur les quais, dans les éditions jaunes de Ferenczi... »

De l'autre côté de la table, le sénateur me fit un signe de tête. Il était heureux pour sa protégée et flatté de l'accueil qui lui avait été réservé. Son fils G. avait décliné l'invitation, préférant se promener dans Paris.

Claude Bellanger reprit le cours de ses pensées : « Et votre famille ? » Ma famille ? La glace moitié fraise, moitié citron fondait dans l'assiette. Il restait – selon moi – un quart d'heure encore, ensuite le café conclurait la cérémonie culinaire. Ma famille n'entrait plus dans cet espace de temps. Entre le trop de choses à dire et les phrases anodines, j'ai choisi quelques images faciles. La branche paternelle convenait mieux au ton intellectuel qu'il pouvait attendre de moi. Papa ? Un érudit ! Parfois, pour s'amuser, il prononce

46

quelques phrases en latin. Il n'est vraiment heureux que dans sa bibliothèque. Il aime les bains turcs, Platon, Socrate, les conversations brillantes et les excellents cigares. J'ai un oncle agronome.

— Où se trouve-t-il ?

— Déporté en Union soviétique.

— Qu'est-ce qu'il a fait ?

— Une mauvaise rencontre. Dans une rue de Budapest des soldats russes cherchaient des travailleurs. Il l'ont pris.

Dans ma vilaine petite robe noire, parler de notre milieu jadis si chic ? Avant la guerre, riche. Après la guerre, pauvre. Le pays de ma naissance était féodal, un système de castes permettait de garder la distance sociale. Un nationalisme exaspérant — accentué par le traité de Trianon — repoussait tout ce qui n'était pas purement de souche hongroise. Que dire de ma mère ? Ravissante. Née dans un milieu d'argent. Son père était homme d'affaires et banquier. Allemand de surcroît. Mais la moitié allemande de ma mère n'avait pas droit de cité pendant ce déjeuner. Le côté maternel de ma mère avait, déjà en Hongrie, disparu dans une trappe. D'origine polonaise, élevée dans la langue française, ayant vécu à Paris, on susurrait, blême — dans la famille snob où les généraux étaient nombreux et les officiers aussi —, qu'on pouvait la supposer juive. Le bruit ne circulait que par ouï-dire. Une seule fois, j'ai entendu dire par mon père, lorsque le gang fasciste prit le pouvoir quelque temps avant l'arrivée des Russes, qu'il fallait préserver ma mère d'un éventuel contrôle. Il était souhaitable d'égarer les actes d'état civil concernant ses parents.

Mon ange gardien freinait ma nature rebelle : humour noir, amertume, critiques sociales, virulentes sorties contre les racismes de toutes sortes étaient à exclure. Si j'avais osé dire qu'il était juste de distribuer les terres à ceux à qui elles devaient appartenir de droit, je serais sortie de mon rôle présumé.

— Le dessert vous plaît ? a demandé Mme Duhamel.

Que savaient-ils d'un camp pour réfugiés, de « la cuillère » qu'il ne fallait pas perdre, sous peine d'être obligé de boire la soupe ?

— Merci, ai-je dit. Délicieux.

— La Hongrie ? Un pays slave. Beau, a-t-elle dit pour me faire plaisir. J'ai entendu parler de la Puszta, l'équivalent de la savane.

— Bien sûr. Mais pas slave.

— Vous n'êtes pas slave ?

— Non.

Si j'avais eu la chance de naître à Vienne, grâce au *Beau Danube bleu*, j'aurais eu plus de facilité à me situer.

« Ne perdez pas le chèque que nous vous avons remis », a dit Claude Bellanger. J'avais été photographiée plusieurs fois avec ce chèque, que j'avais mis dans mon sac à main. J'ai saisi l'occasion : « Je ne peux pas utiliser le chèque. Je n'ai pas de compte en banque. » Il s'est tourné vers moi. Je cherchai la définition exacte de la couleur de ses yeux. Marron, brun, noisette ? Noisette, ça faisait écureuil. Marron faisait châtaigne. Brun foncé, velours brun. Velours.

— ... Pas de compte en banque ?

— Je n'en ai jamais eu. Je ne crois même pas avoir été une seule fois dans une banque.

Il réfléchit.

— Comment pouvez-vous disposer de cet argent ?

— Je ne sais pas. Il faut demander au sénateur.

Après le déjeuner – pour le café, on s'était levé de table et on circulait dans le salon –, Claude Bellanger a dit au sénateur que le service de comptabilité me remettrait le montant du Prix Vérité en espèces.

— Il faut que vous veniez au journal, a-t-il dit. Si vous voulez bien. Vous rentrez ensuite à Bruxelles, n'est-ce pas ?

— Avec M. R. Sans lui, je ne pourrais pas traverser la frontière : je n'ai pas de laissez-passer.

— Quel laissez-passer ?

— Un document qui remplace le passeport. M. R. m'a fait traverser la frontière en fraude.

— Nous sommes en 1954. La guerre est finie depuis dix ans. Et vous n'avez pas de passeport ?

— Non.

— Vous avez quitté la Hongrie à pied, en 1948. Nous sommes en 1954. Personne ne vous a délivré un papier d'identité qui vous permettrait de circuler, ne fût-ce qu'entre la Belgique et la France ?

— Mon mari et moi, nous sommes des personnes déplacées. Nous subsistons d'une prolongation à l'autre de nos permis de séjour. Des personnes déplacées ne se déplacent pas à leur gré.

Il a continué de s'étonner :

— Depuis 1948, vous êtes...

Je l'ai interrompu :

— Nous aurons bientôt la qualité d'apatrides.

— C'est mieux ?

— Oui. Ça permet d'être adopté par le pays où vous êtes accueilli.

Il réfléchissait :

— Il faudrait trouver une solution. Vous allez circuler entre Paris et Bruxelles...

— Le sénateur interviendra auprès de l'ambassadeur de France pour que je puisse obtenir un laissez-passer exceptionnel. Grâce à ce prix.

Se trouver au centre de l'intérêt quand on n'est « rien » n'est pas une situation agréable. Le déjeuner étant terminé, nous nous sommes levés. Il était entendu que nous retrouverions Claude Bellanger au *Parisien libéré*, rue Réaumur.

Le taxi de Soissons attendait devant le restaurant. Il n'avait pas encore été payé. Le sénateur, ne sachant pas très bien ce qui allait nous arriver, l'avait gardé. Le chauffeur n'était pas inquiet, le restaurant lui avait offert le déjeuner, il y avait des journalistes partout, il ne s'ennuyait pas. J'ai réussi à m'éloigner vers ce qu'on appelle le « petit coin ». J'ai pu satisfaire un besoin qui est le même pour les gens avec ou sans passeport et je me suis arrangée un peu. Mes yeux brillaient, mes joues étaient légèrement colorées. Nous avions à peu près deux heures devant nous avant de nous retrouver au journal. Nous sommes partis vers une librairie où le sénateur avait donné rendez-vous à son fils G., qui devait repartir pour Soissons et récupérer la voiture qu'il espérait réparée.

*
* *

Le Parisien libéré occupait un grand bâtiment. Claude Bellanger recevait au deuxième étage. Un huissier nous y a conduits et nous a annoncés, puis il nous a fait entrer dans une pièce qui me sembla immense. Le bureau en occupait un tiers ; derrière lui, un mur était couvert d'une bibliothèque. L'une de ses secrétaires, sans doute la responsable des secrétaires de direction, est venue nous rejoindre et m'a regardée étrangement. « Il y a eu un problème », expliqua-t-elle d'un ton sec en s'efforçant de sourire. « La lettre a été égarée à côté d'un dossier qui devait être présenté à la signature de M. Bellanger. Elle est restée par hasard glissée entre deux documents. »

J'incommodais cette personne. Elle ne voulait ni de moi ni de mon manuscrit. Que le prix me soit décerné l'ennuyait. Pressentait-elle que la lauréate serait un trouble-fête ? Qu'elle allait bouleverser la vie de son patron ? Avait-elle « égaré » exprès la lettre, l'avait-elle « retrouvée » à la dernière minute ? Mais pourquoi ? Pour quelle raison ? Qu'est-ce qu'elle détestait ? La lauréate inconnue ? La Hongrie ? La Belgique ? Une femme inattendue ? Jeune ? Que sait-on de l'être humain ? « J'ai demandé l'argent au service de la comptabilité, a-t-elle dit en me fixant. On va venir dans quelques minutes. »

J'ai senti une légère tension dans l'air. L'ambiance enchantée du restaurant avait disparu. Il y a eu un flottement au moment de verser l'argent en espèces : il fallait expliquer, signer des papiers. L'horaire du patron de presse était décalé. Il n'était pas prévu qu'après le temps réservé au déjeuner — y compris les adieux — la candidate reste inscrite en marge de l'agenda. Le patron était comme un grand navire qui aurait bien voulu s'éloigner, mais ne pouvait pas larguer le petit bateau accoté à l'immense coque où demeuraient la lauréate, et le sénateur. M. R., avec ses cheveux blancs, ses immenses sourcils en broussaille qui couronnaient ses lunettes — presque comme deux moustaches au-dessus des yeux — était à ménager. C'est lui qui ramenait la lauréate, c'était un homme important. Quant à l'étrange jeune femme, elle ne correspondait à aucun cliché. Dans ce monde, ici, parmi ceux qui avaient un pays et un passeport, ou encore — extrême luxe —

51

une carte d'identité, l'univers était organisé. Les morts étaient enterrés, les plaies les plus vives à peu près pansées, tout le monde ou presque disposait d'une identité définie, d'un lieu de naissance et d'un lieu de résidence.

J'étais devenue un surplus de l'Histoire. Mon manuscrit avait été distingué de la masse des textes reçus parce qu'il évoquait fidèlement un des moments les plus dramatiques vécus par l'Europe centrale. Le monde saignait encore des blessures laissées par les trains qui emportaient les Juifs sacrifiés à la haine de Hitler. La chance avait voulu que je sois épargnée, réfugiée avec mes parents dans la cave d'un immeuble. J'y avais écrit un récit, celui qu'on venait de couronner. Mais, ici, j'aurais été plus « confortable » pour tout le monde si j'avais eu un compte en banque et un passeport.

Un jeune homme a apporté une enveloppe à Claude Bellanger, qui me l'a remise. J'ai dû signer le reçu envoyé par le service de la comptabilité. Dans mon petit sac en bandoulière, il n'y avait pas de place pour une enveloppe de cette taille, même pliée en deux. Je l'ai donnée au sénateur qui l'a glissée dans une poche intérieure de sa veste. Ensuite, le sénateur et Claude Bellanger ont échangé des paroles aimables. Il y a eu le rituel : « Restez quelques minutes » — extrême politesse au moment où le journal du lendemain se préparait. Je percevais un bourdonnement autour de la pièce où nous nous trouvions. Je suivis un échange de propos léger et pétillant, des compliments concernant la France, la Belgique, la politique et la presse en général, la situation des journaux nés de la Libération. Moi, je pensais aux probabilités d'une invitation chez un éditeur. Avaient-ils ou auraient-ils mon adresse ? J'ai vaguement entendu :

— Et la presse en Hongrie ?

— Je ne sais pas, ai-je répondu. Je n'ai aucun contact.

— Vous ne savez pas ce qu'il se publie ?

Les deux grands hommes m'imaginaient-ils dans un vaste bureau, parcourant chaque jour les journaux ? J'ai hoché la tête et je me suis tournée vers Claude Bellanger :

— Vous croyez que c'est moi qui devrais les appeler ?

— Qui ?

— Les éditeurs à qui j'ai donné une option.

— Ils se manifesteront. En tout cas, vous devez revenir à Paris. C'est une ville qui exige la présence. Si on y est publié. Vous verrez, on va vous réclamer.

Claude Bellanger tentait de camoufler son impatience. De temps à autre, il répondait par fragments de phrases au téléphone. R. parlait de l'éventualité d'une future Europe unie et d'un récit d'anticipation politique qu'il écrivait. La secrétaire, entrée avec quelques papiers à la main, était aussitôt ressortie, soulignant ainsi le fait qu'elle ne pouvait pas parler au patron. Claude Bellanger consultait son « calepin ». « Je crains, a-t-il dit, je crains, mais je devrais... — Nous n'allons pas vous retenir, a dit R. Nous serions ravis, ma femme et moi, de vous recevoir à Bruxelles. » On échangea des promesses mondaines. Claude Bellanger fit un compliment de synthèse sur la presse belge d'après guerre, évoquant encore tel ou tel nom. Puis il demanda à mi-voix au téléphone qu'un taxi soit devant la porte quand nous y descendrions. Celui de Soissons était reparti chez lui, bien payé et heureux de sa journée.

Nous étions attendus chez des amis du sénateur qui connaissaient par ouï-dire l'existence du jeune couple hongrois protégé des R. Des gens agréables, dans un appartement chargé de fleurs. L'épouse aux yeux bleus a expliqué qu'ils venaient de fêter leurs trente ans de mariage et que leurs enfants les avaient comblés d'attentions. Ils m'ont félicitée et nous avons partagé avec eux un léger repas tôt dans la soirée, ou tard dans l'après-midi. Ils m'ont juste demandé si j'étais retournée à Budapest depuis la guerre. J'ai dit, modeste, presque gênée, qu'après être sortie à pied d'un pays, on n'a pas envie de s'y précipiter de nouveau. Ils parlaient de baptême aussi : il y avait un problème de choix de marraine pour un nouveau-né.

Bientôt, après les remerciements d'usage, nous sommes repartis vers la gare du Nord. Le sénateur lisait la presse du soir. Il y avait déjà quelques mots sur moi. Je regardais mon nom imprimé. « Une jeune Hongroise a obtenu le Grand Prix Vérité décerné par *Le Parisien libéré*. » Épuisée par tant d'émotions, je m'endormis, appuyée contre le vieux velours du siège de première classe. À la frontière, alors que le train s'était déjà arrêté pour permettre le contrôle des passeports, le sénateur se rappela soudain que sa protégée n'en avait pas. Je le vis soudain fort énervé. Moi, je le croyais tout-puissant parce que très connu. « Nous aurions dû revenir en voiture », a-t-il dit.

La police des frontières, composée de Français et de Belges, demanda les pièces d'identité. Le sénateur présenta sa carte. Par malheur, ceux qui la tenaient en main ne le connaissaient pas. Mon permis de séjour était bientôt périmé. Le sénateur a montré *Le Monde* et *France-Soir* avec mon nom. Ce n'était pas le même que celui qui figurait sur mon petit papier rouge. Désastre. Nous avons dû descendre et subir, dans une pièce marquée « police », un véritable interrogatoire. M. R. était soupçonné de vouloir passer une jeune femme « d'origine nationale indéterminée » de France en Belgique. Comme mon misérable « certificat d'existence » ne portait pas le même nom que celui que les journaux avaient annoncé, nous

54

étions devenus suspects. Nous n'avions pas de bagages, mon maigre sac ne contenait rien d'intéressant, le sénateur dut vider ses poches. Le Prix Vérité en espèces, dans une enveloppe du *Parisien libéré*, avait atterri sur le bureau de la douane. Il existait, je crois, un « contrôle des changes ». Quant à moi, je n'avais ni le droit de rester en France ni celui d'entrer en Belgique d'où je n'aurais pas dû sortir.

Le train attendait. Les voyageurs demandaient ce qui se passait. J'étais plutôt sereine. Il n'y avait ici ni miradors ni barbelés, pas de militaires armés prêts à tirer sur nous. C'était toujours ça de gagné. J'étais persuadée que le sénateur allait me ramener saine et sauve auprès de ma fille. Après une heure et demie d'attente, le ministre des Affaires étrangères belge, réveillé par Mme R. que le sénateur avait prévenue par téléphone du poste de police, appela les autorités de Paris. Celles-ci acceptèrent mon départ et les Belges donnèrent leur accord pour que je rentre – accompagnée par le sénateur. Nous sommes arrivés à Bruxelles après minuit. Le sénateur m'a conduite chez moi. Je reviendrais chercher ma fille chez eux le lendemain et lui, il allait – m'a-t-il promis – essayer de me procurer un laissez-passer qui me permettrait de circuler entre les deux pays. Je l'ai quitté, confondue en remerciements. Je tenais l'enveloppe contenant l'argent de mon prix.

Il a fait attendre le taxi le temps que j'entre dans l'immeuble et que la vieille porte d'entrée se referme derrière moi. Je retrouvai l'odeur de moisissure, l'escalier étroit, le froid. La minuterie allait s'éteindre. Hésitante, je posai le pied sur la première marche.

Sur le palier du deuxième étage, en tournant la clef dans la serrure, je pensais que – sans doute – je reverrais encore une fois Claude Bellanger. Ne m'avait-il pas dit qu'il voulait me conseiller dans le choix final de l'éditeur ? J'allais retourner à Paris, savourer la félicité d'entrer chez un éditeur, monter les escaliers des vieilles maisons à la gloire universelle.

Georges, inquiet, prévenu par Mme R. de nos difficultés, m'a accueillie dans la petite entrée :

— Je t'avais dit de ne pas aller à Paris...

— Tout est arrangé, ai-je marmonné. Me voilà. Je te raconterai demain le déjeuner du Prix Vérité.

— En tout cas pas ce soir, a-t-il dit. Mme R. a gardé Anne pour la nuit. Je vais la reprendre demain.

Ensommeillé, vêtu de son pyjama tant de fois lavé, Georges semblait très jeune.

— Va dormir, lui ai-je dit. Va dormir.

Je me suis enfermée dans la salle de bains. L'écoulement de la baignoire était rouillé, le bouchon se balançait à une chaînette fragile, l'eau était tiède et le chauffe-eau mural émettait des sons inquiétants. En pyjama moi aussi, j'ai retraversé l'appartement et, avant que Georges puisse manifester sa mauvaise humeur en m'appelant une fois de plus, je suis sortie sur le palier pour me retrouver dans ma chambre. J'ai allumé le chauffage électrique et, claquant des dents, je me suis glissée sous la couverture de mon lit de camp. Je pensais à mon prix comme le prisonnier à sa liberté. Mais, demain, j'allais me retrouver avec un jeune homme qui, légalement, était mon mari. Je devais déjà souvent lutter contre les vagues d'impatience qui me submergeaient, suscitées par sa nature qui ne correspondait pas à la mienne. Ces irritations mentales, je les ai toujours chassées. Chaque fois, j'ai pu me convaincre qu'il fallait attendre. Laisser passer le temps. Je sortirais un jour de mon impasse. Mais, maintenant que j'avais rencontré un homme dont la personnalité me bouleversait, il était difficile d'affronter Georges, qui soudain faisait partie d'une ancienne vie. Paris m'avait éloignée à des années lumière d'une existence qui, jusque-là, semblait pourtant immuable.

Le froid m'a réveillée à l'aube. Le chauffage avait rendu l'âme. J'ai mis mon manteau sur la couverture. Comme à Kufstein. Les anges en bois sculpté accrochés au mur — il y en avait tant — n'avaient guère amélioré cette atmosphère d'orphelinat pour grandes personnes. Je me suis faufilée dans l'appartement jusqu'à la cuisine. Ce matin, le café avait un goût de métal. Je suis retournée vers ma tanière continuer le chapitre abandonné trois jours plus tôt. L'ami belge qui surveillait ma vie de près me demanda : « Vous vous chauffez comment ? — Avec le feu sacré », ai-je répondu.

5

J'ai pris le petit déjeuner avec Georges, puis je suis partie pour la librairie où j'ai été chaleureusement accueillie. Le patron est venu me regarder de près : il avait une vendeuse distinguée par un prix littéraire. À cette occasion, ma fille a reçu plusieurs cadeaux : « Pour fêter ta maman. » Le lendemain, j'ai acheté chez un brocanteur une table plus solide que la mienne et aussi – après longue réflexion – un chauffage électrique plus moderne que celui qui faisait sauter toute l'installation dans l'appartement puis plongeait l'étage dans l'obscurité. On ne pouvait pas dépasser une certaine puissance.

Les journaux belges avaient annoncé que le Prix Vérité du *Parisien libéré* avait été décerné à une jeune Hongroise vivant à Bruxelles. J'ai reçu de nombreuses félicitations. Le voyage du sénateur était sur toutes les lèvres. Notre boîte aux lettres débordait de lettres d'éditeurs que le service courrier du journal m'envoyait. Puis la fête de Noël a arrêté la correspondance.

J'ai été appelée par la secrétaire principale. Elle m'a demandé d'une voix glacée à quel moment M. Bellanger pouvait me joindre au téléphone. « En fin d'après-midi. » Elle m'a fait répéter le numéro et a terminé sèchement « Bien, mademoiselle. » Elle a ajouté péniblement : « Merci. »

J'ai attendu en vain l'appel de Paris. Puis onze jours après le prix, la sonnerie du téléphone a retenti, vers 6 heures du soir. J'ai entendu sa voix :

— Christine ?

— Oui.

— Claude Bellanger à l'appareil.

— Bonjour. Je suis heureuse de vous entendre.

— Comment allez-vous ?

— Bien, merci. Il fait froid à Bruxelles.

— Bien sûr, a-t-il dit. Avez-vous passé d'agréables fêtes de Noël ?

— J'ai fait un petit arbre pour ma fille.

— Vous avez raison. Vous travaillez ?

— Tous les jours.

Silence. Puis :

— Dites-moi quelque chose de vous.

— J'ai été très comblée à Paris. Je garderai toute ma vie le souvenir de ce Prix Vérité. Je vous dis encore un immense merci.

— En effet, dit-il, j'ai dû vaincre quelques hostilités. Qu'importe ! Seul le résultat compte. Que faites-vous toute la journée ?

— Je suis vendeuse dans une librairie et j'écris tous les matins.

— Christine, Gallimard et Fayard se sont adressés à moi. Ils ont eu le manuscrit quarante-huit heures après la remise du Prix. Malgré la période de Noël, ils l'ont lu et vous réclament.

— Alors, ils veulent l'éditer ?

— Bien sûr. Tout est en retard à cause des fêtes. Maintenant, il ne faut plus perdre de temps. Vous devez revenir.

— Quand ?

— Je prendrai rendez-vous pour vous chez Fayard. Le 3 janvier vous convient ?

— Bien sûr. Pas Gallimard ? C'est dommage.

— On garde Gallimard en réserve pour votre roman.

Je n'ai pas osé lui dire : « Vous êtes sûr ? » Il a enchaîné :

— On est content, autour de vous ?

Le « on » désignait Georges.

— Ravi. Les R. sont si généreux. Ils donnent leur cœur, leur amitié.

— Il faut revenir maintenant et signer le contrat avec Fayard. J'ai tant de choses à vous dire, a-t-il ajouté.

Silence. Puis :

— Au sujet des éditeurs.

Soudain, il a changé de ton. Ce phénomène se produirait souvent au cours de nos futurs dialogues. J'en ai bientôt compris la raison. À l'autre extrémité de son bureau, près d'une grande fenêtre, était installée la secrétaire principale. Lorsqu'elle quittait la pièce, Claude Bellanger s'exprimait de manière normale ; lorsqu'elle revenait, il redevenait le patron distant. Cette fois encore, il a continué sur le ton « officiel » :

— J'ai rencontré Georges Duhamel hier. Il m'a parlé de vous. Vous l'avez impressionné.

— Merci. J'espère qu'il ne va pas m'oublier trop rapidement.

— Non, a-t-il dit. Il faut lui envoyer l'un des premiers exemplaires de votre récit.

Il y a eu sans doute des mouvements autour de lui, car il a prononcé rapidement – et sa voix était tamisée :

– Je vous rappellerai ce soir à 8 heures et demie. À tout à l'heure.

Je suis restée dans la pénombre. J'ai regardé la pièce principale. Le petit arbre de Noël, que Georges et moi avions acheté au marché, était décoré de boules multicolores qu'une famille d'amis gardait aussi dans un grenier et nous avait données. Les boules étaient pittoresques, sorties de passés riches et insouciants, messagères d'autres Noëls, ceux que ma mère organisait en Hongrie. Grâce à ces moments que papa appelait, avec son humour caustique, « un peu barbares », « un peu païens », j'étais une enfant heureuse. Je n'ai saisi que des années plus tard la signification de ces cinglantes remarques. Maman, transfigurée, préparait la fête. Quelques jours avant le 24 décembre, les salons étaient déjà fermés. Elle me disait de ne même pas m'approcher des doubles portes pour ne pas déranger les anges qui travaillaient. Je survivais dans l'attente, dans l'appartement sombre, chargé de livres et de tapis d'Orient, où rien n'évoquait l'enfance.

À Bruxelles, les anges étaient revenus pour Noël. Les anges en bois sculpté et doré qui décoraient nos murs prenaient vie en souvenir de ma mère. À cette époque, Maman disparaissait pour faire des courses, revenait avec des paquets mystérieux. Mais pour ce Noël-là, à Bruxelles, mon cadeau à moi était la lettre du *Parisien libéré*.

En Hongrie, sitôt que le carillon avait retenti, je pouvais enfin entrer au salon. Maman me regardait approcher. J'étais la vedette de la fête. Tout était concentré sur la rencontre entre l'arbre et moi. Il y avait des cheveux d'ange sur les branches du sapin, des guirlandes et de vraies bougies – ce qui affolait toujours Papa qui avait peur pour ses livres d'un incendie. Chaque bougie, avec sa flamme vacillante, était posée dans une petite coupe en métal attachée aux branches du sapin. C'était le seul moment où cette famille sophistiquée me considérait comme une enfant. Ma mère voulait-elle reconstituer quelque chose de l'époque où elle-même était une enfant et, avec sa sœur, pénétrait sans doute ainsi, près du lac de Constance ou ailleurs, quelque part en Allemagne à l'époque de la paix, dans une grande pièce où un arbre de Noël les attendait ? Est-ce qu'il y avait là-bas ma grand-mère, celle qu'on avait essayé de gommer de notre vie, et mon sévère grand-père dont je n'ai connu que le portrait ?

Ces Noëls m'avaient tellement marquée que j'avais envie de reconstituer à Bruxelles la magie de l'Arbre. Les bougies étaient remplacées par une guirlande électrique. Anne participait – heureuse – à la fête. Nous avons reçu des cadeaux et nous en avons offert, même modestes. J'avais découvert un boulanger hongrois qui faisait sur commande le gâteau national, un rouleau garni de pavot ou de noix moulues, parfumé à la cannelle. Selon Maman, cette pâtisserie était aussi allemande et autrichienne.

*
**

J'ai téléphoné à mes parents. J'ai pu leur souhaiter un bon Noël. Je leur avais déjà raconté ce qui s'était passé à Paris. J'ai dit que, dès que j'en aurais la possibilité matérielle, j'organiserais leur visite. Mon frère aîné allait souvent les voir. D'Autriche en Autriche, c'était plus facile.

*
**

Claude Bellanger devait donc m'appeler dans la soirée. Il fallait que je me dégage de mon « cercle de famille » pour 8 heures et demie. Des trois pièces en enfilade, seule notre chambre à coucher avait une porte. Depuis des semaines, c'était la chambre exclusive de Georges. Dans ma petite pièce à moi, il n'y avait pas de prise pour le téléphone. Je n'avais donc aucun endroit, ai-je pensé, où être seule pour parler et pour écouter.

J'ai demandé à Georges s'il comptait se coucher tôt. Il m'a répondu qu'il n'avait aucune raison de se coucher tôt, qu'il pensait travailler sur un texte qu'il avait accepté en supplément à son travail. Anne voulait que je lui raconte une histoire. Je m'embrouillais dans la lecture à haute voix d'un *Tintin*. Je n'avais aucune envie de suivre Tintin, ni au Congo ni ailleurs. Mais elle insistait. Après une vingtaine de minutes d'ennui profond — je lisais machinalement —, elle s'est assoupie et moi, doucement, j'ai emporté le téléphone dans la chambre à coucher dont j'ai fermé la porte. Georges, absorbé par son travail, n'a ni vu ni entendu mon « déménagement ».

À 8 heures et demie, silence. 8 heures 40 ? Silence. 9 heures moins cinq, la sonnerie, enfin. J'ai décroché.

— Christine ?

— Oui. Bonsoir. Comment allez-vous ?

— Bien, merci. Je n'ai pas pu vous appeler plus tôt. À cette heure-ci, le journal... Donc, je vous le répète, les éditeurs sont très intéressés. J'ai pris la responsabilité, cet après-midi, de donner un accord de principe de votre part à Fayard, pour *J'ai quinze ans*. Ils promettent une large diffusion, ils sont enthousiastes.

— J'aurais préféré Gallimard, ai-je dit.

— Vous pouvez changer encore d'avis. Vous lirez les deux propositions de contrat. Il faudrait que vous arriviez le 3, en fin de journée, à Paris. Je vous enverrai une voiture à la gare. Le chauffeur vous conduira au journal. Le titre du roman que vous écrivez, c'est bien *Dieu est en retard ?*

— Oui.

— Parfait, c'est ce que j'ai indiqué cet après-midi à Galli-mard.

Puis, sans doute seul à nouveau, il prit une voix presque intime :

— Comment allez-vous ?

— Heureuse quand je pense au Prix. Mais Paris me manque.

Je ne me reconnaissais pas du tout. La fille qui avait marché parmi les cadavres dans les rues de Budapest, celle qui allait chercher de l'eau avec son père, celle qui donnait à boire aux chevaux, pouvait-elle être bouleversée par la voix d'un homme qu'elle avait vu une seule fois ? J'ai répété :

— Paris me manque.

— Paris a besoin de vous, a-t-il dit.

La secrétaire était sans doute revenue. J'ai entendu : « Merci. Posez-les sur le bureau. Vous pouvez partir maintenant. » Le temps qu'elle s'éloigne, un silence, puis il a répété :

— Paris a besoin de son écrivain venu de Hongrie.

La secrétaire avait dû enfin refermer la porte derrière elle, parce que j'ai retrouvé la voix chaude :

— Vous allez constater ici l'intérêt que l'on vous porte.

— Le Prix Vérité m'a rattrapée dans ma chute.

— Quelle chute ?

— Le néant. Quand il n'y a pas de réponse de Paris, c'est le néant.

— Tout va changer maintenant. Vous devriez envisager de passer des périodes un peu plus longues que quarante-huit heures à Paris.

— Peut-être.

Il a repris – voix intime :

— En France, on accueille à bras ouverts les talents étrangers, Paris est la terre refuge des esprits libres.

— Espérons-le... Je vous crois.

— Christine, a-t-il continué, voulez-vous que j'appelle le sénateur pour qu'il vous obtienne un laissez-passer ?

— J'ai reçu, le 27 décembre, un laissez-passer valable pendant six mois.

— Vous voulez dîner avec moi, le jour de votre retour ? Le 3 janvier ?

Quel hôtel ? Quelle robe ?

— Bien sûr, ai-je dit. Je serai ravie de dîner avec vous.

— Je préfère que nous précisions l'heure de votre arrivée, a-t-il insisté. J'ai les horaires devant moi.

Cet homme pressé avait noté l'heure des trains entre Bruxelles et Paris !

— Vous pouvez arriver à 19 heures 15 à la gare du Nord. À la sortie, vous trouverez le chauffeur.

— Il me reconnaîtra ?

— Je vous le garantis. Vous aurez le temps de vous changer et nous irons dîner.

Me changer ? Où et avec quoi ? J'ai heureusement retrouvé, venu du passé, le ton mondain de Maman. « Je serai heureuse de vous revoir », aurait-elle dit dans son salon. Je

66

n'ai fait que répéter l'écho d'une voix qui avait marqué mon enfance.

– Je dois vous quitter maintenant, malheureusement. Alors, au 3 ! À 19 heures 15 gare du Nord.

Depuis quelques jours, je répétais à Georges que je devais retourner à Paris. Ce soir, j'allais accélérer l'attaque. J'ai donc annoncé que je partais le 3 janvier. « Je vais signer mon contrat avec l'une des maisons d'édition intéressées, etc. »

Nous avons passé le 31 décembre tous les trois. J'étais incapable de rester debout jusqu'à minuit, je tombais de sommeil. Nous avons fait « tchin-tchin » avec nos verres de supermarché remplis d'une boisson étrange qui s'appelait du « mousseux ». L'attente jusqu'au 3 janvier me semblait interminable.

J'ai appelé un modeste hôtel de la rue de Provence, le seul qui correspondait à mon budget. Je n'avais pas envie de le retrouver, mais il n'y avait guère de possibilités matérielles de l'éviter. Nous y avions connu quelques moments d'insouciance, Georges et moi. Georges était, avant qu'on soit mariés, un jeune homme plaisant. Mais le mariage l'avait changé. Il croyait avoir des droits sur ma vie.

Le propriétaire m'a reçue d'une manière très cordiale. Il avait appris par *Le Parisien libéré* à qui le Prix Vérité avait été décerné. Il m'a félicitée. J'ai dit que, pour mes affaires littéraires, il fallait que je revienne à Paris. Alors il m'a réservé, comme il disait, « une plus belle chambre que celle que vous aviez avant. »

6

Georges s'habituait difficilement à mes déplacements à Paris. Il pressentait sans doute que notre paisible vie était en danger, et aussi ce qu'il appelait d'une manière insupportable « notre couple ». De ce « notre couple » se dégageait une odeur de naphtaline. Il m'espérait casanière : l'enfant, le travail et les repas à heures fixes. Écrire à l'aube ? Pourquoi pas ? Ça ne gêne personne. Mais pour quelle raison se presser ? « Nous avons tout le temps devant nous. » Je préférais ne pas répondre.

Le jour de mon départ, j'ai conduit Anne chez les R. tôt dans l'après-midi. Ensuite, j'ai pris le tramway pour me rendre à la gare. Ma petite valise était convenable, mon sac à bandoulière marquait mon épaule, deux livres l'alourdissaient. Le train était encore vide. Je suis montée dans le wagon dont le numéro était inscrit sur le billet et j'ai pris place près de la fenêtre.

J'avais des souvenirs divers de trains. D'abord de compartiments luxueux, lorsque mes parents m'avaient amenée en Transylvanie pour une visite chez un morne cousin. Nous logions dans une demeure triste à pleurer, appelée « château ». J'avais une chambre au bout d'un couloir aux parois décorées de trophées de chasse, et je m'enfuyais quand on m'envoyait me coucher.

Dès que je me trouve dans un train à l'arrêt, j'ai l'impression que la vie aussi s'arrête. Le présent s'efface et le passé ramène des fragments d'images qui correspondent à des voyages anciens. Au milieu de cet après-midi gris, l'odeur refroidie des cigarettes me collait à la peau et les images du voyage en Transylvanie m'attaquaient. Je courais dans le couloir du château vers ma chambre, dont le milieu était occupé par un lit à baldaquin.

Je ne voulais pas me coucher car j'avais peur des araignées qui auraient pu se nicher dans les replis de l'épais tissu formant le ciel de lit. J'ai jeté un coup d'œil sur la salle de bains glaciale, l'immense baignoire destinée sans doute à des géants m'a effrayée, je suis revenue dans la pièce principale. Je me suis approchée de la fenêtre, j'ai écarté le rideau lourd de poussière séculaire pour apercevoir des étendues de forêt éclairée par une lune couleur d'argent. D'assez près me parvenaient les sanglots des loups, des cris déchirants qui avertissaient les vivants, animaux ou êtres humains, que la fin du monde était proche. Fascinée par les loups, je me voyais dehors, petite silhouette sur la neige transylvanienne, avançant vers la forêt où m'attendaient des bêtes au poil presque blanc, laiteux sous le clair de lune. J'aurais aimé partir vers un monde magique sur un traîneau tiré par des loups.

Le cousin de mon père était un homme à l'amertume contagieuse. Je le détestais de toute ma force d'enfant car il parlait souvent de chasses. Mon père, doux intellectuel, l'écoutait, le regard peiné. Ma mère s'éloignait dès que nous nous levions de cette table chargée de nourritures pour personnes robustes. Elle avait trouvé dans un coin sombre un piano qui ne servait sans doute que de décor, et elle s'était assise devant le clavier. Debussy chez Dracula ?

Ce cousin, issu de la branche très chic – donc maternelle –, mon père l'appelait secrètement « Dracula ». Papa aimait les surnoms trempés dans le vitriol. Pourquoi n'avait-il jamais peur que je les répète ? Avant le départ de Budapest par un train lent et sans doute confortable, il avait raconté avec un malin plaisir des histoires de vampires. Il voulait plutôt agacer ma mère que me faire peur.

Ce soir-là, tandis que je regardais par la fenêtre, je sentis soudain des présences derrière moi. La pièce n'était éclairée que par deux lampes à pétrole posées sur de hauts socles en marbre. Depuis quelques jours, la neige avait coupé l'électricité. Je m'attendais à sentir des crocs de vampires se planter dans mon cou. Rien. Juste des susurrements, des chuintements de tissu, des frottements de pas.

Je me suis retournée. Deux jeunes filles, portant deux ou trois jupes superposées qui se balançaient à chacun de leurs mouvements, me saluaient avec de petits rires. L'une d'elles avait glissé une bassinoire en cuivre au milieu du lit, pour chauffer les draps. Lorsqu'elles sont parties en me laissant dans une carafe en cristal de l'eau glaciale, je me suis réfugiée près du poêle en faïence qui occupait tout un coin et j'y ai collé mon dos. J'adorais ces poêles dont chaque carreau était peint à la main, je me sentais réconfortée. Ensuite, j'ai couru vers le lit et me suis cachée sous la couverture, recroquevillée sur moi-même, les genoux serrés contre ma poitrine. J'avais peur de me brûler au contact de la bassinoire. « Depuis que les Roumains nous ont tout pris, avait dit au sinistre petit déjeuner le cousin de Papa, on ne vit pas ici comme avant. »

Durant une longue matinée passée dans l'immense salon où là encore les murs étaient chargés de trophées de chasse, j'ai observé les flammes dans la cheminée – elles étaient aussi hautes que moi –, puis nous sommes repartis en traîneau. Des clochettes pendaient à l'encolure des chevaux et nos genoux étaient couverts d'une large couverture en fourrure. « Un peu barbare, tout cela », avait remarqué Maman et Papa avait répondu que le « standing » du Vampire n'avait pas baissé. Puis il avait ajouté : « Deux fois veuf. – Il les enterre où ? » avait demandé Maman. Et ensuite, la phrase fatidique a retenti : « *Nicht vor dem Kind.* Pas devant l'enfant. » Comme je comprenais déjà l'allemand et des fragments de phrases en français, de leur récit surgissait l'idée d'un vrai carnage. Chasse, accidents de chasse, loups qui dévorent. Bref, c'était presque aussi horrible que ces contes de Grimm dont Maman me saturait.

On avait repris un train et j'ai demandé : « Pourquoi fallait-il venir ici ? – Obligations familiales, a dit Papa. Quand tu seras adulte, tu comprendras comme c'est odieux de sourire à des individus absurdes pour la seule raison qu'on est lié par une obscure généalogie. – Vous croyez que votre fille comprend votre ironie ? – Si elle ne comprend pas aujourd'hui, elle s'en souviendra plus tard. » Il avait raison.

*
**

Dans ma toute petite enfance, nous sommes allés aussi au nord de la Hongrie admirer les ruines couvertes de lierre d'une forteresse qui appartenait à la branche austro-hongroise, rutilante de titres et de légendes. J'ai dû admirer des pierres difformes et les vestiges de deux tours. « Entre les ghettos et

les châteaux, il reste heureusement Budapest, ville civilisée »,
a prononcé Maman. Elle avait une obscure envie de blesser, en
rappelant un fait qu'il fallait sans doute taire. Un mouvement
d'humeur, des mots qui ne ratent pas leur cible. Les rapports
de mon père avec la « branche noble ». Mon père avait plissé
les yeux. « Vous pourriez plutôt évoquer votre grand-père qui
était, paraît-il, un peintre important. »

Quand elle n'était pas agacée, Maman ne parlait que des
souvenirs « convenables ». Le lac de Constance était admis,
proche de la Suisse et de la principauté du Liechtenstein. Le
père de Maman avait une affaire importante là-bas. Sa femme,
ma grand-mère polonaise sans doute d'origine incriminée par
la société où nous vivions, avait disparu derrière un mouchoir
que Maman utilisait pour tapoter son nez lorsqu'elle en
parlait, émue. C'était tout. Elle n'avait pas le choix. Un jour,
j'ai demandé si le grand-père du Lichtenstein était un prince.
« De l'argent », avait répondu Papa. « Tout est pour sa
deuxième femme », avait ajouté Maman.

**
*

C'est un vieux train qui, lors de notre fuite de Hongrie,
nous véhicula du village hongrois jusqu'à la frontière autrichienne. Nous devions partir dans l'après-midi pour y arriver
dans la soirée. Nous ne pouvions pas confier le chien aux
voisins, ils auraient deviné nos projets. Le chien, innocent et
confiant, nous a accompagnés à la gare, il nous a vus monter
dans le compartiment et il s'est mis à courir après le train. Je
pleurais, les paumes collées à la fenêtre, je pleurais. Quelle
cruauté du destin de nous priver d'un langage commun avec
l'animal ! Apprendre le chien, le chat, l'oiseau, répondre aux

souris... Je me sentais coupable devant ce chien que j'adorais. Si j'avais pu lui expliquer que la moindre maladresse aurait dévoilé notre but : quitter la Hongrie. Ceux qui auraient accepté de le garder nous auraient vraisemblablement dénoncés. Le chien sautillait autour des hautes marches du wagon pour nous rejoindre. Le train accéléra, le chien courut sur le quai en jappant. Le train est sorti de la gare et le chien est resté. Il continue de courir après moi. Image brûlante dans ma mémoire.

Lorsque ma vie est devenue plus paisible, j'ai adopté des chiens. Je les pourrissais par trop d'amour. Caniches ou dogues, ils devenaient de joyeux anarchistes. Ils me dominaient. Même un chihuahua aurait pu avoir maîtrise sur moi, juste en tant que chien.

Bref, revenons à ce train où je me trouvais le 3 janvier 1955 et qui partait de Bruxelles pour Paris.

Peu à peu, mon compartiment s'est rempli. Les gens fumaient et parlaient. Le bruit du train, ce bruit régulier, mécanique, incessant me traversait le cerveau, de la colonne vertébrale jusqu'aux pieds. Pourtant, ce train qui roulait en direction de Paris était sympathique. « Je verrai ce soir même Claude Bellanger. » Je l'espérais différent. La fascination qu'il avait exercée sur moi était sans doute due au Prix, aux micros, aux lumières de l'avenir. Attirance ? Plutôt des impressions confuses. Une future amitié ? Je n'y croyais guère. Une relation superficielle, sans doute. Il vivait dans l'actualité ; moi, dans l'écriture du futur et du passé. J'essayais de classer notre rencontre parmi les événements bienfaisants mais normaux. « Je vais dîner avec lui, et alors ? » Et alors, mon cœur cognait contre ma cage thoracique. Je respirais profondément. Il fallait calmer ces spasmes. Mais mon corps refusait mes mensonges.

Les sièges étaient en bois et il y avait des mégots par terre. J'écoutais l'horrible cri des freins, la plainte de l'acier qui se frotte aux rails m'emplissait d'angoisse. J'avais déjà voyagé maintenue par des bras musclés sur le toit d'un train, plaquée, collée à l'acier, entourée d'hommes solides qui me retenaient, trajet de cauchemar entre le village et Budapest. Au premier arrêt, j'avais été « récupérée » et casée dans un compartiment surchargé. Les trains... Les trains...

Enfin, la gare du Nord. Paris. J'y étais. Je me suis levée. J'ai pris ma petite valise. Le train venait de s'immobiliser dans l'habituel fracas de ferraille. À la sortie, quelqu'un d'impatient a ouvert brusquement la porte et m'a devancée. Je suis descendue ensuite, les marches du wagon étaient hautes. J'avançais, mêlée à la foule, sur le quai. « Bonjour, Christine. Vous ne m'auriez même pas vu ? »

Claude Bellanger était là. Il soulevait son chapeau pour me saluer. Il avait un manteau élégant et une écharpe en soie. Il m'a tendu la main. Surprise, j'ai bégayé quelques remerciements et des mots du genre : « Vous n'auriez pas dû vous déranger. – J'ai pu m'arranger. » J'étais si tendue en arrivant que je serais passée à côté de lui sans le voir. Il avait pris ma valise. Devant la gare, des voitures défilaient. Les porteurs chargeaient les coffres. Un chauffeur est venu dans notre direction. Il m'a dit : « Bonjour, mademoiselle » et s'est chargé de la valise. Il a ouvert la portière de la voiture où nous avons pris place.

— Je vous ai réservé une chambre, a dit Claude Bellanger, à l'hôtel *Louvois*, en face de la Bibliothèque Nationale.

J'étais désorientée :

— Je crains qu'il ne corresponde pas à mon budget.

— Je vais où, monsieur ? a interrogé le chauffeur qui me surveillait dans le rétroviseur.

— Au *Louvois*. Ne vous inquiétez pas, a-t-il dit en se tournant vers moi. Pour votre première visite à Paris, vous êtes invitée. Le temps que vous vous installiez dans votre chambre, j'attendrai au salon, et nous irons dîner ensuite. Il faut renoncer à votre hôtel. Le nom ?

— *Hôtel de l'Avenir*, rue de Provence.

— Je vais l'appeler.

L'hôtel *Louvois* était un endroit discret, élégant. À peine le coffre ouvert, un bagagiste a pris ma valise. Je me suis retournée vers Claude Bellanger. Nous sommes entrés dans le hall – lumières tamisées, tapis. Derrière le bureau de la réception, trois personnes en costumes foncés attendaient.

J'étais gênée de montrer ce qu'on appelait un « titre de voyage » provisoire auquel était attaché un document spécial que m'avait accordé l'ambassade de France à Bruxelles.

— Je m'en occupe, a dit Claude Bellanger.

Il s'est rapproché du comptoir. Le chef de la réception l'a écouté puis, avec un grand sourire, a remis la clef de ma chambre au bagagiste et on me guida aussitôt vers l'ascenseur. Je ne me sentais plus invisible. J'ai suivi le bagagiste dans le couloir du troisième étage, il m'a ouvert la porte et a disparu sans attendre de pourboire. La chambre était douillette, les meubles en acajou et les rideaux en lourde soie beige. Une armoire aux portes couvertes de miroirs occupait un mur. Le lit était large et, sur les deux tables de chevet, les lampes diffusaient une lumière couleur ivoire. La sonnerie du téléphone a retenti. Claude Bellanger m'appelait du hall.

— Êtes-vous bien installée ? Est-ce qu'on a prévu une bouteille d'eau minérale ?

— Merci, oui.

— Prenez votre temps. Je vous attends. Rien ne vous presse.

C'était le plus grand luxe qu'il pouvait m'offrir : du temps. J'ai découvert la salle de bains en marbre. Tout y était luxueux, comme jadis dans l'univers de parfums et de produits de beauté de Maman à Budapest. J'ai aimé l'eau chaude, et le petit savon qu'il fallait extirper de son cocon en papier de soie.

Je me suis aperçue dans les trois miroirs couvrant les trois portes de l'armoire. J'ai pris dans ma valise un ensemble en tricot noir. La veste était bordée d'une tresse de métal doré. Ce vêtement sport, de haute couture, je l'avais reçu d'une des amies belges qui m'avait habillée après la naissance de ma fille. « Cet ensemble me reste de l'époque où j'étais aussi mince que vous. J'ai le même en blanc. Je vous offre les deux. Dans ma famille, personne n'a votre taille. Ces petites choses vous attendaient, sans doute. »

Je me suis habillée : mon reflet dans le miroir me sembla convenable. Mais j'enviais les beautés à la peau mate, aux cheveux noirs, bouclés. J'aurais adoré être métisse et, ce soir, briller de tous les feux d'un exotisme pour grand écran. L'ombre blonde n'avait qu'un rouge à lèvres, acheté dans un rayon de supermarché. Mes vingt ans étaient mon maquillage. En même temps, je bâtissais peu à peu ma défense intérieure contre Claude Bellanger.

Mon sac à main ? Trop modeste. Et celui que j'avais reçu en cadeau, assorti à l'ensemble ? Une pochette, juste assez grande pour un mouchoir et pour un papier d'identité. Oui.

L'homme qui avait annoncé à la presse le Grand Prix Vérité décerné par un illustre jury m'attendait dans le hall. Je le voyais pour la première fois à une certaine distance. Il était plutôt grand, élégant, mince. J'avais la gorge serrée. De quoi allions-nous parler ? De Georges ? D'Anne ? Du roman que j'écrivais chaque matin ? De n'importe quoi, sauf de moi. En tant que personne, j'avais envie de m'effacer. Plus je serais anodine, moins je souffrirais ensuite.

Claude Bellanger vint à ma rencontre. Son regard glissa discrètement, une fraction de seconde, sur mes pieds. Je chaussais du trente-cinq et j'avais des talons hauts. J'avais pu acheter en solde un modèle d'exposition. « Vous voilà », a-t-il dit. Les employés stylés, derrière le bureau de réception, faisaient semblant de ne pas nous regarder. Nous sommes sortis de l'hôtel. Le chauffeur nous a ouvert la portière de la voiture, nous avons commencé le trajet à travers Paris éclairé, Paris éblouissant.

— Je vous amène à *La Rôtisserie périgourdine*. Aimez-vous les truffes ?

Les truffes ? Je n'avais jamais eu l'occasion d'en goûter. C'était d'ailleurs le cadet de mes soucis, dans mon existence, les truffes.

— Sans doute. Je l'espère.

Légère explication sur cette sorte de champignon que les cochons trouvent dans les forêts. Le problème me semblait aussi mineur que l'analyse des fromages par M. Duhamel. En revanche, j'étais éblouie par le pont illuminé que nous traversions.

— Le pont Alexandre III. Regardez Paris, d'ici. Dorénavant, la ville est à vous aussi.

— Un peu.

— Plus qu'un peu.

— Paris est une ville très dure lorsqu'on est pauvre et inconnu.

— Toutes les villes sont cruelles avec les inconnus, avec les débutants. Vous avez maintenant une rampe de lancement et beaucoup de talent. Il faut écrire. Ne pas vous préoccuper d'autre chose que de l'écriture.

— J'ai aussi un mari et un enfant...

— Je le sais. Mais l'écriture doit passer avant la famille. C'est ce que je fais, moi, a-t-il continué. Je quitte mon appartement à 8 heures du matin et je rentre souvent seulement après minuit. Je passe mon existence au journal ou dans des réunions.

Je ne savais rien de sa vie privée. L'alliance qu'il portait me renseignait assez : il était marié.

7

Au restaurant, le maître d'hôtel nous a accompagnés à la table réservée. Claude Bellanger fut légèrement surpris de mon manque d'enthousiasme pour les huîtres. J'ai dû lui expliquer qu'à l'époque de nos misères à Paris, j'avais consommé des masses de « portugaises » vendues dans la rue.

— C'était bon marché et sain. Je n'en ai pas envie. Pas ce soir, merci.

— Je vous posais juste la question. Ici, il faut goûter les truffes.

— Comme vous voulez...

Bientôt, elles sont arrivées, les truffes. J'ai discrètement observé la manière de déguster cette chose qui n'avait – pour moi – aucun intérêt.

— Qu'en pensez-vous ?

— Raffiné.

Il n'a pas insisté. J'ai demandé plus tard s'il avait des enfants. « Deux fils », a-t-il dit. À sa demande, j'ai parlé un peu de mon adolescence et de l'atmosphère, baignée de culture, où j'avais grandi.

— J'ai été heureuse à partir du moment où j'ai pu lire.

— Votre enfance n'était donc pas très amusante, a-t-il remarqué, un peu distrait.

— Je connais à peine le mot « s'amuser ». Ce n'était pas à la mode dans la famille. Ils étaient tous un peu vieux et graves. J'ai deux frères, l'un a vingt ans de plus que moi et l'autre seize. Alors, s'amuser ?

Parce que nous étions tous les deux tendus, chacun à sa façon se dissimulait. Mais ce fut soudain comme un déclic. En Amérique, quand un photographe veut réussir une photo de groupe, il interpelle les « modèles » souvent figés : « Dites *cheese* ». *Cheese* — fromage, en anglais — oblige les lèvres à se fendre en un sourire. Le mot « amuser », « s'amuser », nous a brusquement détendus. Nous avons découvert, presque joyeux, que lui à quarante-cinq ans, et moi à vingt, nous en connaissions le sens mais pas l'usage. Alors, nous avons cherché ce que serait pour lui ou pour moi un amusement. Lui parlait de livres, de sa collection de documents concernant la presse.

— Quand je peux mettre mes fichiers à jour, le dimanche, je suis apaisé. Satisfait de ma semaine.

— Ce n'est pas s'amuser, c'est se vouer enfin sans contrainte à une passion.

— On devrait avoir plusieurs vies pour tant de choses à accomplir, a-t-il ajouté.

On posa devant moi une assiette de minuscules côtelettes d'agneau.

— Ça vous plaît ?

— Bien sûr, merci.

Il continua :

— Il faut faire un choix dans l'existence. Et vous, Christine ? Pour vous, c'est quoi, s'amuser ?

— Peut-être le cinéma. Voyager. Se mêler à une foule joyeuse.

— J'essaierai un jour de vous amuser, a-t-il dit.

Je voulus détourner la conversation.

— Il existe un autre mot dont le sens me taquine, m'intrigue, me fascine.

— Lequel ?

Y avait-il dans ses manières une trace de tendresse, de désir ? Non. Je ne devais pas interpréter chaque mot, chaque intonation.

— Flâner, ai-je dit. Flâner. Dans des librairies ou sur les quais, chez les bouquinistes...

Nous voilà repartis dans les livres. Puis, pour me rassurer, je m'accrochai à une idée qui me hantait depuis longtemps.

— J'aimerais flâner à New York.

Il fut presque déçu.

— New York ? Bien sûr. Mais il faut d'abord connaître la France. Vous êtes francophile grâce à vos parents. Installée ici, vous serez française. Lorsque vous y aurez vos racines, votre nationalité française, vous pourrez partir pour un voyage d'études en Amérique. Pas avant. Il ne mentionna pas Georges ni ma fille. Je sortais, pour lui, d'un monde lointain. Il me voulait libre.

La France était le monde de Claude Bellanger. Pourtant, en 1930, encore étudiant, il était allé en Allemagne – à vélo. Il voulait apprendre l'allemand, pour lire Goethe, Schiller et Thomas Mann dans leur langue originale. Français germanophile dans le domaine de la culture, en revanche il haïssait l'Allemagne nazie. Il avait été l'un des premiers organisateurs de la presse clandestine et, arrêté par les Allemands, emprisonné pendant six mois à Fresnes. À l'époque où les nazis avaient brûlé tous les livres des poètes juifs en Allemagne, il avait traduit en français ses auteurs préférés, dont Heine. Le volume, intitulé *Les Bannis*, avait été édité aux Éditions de Minuit. Clandestinement.

— Je suis allé aux États-Unis en 1950, a-t-il continué. C'était le premier voyage organisé pour les directeurs et les patrons de presse. Si on veut avoir une vision du monde futur, il faut connaître l'Amérique. Mais, patience : pour vous, d'abord, c'est la France.

Portés par des phrases, des allusions, nous flânions dans les mots. Au début du repas, le maître d'hôtel nous avait demandé si nous avions choisi un dessert qui demande une longue préparation. J'avais commandé un soufflé. Il venait d'arriver. Il était délicieux.

— Connaissez-vous la Comédie-Française ? Je veux dire : de l'intérieur ?

— Non. Je n'ai jamais eu assez d'argent pour acheter un billet.

Il a failli dire, je crois : « Je vous y amènerai. » Mais il ne voulait sans doute pas franchir ses frontières personnelles. Il nous restait au menu littéraire Rainer Maria Rilke, qui écrivait en français, Conrad et Koestler.

Claude Bellanger était sorti de Fresnes amaigri, sale, couvert de poux. Quand il avait pu rentrer chez lui, il s'était déshabillé devant la porte de son appartement pour laisser les vêtements souillés dehors. Pour les jeter. Il avait pu résister aux interrogatoires grâce à sa connaissance de la langue allemande. Il était capable de suivre les échanges de paroles entre les officiers qui les interrogeaient. Il pouvait ainsi « travailler » ses mensonges, ses « couvertures ».

— Qu'est-ce qui a été le plus difficile pour vous, pendant la Résistance ?

— Mentir. On subsistait grâce aux silences et aux mensonges.

Il a évoqué Éluard. « Liberté, j'écris ton nom », ce poème, j'aurais pu le réciter. Je sortais d'un pays malmené, méconnu, maladroit à se faire connaître, où ces vers étaient devenus un symbole, aussi bien lors de l'invasion nazie que sous la dictature soviétique.

Nous avons encore parlé, parce qu'il le voulait bien — il semblait s'y intéresser beaucoup — de mon avenir d'écrivain. « Le siège de Budapest chez Fayard, les romans chez Gallimard, m'a-t-il dit. Croyez-moi, c'est ce qu'il faut faire. Vous allez rencontrer les éditeurs demain. J'ai pris rendez-vous pour vous chez Fayard à 10 heures. »

Il a sorti d'un paquet une Gauloise bleue. Tandis qu'il parlait, la cigarette collée à sa lèvre inférieure, je le regardais, subjuguée. Ma mère m'avait dit : « Ils parlent parfois avec un mégot collé à la lèvre. C'est une attitude typiquement française. » Elle trouvait cela fascinant, moi aussi.

Des années plus tard, Claude Bellanger m'a avoué qu'il était ravi de parler avec la jeune lauréate, tombée d'une étrange planète, d'égal à égale sur le plan littéraire. Jusqu'à mes vingt ans j'avais absorbé la même sorte de culture que lui.

Ce dîner était si éprouvant par son intensité que pour me reposer, je me mis à penser à Georges. Il n'avait que deux ans de plus que moi. La jeunesse créait une alliance, même provisoire. Georges aurait pu être un ami. Dans ce cas, je lui aurais raconté ce qui m'arrivait. Pourquoi diable l'avais-je épousé ? Il y avait une raison.

Claude Bellanger m'a raccompagnée à l'hôtel, jusque dans le hall, et m'a regardée partir vers l'ascenseur. Je me suis retournée avec un petit signe : « Merci encore. » Il a répondu : « À demain. »

Le lendemain, à dix heures, j'étais reçue chez Fayard par deux personnes fort aimables. J'ai dû faire semblant de lire un contrat.

— M. Bellanger a envoyé hier un coursier pour chercher le contrat et il nous a communiqué, il y a une demi-heure, un message pour vous.

On me l'a donné, ce message : « Vous pouvez signer ce contrat. Amitiés. C.B. »

— Nous voudrions en annexe, a dit le directeur littéraire de l'époque, une option sur vos livres à venir, s'il s'agit d'auto-biographies.

— C'est fini, l'autobiographie, ai-je dit.

— On ne sait jamais. Tout ce qui touchera aux événements vécus par vous devra être édité par nous.

J'ai haussé les épaules.

— Inutile. Mais d'accord, je signe.

— Quelle avance désirez-vous ?

J'étais sidérée. Ils allaient éditer mon livre et en plus me donner de l'argent ?

— Ce que vous voudrez.

Ils m'ont proposé une somme qui me semblait considé-rable. J'ai dit que c'était parfait. Ils ont de nouveau demandé sur quel compte verser cet argent. J'ai été obligée d'expliquer que je n'avais pas encore de compte en banque, mais que j'en aurais un bientôt. J'ai signé le contrat.

⁂

À Bruxelles, ma fille s'est jetée dans mes bras – mouvement de tendresse. Puis elle s'est dégagée, est partie jouer. Je me faisais des reproches car la présence de Georges m'agaçait. Il n'était pour rien dans ma désaffection. J'étais désolée d'être mariée. Je détestais les liens juridiques. Il me demanda des nouvelles de Paris.

— Le directeur de ce journal t'a invitée à dîner ? Sa femme était avec lui ?

— Non. C'était un dîner professionnel.

— Vous avez parlé de quoi ?

— De littérature. De mon choix concernant les éditeurs. J'ai signé avec Fayard.

— Tu aurais dû me montrer ce contrat avant de le signer.

— Pour quoi faire ?

— Je suis ton mari.

— Ce n'est pas une raison.

Georges avait une conception moyenâgeuse du couple. Il fallait qu'il s'habitue, avant même que je le quitte, aux principes de la liberté de mouvement et d'expression de celui qu'on désigne par un mot repoussant : « conjoint » ou « conjointe ». Il avait vu ses parents toujours ensemble. D'abord ambassadeur, ensuite ministre, son père était toujours aux réceptions accompagné de sa femme. Sans doute pour faciliter le travail du protocole. En revanche, le souvenir de l'indépendance de mes parents m'impressionnait. Je ne les avais jamais vus sortir ni entrer dans la même chambre à coucher. J'ai dû être conçue lors d'une visite nocturne de l'un chez l'autre. Dans sa chambre où la couleur rose dominait – excellent pour le teint –, Maman soignait sa beauté. Mon père, dans son lit-bateau Empire, réfléchissait sans être dérangé. Quant à moi, j'ai toujours eu, sauf au camp de Kufstein, ma tanière. Cendrillon disparaît à minuit. J'adorais cette méthode.

Depuis mon retour de Paris, je ne pouvais plus supporter la moindre approche physique de Georges. Il s'en accommodait. Mme R. m'a assurée de son amitié, promis qu'elle garderait Anne si je devais me rendre souvent à Paris. Elle la considérait comme l'un de ses propres petits-enfants.

8

J'ai quinze ans parut fin janvier 1955 et reçut des échos un peu partout dans la presse internationale.

J'ai fait à cette époque la connaissance de Mlle Marie-Louise Bataille, une dame souvent vêtue de gris, portant des jabots en dentelle. Agent littéraire, elle s'était adressée au journal, et la secrétaire lui avait donné mon adresse à Bruxelles. Elle avait des relations avec des éditeurs dans le monde entier. J'ai reçu aussi des invitations à donner des conférences. Ma vie comme sujet de conférence ? Non. Timide et plutôt réfractaire à ce genre de manifestation, je refusais. Des cadavres sur les pavés d'une ville, ce n'est qu'une preuve de la cruauté infinie des guerres. En parler ? En aucun cas. L'écrire ? Oui.

Depuis le premier dîner, début janvier 1955, j'étais revenue deux fois à Paris. J'ai refusé l'hôtel *Louvois* et réservé la meilleure chambre de mon hôtel de jadis. Claude Bellanger n'a pas insisté, obligé d'admettre que j'avais un amour-propre surdéveloppé et un orgueil sans doute ridicule. En revanche, nous avons fêté lui et moi, chez *Ledoyen*, la sortie de *J'ai quinze ans*. La couverture illustrée balbutiait encore en France, et le petit livre – dont chaque exemplaire est aujourd'hui un objet de collection pour bibliophile – était d'une rare laideur. Mais je l'aimais, c'était mon premier livre. Je le voyais partout dans les vitrines des librairies. « En piles » aussi, à l'intérieur. Un jour, je suis entrée dans une de ces librairies, j'ai pris un volume en main. Une vendeuse s'est approchée : « Très intéressant. Vous pouvez le prendre. Vous ne serez pas déçue. » Je l'ai acheté. Je n'aurais même pas pu prononcer un vague : « C'est moi qui l'ai écrit. » Plus timide, on meurt.

À chacune de mes arrivées à Paris, Claude Bellanger envoyait son chauffeur me chercher à la gare. Ensuite, je le retrouvais dans un restaurant. Je lui parlais des contrats, des propositions arrivées par l'intermédiaire de Mlle Bataille, je demandais ses conseils. « J'attends pour vous une intéressante proposition américaine, m'a-t-il annoncé. Un de mes confrères a alerté un éditeur important. Si vous avez du succès aux États-Unis, vous pourrez facilement y aller. C'est ce que vous voulez, n'est-ce pas ? » Il a ajouté en sourdine : « Aller aux États-Unis, en visite... » J'ai acquiescé. Le monde commençait à s'élargir autour de moi.

« Qu'est-ce qu'on dit chez vous ? » me demandait-il parfois. Georges était devenu « on ». À mon tour, je l'ai interrogé un jour : « Vous rentrez souvent si tard ? » sans ajouter « chez vous ». Nous avions adopté une manière de parler qui excluait ceux qui, des deux côtés, nous entouraient.

Après la fête chez *Ledoyen*, je revins début février, et nous nous sommes retrouvés une fois de plus à *La Rôtisserie périgourdine.* Nous étions de moins en moins loquaces, les non-dits nous étouffaient de plus en plus. Il paraissait soucieux.

— Vous perdez beaucoup de temps avec moi, ai-je dit.

— Vous plaisantez, j'espère.

— À peine.

Il réfléchissait, il hésitait, il voulait me dire quelque chose. Soudain, à brûle-pourpoint, il a prononcé – et j'avais l'impression qu'il continuait un monologue intérieur à haute voix :

– Je ne pourrai pas divorcer.

Aucun client de ce restaurant illustre n'a jamais dû fixer avec autant d'assiduité, depuis que l'établissement existe, l'assiette et le léger fil d'or qui soulignait le bord de la fine porcelaine. Mon cœur battait dans ma gorge. S'il évoquait le divorce, c'est qu'il avait pensé à rompre ses liens ? Croyait-il qu'il m'aimait ? Avait-il seulement envie de quitter sa cellule conjugale et sa rencontre avec moi lui aurait-elle donné à la fois l'idée et l'élan ? J'attendais.

– Il y a plusieurs raisons, a-t-il continué comme s'il était seul. Je ne peux pas les quitter.

J'écoutais. Les mots qu'il prononçait étaient la conclusion de ses tourments. Je devais donc être plus qu'une impression, plutôt un élément perturbateur.

– Ma femme est une enfant de divorcés. En se mariant, elle s'est fait la promesse de ne jamais divorcer elle-même. Elle ne voudra pas mettre – non plus – en danger le confort matériel que j'assure. Et même s'il n'y avait pas ces arguments familiaux, de mon côté, il resterait un obstacle majeur : la différence d'âge entre vous et moi.

Cette déclaration me glaçait. C'était donc la fin de nos voyages imaginaires : « J'aimerais vous guider dans New York, l'Italie, je pense à Stresa, au lac Majeur, partir en voiture tous les deux... Heidelberg, j'ai été étudiant là-bas pendant un an... » Fini. J'ai prononcé doucement ma condamnation à perpétuité :

— Je ne pourrai pas divorcer non plus. Mon mari est très jeune. Il ne supporterait pas mon départ. C'est-à-dire : il ne le comprendrait pas. Il croit que notre vie est organisée jusqu'à la fin de notre existence. Ma fille a à peine deux ans. Je ne me séparerai jamais d'elle.

— Que voulez-vous qu'il fasse avec une petite fille ? Il acceptera sans doute que vous gardiez l'enfant avec vous...

La phrase s'ouvrait sur une nouvelle incertitude. Qu'espérait-il ? Voulait-il mettre fin à notre relation de conversations et de restaurants, ou bien cherchait-il une autre solution ? Mais le constat que nous venions de faire sur nos situations allait me libérer. Le divorce était impossible des deux côtés. Donc je serais comme avant. Dévastée par cette rencontre, mais libre ! Je n'attendrais plus jamais un appel de Paris. Sauf de mon agent littéraire ou de mes éditeurs. Je n'y reviendrais qu'en cas de rendez-vous avec des journalistes. Les étrangers qui arrivaient, les journalistes me réclamaient de plus en plus. Je serais mentalement et moralement indépendante. Je trouverais à Bruxelles un appartement pas très cher, mais ma chambre indépendante serait chauffée. Ensuite, j'accélérerais les démarches pour obtenir les papiers d'identité qui me permettraient de solliciter un visa pour les États-Unis. Un visa de trois mois. Trois mois peuvent être une raison d'exister, d'espérer. On prolonge ensuite ces trois mois, on prolonge et, un jour, il n'y a plus rien à prolonger : on est mort !

Ce dîner nous arrachait aux faux-fuyants, aux sous-entendus, aux flâneries sentimentales. Il avait vécu son histoire avec moi et moi, la mienne avec lui. À distance. Frôlement de mains, regards à tout dire, phrases élégantes pour mentir. J'arrivais à un moment dans sa vie où, à quarante-cinq ans, l'absence de sentiments, de lyrisme, de sexe ne pouvait plus être compensée – selon lui – que par le travail. Une passion physique ou morale aurait gêné son emploi du temps et la morne discipline de sa vie. Il avait créé un journal pour lequel il donnait chaque jour entre quatorze et seize heures de sa vie. Il n'avait pas de marge pour bouleverser son existence personnelle. Les enfants. Le monde extérieur. Même s'il était, lui, privé de tant de choses essentielles, la base bien établie résistait. Une sorte d'ordre. Une existence minutée. Ce soir, nous étions sur le pont de notre *Titanic* à nous. Le bloc de glace – le divorce – était en face. Il voulait éviter de heurter de plein fouet la masse. Il fallait éviter le naufrage.

J'ai pris mon verre et regardé avec intérêt les petites bulles monter à travers la paroi en cristal. L'eau était belle. Je me sentais vulnérable, ce qui m'agaçait. J'aurais dû avoir autorité sur mon état mental et physique. L'idée de me séparer de lui pour toujours me faisait mal. Je refusais cette douleur. Je me fâchai contre moi. Pourtant, je n'arrivais pas à admettre que je ne me trouverais jamais dans ses bras, que je ne sentirais jamais de près sa légère odeur d'eau de toilette, imprégnée de fumée. Seul mon orgueil m'aidait. Il valait mieux rompre totalement d'une manière presque brutale que souffrir d'une dépendance sentimentale. De mes nobles ancêtres – branche de Papa –, je n'ai eu qu'un héritage : l'amour-propre et le sang-froid qui aident sans trop d'émotion à enjamber les cadavres à Budapest. Du côté maternel, français, polonais, allemand et juif – si c'était vrai –, j'ai eu en dot génétique une bonne dose du sens de l'organisation et une rude autodiscipline. Je m'adaptais à tout, même à une épreuve supplémentaire. Aimer dans le vide ? Très peu pour moi. L'écriture m'aiderait.

Pour me tenir droite et esquisser un sourire sans conviction, je pensais déjà à la première phrase du roman que j'écrirais après *Dieu est en retard* : « Pour se libérer du passé, il faut poignarder l'ombre qui vous suit. Puis avancer. Seul. » Quelques larmes sournoises roulèrent dans ma gorge. Mouchoir.

— Vous êtes enrhumée ?

— Il fait froid à Bruxelles. À Paris aussi.

— C'est l'hiver. Il faut prendre une aspirine.

— Bien sûr.

L'aventure n'était pas son genre, un changement de vie aurait désorganisé les rendez-vous inscrits dans le « calepin ». Mais il avait du mal à clore le sujet : notre vie. Il cherchait une banalité apaisante, un bon cliché ayant fait ses preuves chez ses ancêtres lillois.

— Vous êtes trop jeune pour moi.

— Une femme jeune est utile, ai-je dit. Elle amène souvent une certaine animation dans l'existence.

Nous rompions un lien qui n'existait que dans nos fantasmes. Je m'étais repliée dans ma sagesse vite acquise, lui dans sa sagesse-défense.

— Je me sens responsable de vous, a-t-il dit. Sur le plan littéraire.

Pas question d'abandonner son rôle de « conseiller ».

— En effet, sans votre aide, je pourrais commettre des erreurs.

Il hésitait, retenait des mots qui risquaient de le ramener à la case départ.

— Le premier soir, lorsque je vous ai raccompagnée à l'hôtel...

— Qu'est-ce qui s'est passé ?

— Je vous ai appelée. J'ai laissé sonner le téléphone dix-sept fois. La standardiste a dit que vous ne vouliez sans doute pas décrocher le combiné. Pourquoi ne m'avez-vous pas répondu ?

J'avais honte : je n'avais rien entendu.

— Votre jeunesse ? a-t-il suggéré. On dort bien lorsqu'on est aussi jeune que vous.

— Vous vouliez me dire quelque chose d'important ?

— Sur le moment, ça l'était, sans doute.

Pendant notre future existence, et malgré mon insistance, je n'ai jamais pu savoir ce qu'il avait voulu me dire ce seul soir où je n'avais pas décroché le combiné, où j'étais perdue dans un sommeil-refuge. Ce sommeil, je l'avais connu à Budapest : pendant les bombardements, j'étais couchée sur le lit de camp, la tête recouverte de mon manteau pour atténuer le sifflement des obus. Je fuyais en dormant. Le jour où les Allemands avaient installé sur les rails du tramway, devant notre immeuble, un train chargé d'explosifs, quai du Danube – dont la déflagration nous avait rendus sourds pendant plus de deux jours –, le sommeil-refuge m'avait aidée. À Paris, je n'ai fait qu'un an de psychologie. Le sujet qui m'intéressait – le sommeil-refuge – ne figurait dans aucun programme.

Ce soir-là, le soufflé est arrivé légèrement affaissé d'un côté et un peu trop cuit de l'autre. C.B. m'a dit que notre rencontre avait eu lieu trop tard pour lui. Sa vie était concentrée sur le journal. Il a déclaré qu'on ne peut pas être heureux à la fois dans la vie professionnelle et dans la vie privée. Il m'a ramenée à mon hôtel de la rue de Provence dans sa propre voiture, sans doute gêné devant le chauffeur du soir de me déposer dans un endroit si peu élégant. Les souriantes prostituées de la rue me faisaient des signes amicaux.

— Vous ne devriez pas descendre ici. Pourquoi avez-vous refusé l'hôtel *Louvois* ?

— Je ne voulais pas être invitée.

Il est resté silencieux. Puis il m'a dit que le lendemain il viendrait me chercher pour me conduire à la gare.

— Merci. Je peux prendre un taxi. Ne vous dérangez pas.

Sous les regards intéressés des dames de la rue, il s'est incliné légèrement en soulevant son chapeau. Je lui ai tendu la main, il l'a prise. Ce contact m'a vidée. Souriante, je me suis sentie légère.

— Je vous prendrai ici à 9 heures moins cinq, a-t-il dit.

— Moins cinq quoi ?

— Cinq minutes avant 9 heures.

Sa vie était cadenassée par les minutes. J'ai eu encore assez d'énergie pour me sentir agacée par ce « moins cinq ». C'était un incontestable signe de vitalité, d'être capable de me fâcher. Moins cinq ? Ce « moins cinq » m'a empêchée d'avoir les yeux en larmes.

Pour les dames qui nous observaient de près ou de loin, la scène était insolite. Dans cette rue, devant l'hôtel à la réputation douteuse, une voiture s'arrête. Un homme élégant ôte son chapeau en saluant une jeune femme qui lui tend la main. Elle grelotte dans un manteau pas assez chaud pour la saison. L'homme se penche légèrement sur cette main frêle, elle sourit et entre sans jeter un coup d'œil derrière elle dans l'hôtel, dont le deuxième étage est réservé à des clients qui ont très peu d'argent, que le propriétaire privilégie car ils donnent un éclat de moralité à son établissement.

J'ai franchi le seuil de l'entrée, le propriétaire assis devant son comptoir m'a saluée et m'a tendu la clef avec *Le Parisien libéré* du matin. « Depuis que vous avez eu leur prix, je le lis tous les jours. – Vous êtes bien aimable, monsieur. » J'ai retrouvé ma petite chambre et j'ai pensé à mes parents. Mon père aurait été choqué de m'apercevoir dans ce cadre, dont je n'aurais même pas dû connaître l'existence dans la vie qu'ils avaient prévue pour moi. Maman aurait dit (déjà convertie au catholicisme et devenue frénétique dans ses rapports avec le ciel) qu'il fallait prier pour ces personnes perdues dans l'enfer de la rue.

J'imaginais Claude Bellanger dans sa voiture, blotti sur la banquette en cuir.

*
**

Le lendemain, j'étais à 9 heures moins six dans le hall étriqué où planait une odeur d'oignon grillé. À moins cinq, j'ai franchi le seuil. La voiture noire venait de s'immobiliser. Claude Bellanger est descendu, m'a saluée et m'a remis dans une grande enveloppe le courrier arrivé pour moi au journal.

– Lettres de lecteurs, d'éditeurs étrangers, d'agences. Vous lirez tout ça dans le train. Il faut répondre rapidement.

Arrivée devant la gare, confusion avec la foule grise qui déambulait. Ayant repéré l'allure élégante de C.B., un porteur s'est précipité sur ma valise.

Dans le compartiment à moitié vide, ma place était près de la fenêtre. En face de moi, un homme plutôt gros feuilletait une revue technique. Avant même de monter dans ce wagon, j'ai fait des adieux sobres et d'une grande banalité à Claude Bellanger, qui avait mis ma vie sur une rampe de lancement tout en me condamnant à une profonde tristesse, que je voulais passagère. Quoi de plus désagréable que le moment où celui qui vous accompagne attend que le maudit train parte enfin ? Cette attente polie est insupportable. Sur le quai, Claude Bellanger me regardait, je voulais lui dire quelque chose dans le style : « Merci pour tout. Pour l'intervention auprès des éditeurs. Merci. » Seulement, je n'ai pas pu baisser la vitre, elle était coincée. Je m'accrochais à la poignée en hauteur, mais la fenêtre était soudée. Le gros type a levé la tête de sa revue : « Pas la peine, elle ne bougera pas. Rien ne marche, jamais. » C.B., la silhouette élégante, restait près du compartiment sans me quitter des yeux. Il tenait ses gants dans sa main gauche. J'aurais voulu aller jusqu'à la portière. Nous aurions échangé quelques mots. Mais quels mots ?

Pour la première fois dans mon existence, j'ai entendu une phrase résonner en moi : « Je vous aime. » Ça me sembla ridicule. L'écho me martelait la tête, comme si quelqu'un criait en répétant la même phrase : « Je vous aime. » Gommer de moi cette phrase. L'effacer. La rendre inaudible pour le restant de ma vie. Cette phrase était sans doute la résonance d'une idée, une simple réminiscence littéraire.

Il y a eu un frémissement, le train s'est ébranlé. J'ai fait un signe à Claude Bellanger tout en maudissant Anna Karénine et toute la littérature russe où, périodiquement, quel que soit le roman, un adieu vous déchire le cœur. Les histoires d'amour classiques, absorbées en secret depuis l'âge de dix ans, me poursuivaient.

Il y a eu l'affreux sifflement. Claude Bellanger a levé le bras en signe d'adieu, puis, soudain, il s'est mis à marcher sur le quai à côté du train. Plus le rythme s'accélérait, plus il précipitait le pas. Le visage collé contre la vitre, j'ai vu ses lèvres formuler des mots. C'est à ce moment-là que j'ai compris, à son regard, à sa course, à son bras levé, qu'il souffrait lui aussi. Pourtant, durant nos dîners-bunkers, il avait presque réussi à ne pas se trahir.

Plus tard, je me suis assise, l'âme vide, l'enveloppe pleine de courrier à côté de moi. J'ai regardé les immeubles sordides des banlieues et les publicités Dubonnet écrites en lettres géantes sur les façades crasseuses. Le type en face, la tête appuyée contre le velours râpé du siège, ronflait la bouche ouverte. Il avait deux dents en argent, ou d'un autre métal. Ce n'était pas beau.

À Bruxelles, en sortant de la gare, j'ai pris un taxi que j'ai abandonné au coin juste avant l'immeuble où j'habitais. Je devais arriver à pied avec ma valise. Le taxi ? Trop grand luxe. Mon âme était plus lourde que la valise. Il était 2 heures de l'après-midi. Je suis entrée dans ma chambre dont j'avais gardé la clef sur moi. J'ai appris plus tard que Georges en avait un double et que, pendant mon absence, il inspectait mes papiers, mes lectures. C'est lui qui me l'a dit. Il avait des droits sur ma vie professionnelle : n'était-il pas mon mari ? Cet aveu m'a étonnée. Je l'avais cru plus discret, sinon indifférent.

J'ai déposé ma valise, jeté mon manteau sur l'unique chaise de la pièce. Je me suis allongée sur le lit étroit et j'ai pleuré. J'avais l'impression que je laisserais mon visage, mon nez, ma bouche, mes yeux sur l'oreiller minable dont la taie sentait l'eau de Javel. Je pleurais. D'une manière enfantine, j'espérais mourir de chagrin.

Pendant le siège de Budapest, notre terreur était que l'immeuble s'effondre sur nous. On serait restés coincés dessous comme dans un sous-marin enfoui dans les profondeurs.

Taper sur les débris des murs ? Savoir que le bruit extérieur absorbe nos cris ? Pour lutter contre cette peur obsessionnelle, Papa sortait parfois de la cave, remontait les marches. Il voulait sortir dans la cour pour s'assurer qu'il existait encore un monde extérieur. J'étais démoralisée à l'idée qu'avant même de pouvoir parler de C.B. à mon père (jusqu'à ce jour, je n'avais écrit à mes parents qu'en parlant des aspects littéraires de mon Prix Vérité), avant même de pouvoir dire à mon père que je devinais ce que le mot « aimer » signifie, c'était déjà fini. Expliquer à mon père que je me sens ensevelie dans le mariage anodin et « charmant » avec Georges ? Que je me trouve une fois de plus dans une existence en ruine ? Que faire ? Me confier à M. R. ? Catholique, personnalité politique, père d'une famille nombreuse, il aurait réagi comment ? À mon frère Alain ? Il aurait protégé Georges, si parfait, « dont la vie sera cassée sans toi ».

Je me suis redressée, j'ai quitté le lit, j'ai rangé. Un coup d'œil dans la rue lugubre. La pluie. « Je dois, ai-je pensé, m'habituer à une non-existence. »

**

En attendant Georges et notre fille, je suis allée à leur rencontre. La petite fille calée dans mes bras me faisait croire à mon utilité de mère. J'ai décidé d'écarter complètement de mon esprit l'homme-mirage, le grand journaliste français. Le soir, j'ai préparé un repas agréable, j'étais bavarde, je submergeais Georges de paroles légères, je contribuais à fabriquer une bonne atmosphère. Georges se montra ravi d'abord, puis déçu que je regagne ma chambre pour la nuit. Je lui ai fait comprendre que le « devoir conjugal », c'était fini.

Les jours se suivaient. J'ai pris un café avec l'ami belge de la radio, heureux rétrospectivement de m'avoir signalé le Grand Prix Vérité. Il m'a proposé de m'emmener à Paris en voiture à la prochaine occasion. Je lui ai dit : « Merci. » Il a demandé si je voulais tenter une deuxième fois de m'installer là-bas. J'ai dit : « Non, mais si je pouvais, je travaillerais avec un plaisir immense pour la radio belge. — Selon les règlements actuels, pour un travail chez nous, si on n'est pas pigiste, il faut avoir la nationalité belge... — Un jour, peut-être », ai-je dit. Je souriais. Il me confierait d'autres reportages. Je serais free-lance. Pigiste.

Je racontais à M. et à Mme R. que j'avais reçu un grand nombre de propositions de traduction et que je continuais à écrire *Dieu est en retard*. « Vous êtes heureuse ? m'a demandé le sénateur. Vous en êtes sûre ? » Aurait-il été plus subtil que la plupart des hommes ?

À la librairie, le travail avait repris son rythme normal. Je multipliais les va-et-vient. J'étais active mais, à l'intérieur de moi, atone. J'avais beaucoup de courrier, la petite boîte métallique sur le mur décrépi débordait. Le facteur, serviable, avait accepté de monter jusqu'au deuxième étage les lettres et les paquets. *Le Parisien libéré* arrivait avec deux ou trois jours de retard.

À la garderie, ma fille dessinait et me rapportait des feuilles ornées de soleils sur toutes les pages. On n'a jamais joué avec moi, je ne savais donc pas jouer. Je lui lisais des *Tintin*. Georges s'était habitué à notre vie « séparée de corps ». Une fois, il a remarqué : « On t'envoie encore *Le Parisien libéré*. Tu crois qu'ils font le service, comme ça, pour chaque lauréate ? — Je ne sais pas », ai-je dit.

Au bout d'une semaine de silence intérieur, je suis allée à la poste et j'ai appelé mes parents. Je leur ai raconté les résultats littéraires à Paris et je leur ai parlé de mon projet de partir aux États-Unis. J'ai demandé aussi tout ce qu'ils savaient sur la sœur de Papa, émigrée seule en 1930 de Hongrie en Amérique.

Elle s'appelait Ella, issue de la branche aristocratique, célibataire. Quelle raison avait-elle eue de partir seule en Amérique ? Papa s'enfermait dans un mutisme que, chez n'importe qui, j'aurais qualifié de lâcheté. Chez lui, je l'appelais « discrétion ». Maman était plus débordante, elle ne mesurait pas ses reproches à la famille de Papa qui l'avait toujours traitée en « étrangère ».

— Tu as de quoi payer la conversation ?

— Oui.

— Alors, je te le dis, pour que tu voies clair dans ton affaire américaine. Ma belle-mère, aristocrate à la manière de l'Europe centrale, avait eu un gros problème. Elle était tombée follement amoureuse d'un fonctionnaire autrichien, beau comme un dieu, avec un regard à faire chavirer n'importe quelle femme. Comme elle était la seule héritière d'un domaine important, ses parents n'ont pas pu la bannir ni la déshériter. Elle a épousé l'Autrichien dans un de leurs châteaux en province. Ils ont eu quatre fils, dont ton père, et une fille, Ella. Après la guerre de 14-18, une flambée de nationalisme a obligé l'Autrichien à transformer son nom germanique en nom hongrois. On aurait accepté un prince, un comte, et encore, ce n'est même pas sûr. Mais pas un « roturier » autrichien. Des quatre frères, l'un, professeur de médecine, a gardé le nom d'origine ; le deuxième aussi – il vivait de ses rentes ; le troisième, celui que les Russes ont arrêté dans la rue, avait pris un patronyme à consonance hongroise. Ton père, étant l'aîné, a dû carrément adopter le nom d'un des ancêtres, chargé de particules. Le « cas » de ton père était aggravé du fait qu'il avait épousé une étrangère ethniquement mélangée : moi. Je te l'ai dit depuis que j'ai pu te parler, il fallait quitter ce pays. Tu dois vivre en France ! La tante ? J'y arrive... Tu as encore de l'argent ?

— Oui, Maman, continue.

— Tante Ella a trouvé insupportables ces tracas incessants. Elle n'a pas changé de nom, mais de continent. Elle a suivi aux États-Unis un pianiste américain rencontré à Vienne. Elle est partie avec lui en cargo. L'Américain en a eu sans doute assez de cette aventure européenne, l'aristocrate hongroise rencontrée à Vienne devait l'ennuyer et il l'a quittée. Elle est restée sur la côte Est. Je ne sais pas de quoi elle vit. Nous avons reçu une lettre d'elle avant le siège, on t'a donné l'adresse. C'est tout.

— Crois-tu qu'elle m'enverrait une lettre d'invitation ?

— Je n'en ai aucune idée. Elle a une telle haine pour la famille qu'elle ne veut peut-être plus entendre parler de personne. Ce que je comprendrais.

— Elle était comment, physiquement ?

— Grande, comme tous du côté de ton père. Des yeux bleus, un corps plutôt robuste.

— Tu as une photo d'elle ?

— Rien.

— Et de ta mère, Maman...

— Décédée.

— Ton père, il est où ?

— Probablement au Lichtenstein. Il a quitté ma mère pour une fille de vingt ans. Il nous a jetées. Maintenant, tu peux le savoir. Tu es adulte.

— Il a quitté ma grand-mère à quel moment ?

— Apparemment quand ont commencé les recherches sur les origines. Il ne voulait pas avoir de complications, c'était un homme d'affaires sans doute opportuniste.

— Et elle ?

— Paix à son âme, a dit Maman. Parlons d'autre chose. Tu vas rester à Bruxelles ?

— Si tante Ella m'invite. Pas pour m'entretenir mais juste pour avoir un visa. J'aimerais m'installer aux États-Unis.

— Que va faire Georges, là-bas ? a demandé Maman.

— J'irai sans lui, juste avec ma fille.

Papa venait de reprendre le téléphone.

— Qu'est-ce qu'il nous reste, si tu t'en vas ?

— Il faut que je bouge, Papa. Je vais étouffer...

— Mais tu es publiée...

Ils avaient fêté le premier exemplaire de *J'ai quinze ans*, que je leur avais envoyé.

— Il existe d'autres raisons aussi... Dès que je pourrai m'absenter de la librairie, je prendrai le premier train pour venir vous embrasser.

Ils étaient à quelques heures de voyage de Bruxelles. J'allais bientôt gagner assez d'argent pour les inviter. Il fallait trouver un petit hôtel bon marché mais propre, rapprocher Maman de « son » Paris. Mais je la voyais mal dans l'hôtel de la rue de Provence, elle en aurait difficilement supporté l'environnement. Papa aurait dit : « Nous sommes dans une nouvelle de Maupassant. » Elle aurait répondu : « Tout n'est pas littérature, mon cher. »

Cette conversation, au téléphone de la poste, m'a coûté très cher. Je restai ébahie par les révélations que je venais d'entendre. L'imbroglio créé autour des noms, dans une famille riche et puissante était le signe d'une succession de crises de nationalisme. « C'était à cause du traité de Trianon, a expliqué Papa des années plus tard. La Hongrie multiséculaire avait été tailladée de tous les côtés, ce qu'il en restait comme territoire devait accueillir les réfugiés hongrois rejetés de leur terre de naissance parce qu'ils ne voulaient pas renoncer à leur identité nationale. Ceux de Transylvanie, ceux qui restaient, plus de deux millions et demi de Hongrois, devaient parler le roumain, ceux du Sud la langue serbe, au Nord, le tchèque ou le slovaque. – Navrée, ai-je dit. Je n'y suis pour rien. »

*
**

J'ai commencé à m'habituer à l'idée que pendant longtemps encore je ne pourrais pas quitter Bruxelles. Je travaillais sans relâche. Le roman avançait. Mes personnages prenaient du relief, je les aimais.

Pour quelqu'un qui n'a jamais été atteint par ce qu'on appelle dans le langage courant l'amour, pour quelqu'un qui n'en connaît pas les symptômes, les manifestations de ce mal désorientent. Le matin, la journée semble sans fin, puisque l'être cher n'est pas là. Ne sera plus jamais là. Il faut s'habituer à cette idée qu'il ne sera plus jamais là. Douche, café, petit déjeuner à l'enfant, banalités égrenées à un mari : « Travaille bien ! Bonne journée ! »

Ils s'éloignent, et aussitôt la maladie attaque. La journée interminable tombe sur vous. Comme une plaque de béton. On raisonne et on repousse un espoir sourd : « Si jamais il appelait, quand même ? Douze heures d'affilée sans le moindre signe. C'est normal, n'est-ce pas ? Il était entendu qu'il n'y aurait plus aucune manifestation de sa part, puisque l'affaire est terminée. Mais les bactéries de l'amour, les maux microscopiques véhiculés par le sang envoient des patrouilles dans le cerveau, reconnaître les zones sensibles au chagrin d'amour. 16 heures 30. Il n'a pas appelé. Les projets virent au noir. M'imaginer dans ma petite chambre devant un manuscrit, avec des cheveux blancs à quatre-vingts ans. Si je vis jusqu'à quatre-vingts ans, je devrai « fêter » soixante anniversaires de plus. Je nous vois comme dans un terrible film. On frappe à la porte et c'est Georges ; il a soixante-deux ans, lui. Et il dit les mêmes phrases qu'à l'époque de nos vingt ans. Je nous vois, ridicules. Philémon et Baucis, avec des chaînes aux chevilles. On fait du bruit en marchant. Ça y est, la journée est terminée à la librairie. Je rentre. J'ai l'impression de gratter un trou dans la terre et de m'enfouir dans le noir. Le dîner. L'enfant au lit. Georges fume. Moi, après une nuit secouée d'images, je me lève. J'ai là ma table de travail. Il n'est que six heures du matin. De quel jour et de quelle vie ? Mon cœur est engourdi, il fait froid. Je continue à écrire debout, penchée en avant. Scène dans une rue de Budapest. Je fais déporter quelqu'un en Sibérie. Un passant déplaît à un soldat russe. Il entend : « *Idi siouda, davaï !* – Viens ici ! » Le passant traverse le trottoir et, aussitôt encadré par des silhouettes en uniforme, il disparaît pour toujours. Mes personnages font ce que je décide et moi, je suis cruelle ce matin. Je prends un comprimé de vitamine C.

Je ne travaille pas aujourd'hui à la librairie. Donc, à la maison, une dizaine de pages de plus pour le manuscrit. Dans le courrier que je remonte, deux lettres successives de Mlle Bataille. Édition japonaise. « Voulez-vous me donner votre accord ? » Elle plaisante ou quoi ? Je pourrais dire non ?

Quelle idée ! Deuxième lettre, ruée sur l'espoir. « Une deuxième édition américaine se présente. On a différentes propositions. Il est question de vous faire venir là-bas. » Invitée aux États-Unis ? Le ciel descend doucement et m'emballe dans de la soie. Il faut faire de l'ordre dans l'appartement. Ouvrir les fenêtres ? Je les ouvre. La fin de la lettre : « Demandez conseil à M. Bellanger, le choix est important ! » Coup sur la tête. La maladie attaque. Le nom écrit suffit, mon système immunitaire s'effondre. J'embrasse la lettre à l'endroit du nom, ensuite je m'insulte. Appeler mes parents ? Que leur dire ? Les bouleverser ? Je fais le deuil d'un amour juste né.

Lorsqu'on appelle de la librairie parce qu'on a soudain besoin de moi, je virevolte de bonheur. Je suis donc indispensable quelque part. Je laisse l'appartement dans un ordre parfait, mais je boude les anges accrochés, je cours, je cavale littéralement, j'arrive comme un bolide à la librairie. « Vous n'auriez pas dû tant vous presser. – Si, question de survie mentale. » Mais je ne le dis pas. Il y a une clochette sur la porte. Chaque fois qu'elle retentit, l'espoir fou renaît : « C'est C.B. Il vient de Paris. Il dit : "Je vous veux. Je viens vous chercher." » Pas lui. Jamais lui. La *Petite musique de nuit* de Mozart se vend toujours. « Vous voulez un paquet cadeau ? »

Je dois m'habituer à une vie monotone et me fabriquer sur mesure une définition du bonheur. Oublier le mirage parisien de côté, interdire à l'imagination d'empiéter sur mon existence.

Il faut passer mes méchantes humeurs sur quelqu'un. Le chef d'orchestre opportuniste dans *Dieu est en retard* va faire une parfaite tête de Turc. Je vais le faire interroger par un commissaire du peuple. Il semble qu'il ait des contacts avec les traîtres qui ont quitté la Hongrie. Sa femme toujours maquillée couche avec le commissaire. C'en est fini de la bonne vie, oubliée entre deux chapitres. Bref, demain, je vais les secouer.

« On vous demande au téléphone. De Paris. » Je me précipite dans l'arrière-boutique : petite pièce, des dossiers sur une table étroite, deux pulls accrochés à un portemanteau en bois. Le combiné grandit dans mon champ de vision, je le touche, je le prends, c'est peut-être lui, sa voix... J'entends : « Christine... ? » C'est Mlle Bataille.

— Bonjour, dit-elle. Je voulais prendre contact avec vous. Nous avons une troisième proposition américaine avec une option sur votre prochain livre. Comme les Anglais veulent aussi *J'ai quinze ans*, je dois réfléchir : acceptons-nous ou non une traduction qui servirait dans les deux pays ? Les deux langues sont différentes, mais peut-être... Si vous pouviez revenir, ou me répondre très rapidement. Il n'est pas exclu que nous ayons, si nous choisissons tel éditeur — et elle prononça un nom qui m'était inconnu — une demande d'option pour l'achat des droits.

— Pour quoi ?

— Pour un film. Dans ce cas, il faudrait que vous alliez à Hollywood vérifier l'authenticité de la reconstitution de l'immeuble de Budapest.

Le rire nerveux est dans ma gorge. Restent des fragments de mots à prononcer.

— C'est comme vous voulez.

— Je répondrai ce que vous me direz.

« Je veux Claude Bellanger » : si je répondais ça ?

— J'aimerais être obligée de me rendre aux États-Unis.

— Bien sûr. Je vais consulter Claude Bellanger aussi.

Je m'exclame :

— Pourquoi ? C'est mon affaire.

— J'imagine qu'il peut vous guider dans votre choix.

— Du tout. Il ne faut pas le déranger.

Accrochée à cet espoir merveilleux – une visite aux États-Unis pour moi, experte en ruines –, je passe la journée, souriante. Mais quand je revois Georges, le soir, les symptômes de la maladie se manifestent. Anne grimpe littéralement sur moi. Bébé, elle cachait sa tête dans mon cou. À presque un an et demi, elle se colle contre moi. Coïncidences. Georges m'a apporté un petit bouquet de violettes de serre. Une rareté à cette époque. Mauve : couleur du deuil. Et moi, j'ose ne pas être heureuse ? Quelle idée de dépérir d'amour pour un Français qui me raconte l'histoire, un mégot de Gauloise bleue collé à la lèvre, alors que le jeune homme que je veux quitter m'apporte des fleurs et ne fume que des blondes ! Je vais faire des crêpes. Georges et Anne sont dans un état de bonheur total. De la farine, des œufs, un peu de lait, bien battre, pas de grumeaux s'il vous plaît, et soudain une montée de larmes. Louche déposée, courir dans ma chambre, mettre la couverture sur la tête et crier mon mal d'amour. J'aime ce type soudé à son journal. J'aime ses mains, même celle de gauche avec l'alliance. La taie est si mouillée qu'une plume hirsute perce les couches de vieux coton. Dix minutes. Et le retour. « Tu as disparu », dit Georges. « Juste un moment... » Ce soir, j'ai réussi des crêpes admirables.

La nuit, je me lève. Lumière. Je ne vais plus lâcher le chef d'orchestre. Il ne sera pas seulement interrogé, mais arrêté aussi. Condamné, exécuté. J'ai mal au ventre. Non, je ne veux pas tuer ce chef d'orchestre. Le lendemain, à l'aube, je le gracie. Je ne suis pas une bête sanguinaire, moi. Je hais juste l'institution du mariage. Barbare invention, dont le signe extérieur est l'alliance. L'esclave avec son anneau symbole. L'être humain est embarqué dans le rituel de l'*establishment*.

Lorsque je compte le temps, affolée, je comprends que je n'ai quitté Paris que depuis une dizaine de jours. L'éternité à peine entamée. Erreur de définition. L'éternité n'a ni début ni fin. Donc, on ne peut pas l'entamer. J'évolue dans le vide en lisant des *Tintin* à ma fille.

Au bout de treize jours, je suis devenue un zombi. Suis-je morte ? Tant de personnes autour de moi ne sont pas au courant. On me parle ; donc, pour le monde extérieur, j'existe. « Il faudrait vous nourrir mieux, dit le sénateur à l'occasion d'une visite. Voulez-vous passer la fin de la semaine chez nous, dans les Ardennes ? » Mme R. et lui décident de nous emmener dans leur voiture. Georges est ravi, Anne paisible. Elle aime les arbres. Je demande discrètement une chambre pour moi seule, Georges restera avec l'enfant. C'est son tour de lire des *Tintin*.

J'ai à ma disposition une magnifique bibliothèque. Je m'approche avec une dévotion presque religieuse des volumes. Je les prends doucement, le monde s'ouvre enfin, je retrouve les lectures que j'ai volées dans la bibliothèque de mon père parce qu'elles m'étaient interdites. Ils sont là, tous ces grands Français, Russes et Allemands, ils anoblissent ma vie. « Prenez autant de livres que vous voulez, dit le sénateur. Vous nous les rendrez à Bruxelles. » Cette proposition est un gage de survie.

Le début de février est froid et ensoleillé. Dans le grand salon, des fauteuils profonds sont placés en cercle devant la cheminée. Cette disposition me rappelle les splendeurs de la grande maison en Hongrie. Pourtant, étrangement, je n'ai pas le désir de recréer l'ancien décor. Même si un jour je gagne assez d'argent, je voudrais juste une pièce dont les dimensions permettraient d'installer une immense bibliothèque. Posséder un jour une maison vide d'objets, aux murs recouverts de livres. Des portes-fenêtres sur un parc. Dans quel pays ? Je ne sais pas.

« Vous avez des nouvelles du *Parisien libéré* ? demande le sénateur. Non ? – Juste le courrier réexpédié. – Quel homme remarquable, Claude Bellanger. C'est l'une des très grandes personnalités de la presse française, et l'un des fondateurs de la presse clandestine. Un patriote. Un homme exceptionnel. Il a été très aimable avec moi, sans doute grâce à vous. » Je dis : « Oui, oui. Très aimable. » Et puis, j'apprends de M. R. une partie de l'histoire de la Résistance française.

9

Je flotte. Je ne pèse rien à mes yeux. J'ai la grave inquiétude de ne pouvoir vaincre la certitude que Claude Bellanger était l'homme de ma vie. Mais je vais y arriver. Je vais ramper sous les barbelés des mariages. Je vais me délivrer des griffes. Je veux bien vivre sans C.B., mais avec Georges, ce n'est pas supportable. Ou C.B. ou personne. Personne.

— Tu fais ça exprès ? a demandé Georges.

— Quoi ?

— De ne rien manger.

— Si. Je me nourris.

— Mal.

— Je n'ai pas d'appétit.

Il revient le lendemain avec des comprimés de vitamines B12. Je lui en veux, pourtant je devrais être reconnaissante. Lors de ma journée libre, je vais à l'ambassade américaine. Un fonctionnaire affable me conseille de demander une lettre d'invitation à l'un de mes éditeurs. Il pose la main droite sur mon dossier, dont il connaît le contenu.

— Il nous faut aussi un document joint à l'invitation, une garantie que votre tante — ou en l'occurrence peut-être un éditeur — accepte de vous entretenir pendant votre séjour là-

113

bas. Pour le visa, vous devez fournir au dossier un certificat prouvant que vous avez votre billet de retour et une autorisation de déplacement signée de votre mari. Mais, avant tout, évidemment, il vous faut un passeport.

— Un passeport ?

— Nous ne pouvons pas délivrer de visa sur la seule présentation d'un « permis de séjour ». Je vous signale..., mais depuis que je sais que vous écrivez..., enfin, on ne sait jamais, je vous le dis : le Canada cherche des infirmières pour les hôpitaux psychiatriques.

Comment atteindre les États-Unis ? M'installer à New York et m'attaquer à l'Amérique ? Je suis douée pour les langues. Je les absorbe, je les édifie en moi. Depuis deux ans, je ne réfléchis, pense, structure qu'en français. Je serais « réversible » en anglais. Mlle Bataille m'a dit avoir accepté l'offre qui me permet de me rendre là-bas. « Il faut des papiers d'identité convenables », répète-t-elle.

À Bruxelles, je me sens isolée du monde. Parfois, je me surprends à ne pas respirer pendant quelques secondes. Je vis les crises de ma maladie – les sentiments – en apnée. Je résiste à la tentation des somnifères : après quelques essais dans la fuite chimique, abrutie, je n'étais pas capable d'écrire tôt le matin. Les somnifères me confrontaient au regard fixe des cadavres de Budapest ou à celui d'un homme qui, accroché à l'extérieur d'un train bondé de ces errants de guerre que nous étions devenus en Hongrie, avait été happé par le mur en béton qui longeait les rails. J'étais coincée contre la vitre du compartiment où s'entassaient seize personnes à la place de huit... Je ne pouvais pas me retourner. L'homme a été broyé, le flanc du wagon l'a écrasé contre le mur. Comme dans un jeu atroce, il a été roulé, a tournoyé de haut en bas, de bas en haut, une flopée de sang a rougi la vitre, puis sa chair mutilée a disparu. Pourquoi voudrait-on que je m'habitue aux trains ? Aux cauchemars ?

Je me lève, j'écris. Je prévois la suite du récit, intitulée *Le Retour des ombres*. La première phrase était née à Paris : « Pour se libérer du passé, il faut poignarder l'ombre. » Le mot « ombre » me hante. Je me sens ombre. N'importe quel couteau assez long me traverserait facilement. Je n'ai plus de relief non plus. À la librairie, il arrive encore que les clients me reparlent du Grand Prix Vérité et ils voudraient connaître la suite de l'histoire. La suite de ma vie. On me demande souvent si je vais continuer à travailler là. « Bien sûr. » « Vous serez riche un jour. » Je réponds : « Quand on n'a rien, on se sent riche avec trois fois rien. » Ma philosophie primaire suscite des sourires, elle est considérée comme une expression de l'âme slave et renforce l'idée que l'Autriche-Hongrie est habitée par des Slaves.

La plupart des Français et des Belges rangent les Hongrois parmi les Slaves. J'expliquais parfois que la langue hongroise appartient au finno-ougrien, groupe linguistique de la famille ouralienne comprenant, notamment, le finnois, le lapon et le hongrois, mais les regards devenaient évasifs. Alors, j'ai pris l'habitude de mon « charme slave ». Ma grand-mère mater-nelle camouflée dans les plis et les replis de l'histoire, avec son origine polonaise, repose en paix. Un jour en Hongrie, jadis, un grand-oncle austro-hongrois, officier haut gradé, avait oublié en bavardant la présence de Maman. Il avait déclaré que, sous n'importe quel nom étranger, peut se cacher une origine juive. Il avait ajouté : « Ils s'infiltrent souvent dans de grandes familles comme la nôtre. La couverture d'un mariage est parfaite. » Mon père, doux intellectuel, terrorisé par sa famille, était vulnérable. Le mariage avec ma mère avait été considéré comme une mésalliance. Qu'importe ! Pour le moment, nous étions vivants. Alors de quel droit je dépérirais d'un amour même pas consommé ? Ridicule !

*
**

Durant cette période, j'ai abattu un gros travail. Mes pages s'empilaient, bientôt j'allais commencer à les recopier en tapant précautionneusement à la machine, avec des feuilles de carbone. Le sénateur m'avait offert deux dictionnaires, je me nourrissais de pur français comme le koala de feuilles d'eucalyptus. Le français naturel de Georges – fils d'ambassadeur, il s'exprimait aisément en trois langues, sans l'ombre d'un effort – me permettait d'introduire chez nous la langue française comme moyen de communication.

Je ne faisais la cuisine que pour le soir. Je n'étais pas un cordon bleu. Je regardais Georges qui mangeait sans se plaindre. Il avait des gestes élégants, il poussait délicatement vers le bord de son assiette des fragments de viande. Il me parlait souvent du général Thiers, homme politique, journaliste et historien français, auteur d'une *Histoire de la Révolution*. Il éprouvait pour cet homme une admiration sans bornes. Georges collectionnait les guides Michelin, cherchait la description des lieux. Il se procurait aussi, avec l'aide de M. R., des études sur l'architecture grecque et romaine.

Dès le début de ce qu'on appelait « notre union », Georges m'avait demandé de ne pas quitter la table avant qu'il ait pris son café et fumé une cigarette. C'était l'habitude de son père qui, selon ses descriptions, était un homme autoritaire. J'éprouvais une estime infinie pour cet homme, à cause de son

116

intervention contre la déportation devant le Parlement hongrois. Les reflets de cette estime rejaillissaient sur le fils. Lui, il se comportait dans notre intérieur modeste comme jadis dans l'élégante salle à manger de ses parents, où un maître d'hôtel les servait. Ces attitudes anciennes me semblaient, au début de nos relations, attrayantes parce qu'elles me rappelaient mon milieu, mais elles devinrent rapidement agaçantes. J'attendais, à la fin des repas, la cérémonie de la cigarette. Georges me racontait les événements de la journée. Il me questionnait sur les nombreux contrats et sur mes futurs déplacements pour Paris. Il avait décidé de m'accompagner pour faire la connaissance de C. Bellanger. Georges vivait selon des conventions génétiquement acquises : quand on est marié, on reste marié ; quand on a un enfant, on l'élève ; quand on a une femme un peu étrange, mais qu'on aime, on s'en accommode, sinon c'est elle qui doit s'accommoder. Et chacun est en droit de connaître les relations de l'autre.

Un jour, prise d'un léger malaise – baisse de tension –, j'ai dû quitter la librairie vers 16 heures. Je suis rentrée à la maison. Dans la pièce du milieu, il y avait une chaise à côté de la petite table où était posé le téléphone. Je me suis assise sur cette chaise et j'ai pris dans mon sac une feuille jaune arrachée à un bloc, marquée : « *Le Parisien libéré* – La direction ». Il y avait un numéro. « C'est ma ligne directe, avait dit Claude Bellanger. Si vous avez un jour besoin de quelque chose... » Cette petite feuille jaune me semblait être un message conservé. Un message d'une autre planète. Il va être bientôt 17 heures. Georges prend l'enfant à la garderie. Ils vont arriver. Encore une soirée de purgatoire en perspective.

117

« Tenez-moi au courant de vos affaires », avait dit C.B. Cette phrase, polie et neutre, faisait partie des formules d'usage et rejoignait les « Comment allez-vous ? » dont personne n'écoutait la réponse. « Tenez-moi au courant... » Pour l'appeler, j'avais un seul prétexte : une lettre de plus de Mlle Bataille qui annonçait le vif intérêt d'un éditeur hollandais pour *J'ai quinze ans*. Était-ce suffisant pour déranger un homme si occupé ? Je savais qu'il avait un battement de quelques minutes avant 17 heures. Ensuite, le journal prenait son rythme brûlant pour préparer le numéro du lendemain.

J'imagine l'immense bureau, la bibliothèque qui couvre le mur du fond. Peut-on user un souvenir à force de l'évoquer ? Ce serait la solution. Jeter le souvenir, s'en débarrasser. Je réfléchis près du téléphone. Si je l'appelle pour l'édition hollandaise, je perds la face. Mon orgueil s'interposait entre le désir d'entendre sa voix et l'idée de me trahir. Rapide bilan dans le crépuscule pesant. La grisaille attaque par les fenêtres. Dès la semaine prochaine, je m'inscrirai à des cours d'anglais accélérés pour ceux qui veulent analyser en américain la littérature de Saul Bellow et de Malamud. Et quoi ensuite ? Obtenir un document, un passeport. Arriver sur la Terre promise. Rendre visite à la tante hostile, en frimant un peu : « Je n'ai besoin de rien, j'ai des droits d'auteur. » J'ai commencé mon tour du monde en rampant sous les barbelés. Cette fois-ci, je serai invitée par un éditeur. Touriste ? Oui. Pas immigrante ! Non. On ne vous laisserait pas entrer aux États-Unis. Tandis que vedette d'une actualité historique ? Ça oui. On la veut. Il me faut posséder l'anglais, c'est-à-dire l'américain, à fond pour pouvoir raconter des histoires aux éditeurs américains. Mlle Bataille a dit qu'ils aiment écouter.

Ça leur épargne la lecture. Bien sûr. La faconde sauve. Ensuite, affronter Georges et lui faire comprendre qu'il sera plus heureux avec quelqu'un d'autre que moi.

*
**

Pesant après-midi. Le crépuscule tombe comme un vilain voile. C.B. doit être assis derrière son bureau. Le téléphone, à gauche ou à droite ? La secrétaire entre et sort, et dépose ou prend un classeur. La correspondance. J'ai quelques minutes encore. L'idée salvatrice me traverse. Je peux lui parler des Hollandais. Bien sûr. Il a fondé la Fédération internationale des éditeurs de journaux, en association avec un ministre hollandais. Ce pays l'intéresse. Vive les Hollandais ! Et lui, n'a-t-il pas proposé de rester « mon » conseiller littéraire ? C'est puéril tout cela, mais je n'ai pas d'autre prétexte. Il a vingt-cinq ans de plus que moi, il est marié, il a des enfants. Est-il beau ? Je ne sais pas. Ce mot ne représente pas grand-chose. Il est comment ? Je ne sais pas. Un charme fou. D'ailleurs, si je l'appelle, c'est pour me prouver mon indépendance. Je n'ai pas peur d'une influence. Juste quelques mots à échanger. Une étape à franchir.

Il fait froid dans ce petit appartement. Février est à l'année ce qu'est le lundi à la semaine. Interminable.

Je tourne le lourd cadran du téléphone – les gros chiffres apparaissent à travers les trous, le trois est bloqué. Si j'avais dû demander le numéro à une opératrice, je ne l'aurais pas fait. Je tiens l'écouteur, pas de sonnerie. Rien. Je vais raccrocher. Sa voix, soudain, mirage, fantasme, chaleur palpable.

– Christine ?

— Oui, ai-je dit. Oui. Bonjour, je suis navrée de vous déranger. Je vous appelle pour vous dire...

— C'est moi qui vous appelle, a-t-il répondu. J'ai composé le numéro. Il n'y a pas eu de sonnerie et vous m'avez répondu.

Ma première pensée a été, en ce moment irréel, que personne ne me croirait si je racontais cette histoire. Je ne la raconterai donc à personne. Le même jour, à la même heure, nous n'avons pas plus résisté l'un que l'autre à la tentation de s'entendre. Lorsque j'ai raconté ce phénomène — quand même, il fallait faire un test —, qui, même aux plus rationnels, comme C.B. et moi, semblait peu croyable, ma mère a dit : « C'était écrit. » Mon père a plissé les yeux. « La fatalité », a ironisé Maman. « Une coïncidence », a rectifié mon père. Puis, en allumant un cigare, il a ajouté : « Par ton courage, grâce à cet appel, tu as choisi sinon aidé ton destin. Tu as soutenu ta chance. — Papa, il a appelé exactement au même moment !... — En dehors de moi, peu de gens te croiront. Mais qu'importe. Analysons. Tu me dis qu'il entre dans l'arène du journal à 17 heures. Il est près du téléphone. Il cherche une oasis. Toi, tu es dans la même situation, mais vous connaissez vos heures. Tentative réussie. Ça arrive une fois dans la vie. On la paie souvent cher après. — Votre pessimisme est navrant », commente Maman. Mais tout cela fut dit plus tard.

Je revis le moment de ces appels croisés.

— Je suis revenue plus tôt de la librairie. Par hasard, j'ai retrouvé la feuille avec votre numéro direct. C'est-à-dire, elle était dans mon sac.

— Votre numéro est dans mon carnet, répond-il.

Sa voix me chauffe, me réconforte.

— Êtes-vous seule ?

— Je suis seule et heureuse de ce hasard.

« Hasard ? Providence... Attention, n'en fais pas trop. Il ne doit pas savoir que tu meurs d'amour. Rien. Éditions diverses. Mlle Bataille. » J'essaie d'être détachée. Ton léger.

— Je voulais juste vous demander un renseignement : un éditeur hollandais a écrit à Mlle Bataille. Il souhaiterait que je sois présente lors de la conférence de presse qu'il veut donner bientôt. Le temps de traduire *J'ai quinze ans* en hollandais. L'éditeur américain, paraît-il, va aussi m'inviter.

Il n'entend même pas ce que je raconte en sourdine.

— Vous êtes toujours seule ? demande-t-il.

L'édition hollandaise et l'éditeur américain ? Le cadet de ses soucis. Il ne veut pas être distrait ni dévier du but de son appel.

— Oui.

Une seconde d'hésitation, puis :

— Je vous appelais pour une raison personnelle.

Le mot « personnel » fait de moi une capsule détachée de sa station spatiale. Je suis seule dans l'espace. Personnel ? Si c'est personnel, c'est que j'existe...

— Je ne peux pas vivre sans vous.

L'écouteur est-il soudé à ma main ? Puis :

— Christine, tu m'entends ?

Le premier tutoiement. Une étreinte.

— Christine, tu m'entends ?

J'aimerais bien lui dire : « Je vous entends. » J'émets sans doute des sons qui correspondent à une réponse, comme : « Bien sûr ». Je n'aurais pas utilisé le mot « sûr ». « Sûr » de quoi ?

— Christine...

Je me rassieds sur la chaise que je viens de quitter. J'ai mal à l'oreille, l'écouteur me meurtrit tant je le serre contre ma tempe.

— Je... Je...

— Parle-moi.

— Depuis le dîner d'adieux, je vis à peine. Vous me manquiez à en mourir. J'étais décidée à quitter l'Europe. Entrer en convalescence.

— Je veux t'installer à Paris avec ta fille. Je vais essayer de divorcer. Je ne peux rien promettre. J'ai des arguments, mais la bataille va être longue et dure. Une seule chose est certaine : je t'aime. Je t'attendais depuis mes vingt ans.

On vient d'annoncer sa grâce à une condamnée. L'homme qui m'habite depuis le 17 décembre 1954 m'aime. Je balbutie :

— Depuis le moment où ma main a été dans la vôtre, je suis en quelque sorte diminuée. Je veux dire, presque en état de dépendance.

Je rectifie :

— De manque.

— Tu m'aimes ? Tu crois que tu m'aimes ? Dis-le.

— Je crois. Quand on sent que chaque jour est un deuil sans l'autre, c'est quoi ?

— C'est que tu m'aimes ou que tu vas m'aimer. Arrive ! Prends un taxi et arrive. Maintenant. Tu pourrais être là vers minuit. Je t'attendrai à l'hôtel *Louvois*.

Il trouverait normal, même obligatoire, que je prenne un taxi pour Paris !

Dans quelques minutes, Georges va arriver.

— Il me faut un prétexte. Une raison de partir. Ici, je dois justifier un départ imprévu.

Il réfléchit.

— Parfait. Je vais t'envoyer un télégramme qui réclame ta présence. Obligation professionnelle. Demain, il y a un train Bruxelles-Paris tôt dans l'après-midi. Tu dois le prendre. Le soir même, nous quitterons Paris. Je t'emmène dans le Midi pour quelques jours.

J'entends des pas dans la cage d'escalier. Anne bavarde. Georges lui parle.

— Je dois raccrocher. J'attends le télégramme... Je ferai de mon mieux.

— Christine, dis oui.

— Oui. Oui. Oui.

Je raccroche. Mon mari et ma fille entrent dans la pièce. Je vois Georges comme à travers des jumelles, côté « éloigné ». Il est ramassé à la taille d'un timbre-poste. Il est déjà loin de moi, de ma future vie. Il me raconte que l'un de ses collègues l'a invité, dimanche, pour une partie de tennis. Ce sport lui manque, il était champion junior à Budapest. Je l'imagine en blanc, avec une raquette à la main. Il grandit en s'approchant. Il me donne l'accolade. Nos joues se frôlent. Étrange sensation épidermique. J'ai toujours détesté les accolades. Frotter une joue contre une autre. Les Esquimaux se frottent le nez : pas mieux. Anne me tend un dessin. Une maison et, derrière, un soleil collé sur le ciel. Ils sont heureux. Je vais donner le bain à ma fille, Georges se renseigne — avec prudence : « C'est quoi, le dîner ? »

Pendant que je mime les gestes d'une fée du logis, le sujet d'une pièce en un acte de Maeterlinck me revient à l'esprit. Un acte intitulé *Intérieur*. On perçoit l'atmosphère joyeuse d'une famille assise autour de la table de leur salle à manger. Un messager se trouve dans le jardin et les contemple par la fenêtre éclairée. Il apporte la nouvelle de la mort d'un de leurs proches. Il n'ose pas frapper à la porte, il est malheureux pour eux. Le poids du récit se partage entre l'horreur que représente la nouvelle que la famille va entendre et la vision de leur paisible bonheur qui ne durera pas. Maeterlinck a redonné la place vedette au destin. Tout peut arriver, à n'importe quel moment.

— Tu n'as pas brûlé le ragoût, a dit Georges. Tu fais des progrès. Dès que tu n'es pas distraite, le repas est meilleur.

En effet, il m'arrive de brûler des plats. Lorsque je repars dans ma chambre pour une phrase, j'oublie la nourriture, retrouvée souvent carbonisée. Je cache alors la casserole abîmée que je frotte ensuite. Je pense aux mineurs en lutte contre les parois pour arracher le charbon. Trop pauvre pour en acheter d'autres, je cuisine dans des casseroles « modèle Pompéi ». L'odeur du brûlé est difficile à dissiper.

Au moment où le télégramme arrivera, il faudra que j'annonce mon départ pour quelques jours. Partir dans le Midi avec Claude Bellanger me semble irréel. Et si j'avais imaginé l'appel ? Juste imaginé ? Si j'avais cru entendre ce que je souhaitais si ardemment entendre ? Georges aperçoit à côté du téléphone la feuille jaune détachée d'un bloc, marquée *Le Parisien libéré*. Il la prend :

— C'est quoi, ce numéro ?

— Un des numéros du journal.

— Tu as appelé ?

— Non. Je l'ai trouvé dans mes papiers et je l'ai mis ici, en cas de besoin.

— Tu devrais l'inscrire dans ton carnet d'adresses, tu pourrais l'égarer.

— Bien sûr...

124

Mon carnet d'adresses ? Il ne contenait presque rien. Les morts n'ont pas d'adresse. Les fantômes de Budapest ne doivent pas être appelés, on les accuserait d'être des traîtres payés par l'Occident. Mon frère aîné n'a pas le téléphone à Innsbruck. Mes parents ? J'ai un numéro. Pour le reste, il y a Mlle Bataille et *Le Parisien libéré*.

Je regarde Georges, cette fois-ci grandeur nature. Nous sommes apparemment en bonne santé. Sans la guerre, les bombardements, les accidents, nous aurions des décennies à passer ensemble. L'idée même m'emplit d'une peur diffuse, d'une angoisse. Pourtant, je crains le moment où je lui annoncerai que je veux m'en aller. Grisée par mon secret, j'attends le télégramme.

Après le dîner, je mets Anne au lit. Georges me demande d'une manière plutôt guindée si l'abstinence physique continuera à être de rigueur pendant longtemps encore. Je lui dis que je ne veux courir aucun risque d'être enceinte, une nouvelle maternité m'empêcherait de travailler. Je veux créer, voyager, entreprendre. Qu'importe ! Je réfléchis. Ai-je vraiment entendu cette phrase : « Je ne peux pas vivre sans vous » ?

Je me retire dans ma chambre et prépare ma valise étroite que je cache dans le placard. J'y ai mis l'ensemble blanc en tricot reçu de l'amie belge, une femme ravissante. Je n'ai que mon manteau noir, il sera sinistre au soleil du midi de la France. À tout hasard, je prends aussi une robe d'été, achetée en Autriche. Vers 9 heures, le télégramme arrive. Georges le reçoit en bas et le monte, maussade. « Qu'est-ce qu'ils ont, à ce journal, à te bombarder ainsi de messages urgents ? »

« Nous vous attendons pour une interview avec *Der Spiegel*. Présence à Paris indispensable. Chauffeur sur le quai de la gare à... » et suit l'heure d'arrivée du train, le lendemain en fin d'après-midi. Donc, je n'ai pas rêvé. Je dois expliquer à Georges qu'à Paris, « ils » vivent à un autre rythme que nous.

— Ce n'est pas une raison pour t'appeler si brusquement.

— Brusquement ? Non. L'actualité va vite. Je suis ravie.

— Il faut encore réserver ta chambre, a dit Georges. Tu veux que je le fasse ? Il est déjà 21 heures 30, il faut se dépêcher.

— Non. Il y a toujours de la place à l'hôtel de la rue de Provence. J'appellerai le patron demain matin.

Il continue, agacé :

— Ce télégramme est envoyé par *Le Parisien libéré*. Pourquoi ce journal se mêle-t-il de ta vie ?

— *Der Spiegel* a dû prendre contact avec lui ! C'est normal, entre publications.

— Et on t'envoie maintenant une voiture et un chauffeur ? dit Georges. Je me demande s'ils font un effort pareil pour les autres lauréats.

— Je trouve cette manière élégante puisque l'invitation vient d'eux.

J'improvise :

— Il n'est pas impossible que j'aie une réunion chez Mlle Bataille avec un agent associé qui travaille en Amérique... Il sera difficile de me trouver.

Les R. emmèneront Anne dans les Ardennes et Georges en prime. Comme il est raisonnable, sauf urgence, il ne m'appellera pas à Paris. Le temps qu'il passera au château, je serai en sécurité. La nuit n'est pas une vraie nuit, mais une passerelle entre le soir et le matin.

Le lendemain, Georges a voulu m'accompagner à la gare. Il s'est inquiété de mon retour. « Je t'appellerai, ai-je répété. Si jamais d'autres rendez-vous se présentaient, je resterais plus longtemps. »

À la suite d'un incident technique, le train Bruxelles-Paris est arrivé avec une heure de retard. Claude Bellanger m'attendait sur le quai. Dès qu'il m'a aperçue, il s'est précipité pour prendre ma valise. « Tu es là », a-t-il dit en guise de bonjour. Même pas une tentative d'accolade. J'aurais préféré qu'il me serre dans ses bras. Crainte d'être surveillé ? Réserve lilloise ? Il a pris mon bras. « Je t'aime », a-t-il dit. Nous sommes sortis au pas de course de la gare pour rejoindre sa voiture. Le chauffeur m'a saluée, pour la première fois il m'a regardée. D'instinct, il savait que la vie de son patron allait changer. Il nous a ouvert la portière. « Vite. À la gare de Lyon », a dit C.B. Sur la banquette arrière, il a pris ma main dans la sienne. Nous gardions le silence. Ma main dans la sienne, nos paumes soudées. Une communion physique qui irradiait nos corps. Sa main disait tout à ma main. Nos épaules se touchaient. Plus jamais la vie ne serait comme avant.

Dans une minute de désarroi, je me vis face à Georges. Dès mon retour, je lui dirais ce qui s'était passé à Paris. Je ne pouvais pas imaginer de le tromper délibérément. Je serais très bientôt amenée à parler. Dire la vérité.

À la gare de Lyon, les porteurs attendaient les clients. La valise en cuir gravée aux initiales de Claude Bellanger s'est retrouvée à côté de la mienne, modeste. Le chauffeur avait reçu des instructions pour le retour. Nous nous sommes engagés en direction du quai où attendaient devant chaque wagon de luxe un contrôleur et un bagagiste. J'avais l'impression de me trouver dans un récit de Jules Verne. Allions-nous faire le tour de nous-même en quelques jours ?

Le contrôleur, ayant consulté les billets, a indiqué au porteur les numéros de nos compartiments. « Vingt-trois et vingt-quatre ». Puis il s'est adressé à C.B. en prononçant son nom, qui figurait sur sa liste : « Le premier service au wagon-restaurant est à 8 heures. Désirez-vous une table ? » Il se tourna vers moi et, après quelques secondes d'hésitation, prit la décision de s'incliner : « Mademoiselle... Je vous souhaite un excellent voyage. »

Je suis montée la première, Claude m'a suivie. J'ai avancé dans le couloir et je me suis retrouvée dans un univers dont l'atmosphère luxueuse m'a rappelé mes voyages avec mes parents. Le porteur a désigné mon compartiment et il m'a ouvert la porte. Il a posé ma valise sur le porte-bagages. Le lit était déjà ouvert, la lampe au-dessus de l'oreiller allumée. Dans le vase fixé à la cloison, il y avait une rose. Une étroite porte, à côté, s'ouvrait sur un cabinet de toilette. C.B. est entré dans le compartiment voisin. Nous étions en février 1955. Personnalité de premier plan, voyageant avec la lauréate du Prix Vérité 1954 – il fallait sauvegarder les apparences qu'exigeait la situation.

J'ai ouvert ma valise et j'ai découvert que je n'avais pas pris l'un des hideux pyjamas que j'avais achetés au rabais à Bruxelles. Oublié sans doute. Je n'avais pas encore analysé les relations qu'on entretient selon les circonstances avec les objets et les vêtements, et j'ai conclu à un oubli. Ce n'était sans doute pas vrai, mon subconscient avait jeté à la poubelle le pyjama rayé. Ce soir, rayures et cuillères étaient condamnées. J'ai posé mon nécessaire de toilette en plastique sur le bord du lavabo et me suis regardée. Mes yeux brillaient comme si j'avais de la température. J'ai entendu frapper. Je suis revenue dans le compartiment et j'ai tourné le verrou de la porte de communication.

« Tu es là... », a dit Claude et il m'a serrée dans ses bras. Une légère odeur d'eau de toilette et de cigarette, le contact délicieux de sa chemise, il avait déjà enlevé sa cravate – révolution, sans doute. Les portes verrouillées, j'ai découvert sa peau lisse et fine comme de la soie. Puis j'ai été enveloppée, happée, étreinte, submergée par son corps.

*
**

Nous avons manqué les deux services du wagon-restaurant. Claude a commandé plus tard un plat de viande froide et de salade. J'ai pris quelques lamelles de veau, pour la forme. Dans une chemise en coton complétée de deux serviettes-éponge de grande taille, hâtivement « emballée », je le regardais. Il portait une robe de chambre en soie bordeaux. Après les étreintes qui me paraissaient plus proches d'un fantasme que d'une vérité vécue, nous parlions. Il voulait tout savoir de moi. Une lamelle de jambon, une feuille de salade, le plus austère des repas, avant de fondre aussitôt l'un dans l'autre. Épuisée, serrée dans ses bras comme s'il ne voulait plus jamais me lâcher, j'étais soudée à lui sur le lit étroit.

Le bruit du train, ce kat-kat-kat-kat mécanique qui emplit même les cerveaux endormis, évoquait une immense machine à coudre. Le Train Bleu transportait dans ses entrailles une société privilégiée qui voyageait dans des lits. Je pensais à nos misères diverses éprouvées dans des wagons à bestiaux. Après le siège, nous avions traversé la Hongrie du nord au sud pour revenir du sud à l'ouest dans des voitures où nous nous couchions sur de la paille.

— À quoi tu penses ?

Que répondre ? On n'évoque pas des souvenirs désagréables lors d'un séjour irréel. Il ne fallait pas assombrir le rêve.

Il reprit :

— J'ai passé des jours et des jours à lutter contre ce qui nous arrive. J'ai essayé de m'habituer à l'idée de ne plus te revoir qu'à l'occasion d'une rencontre avec un éditeur ou d'une invitation à un cocktail littéraire. Christine, tu m'entends ?

— Oui. Je réfléchis.

— Nous allons vivre ensemble si tu acceptes de t'installer à Paris avec ta fille. Je ne peux pas te promettre de me libérer. Je ne garantis que mon amour infini. Je vais tout faire pour t'épouser un jour.

— Je devrai divorcer... Il va être fâché, Georges.

— Il est très jeune. Il recommencera sa vie.

— Il sera sans doute heureux avec quelqu'un de plus agréable que moi.

— Si nous n'étions pas ici, tu ferais quoi, en ce moment, à Bruxelles ? demanda C.B.

— Des projets. L'amour sans espoir, ce n'est pas mon style.

— Explique-toi.

— J'aurais fait des efforts sans répit pour vous oublier. J'aurais remué ciel et terre pour partir en Amérique.

Était-ce le moment de lui raconter la raison qui m'avait obligée à épouser Georges ? Fallait-il sortir de l'image du gentil couple que cet homme puissant allait briser ? Georges était un jeune homme de bonne volonté. Sans la puissance de mes sentiments pour C.B., j'aurais sans doute passé des années

130

encore avec lui. Au moins le temps d'obtenir ce visa pour les États-Unis.

— Christine, est-ce que tu m'aimes ?

— Je crois : quand on a l'impression que la vie sans l'autre n'a aucun intérêt sinon le travail, ce doit être l'amour.

Parfois, une phrase me touchait plus qu'une autre.

— Ta présence est indispensable à Paris. Pour ta carrière et pour moi.

Je me sentais importante. J'avais donc une « présence » ? J'avais donc une « carrière » ? Le train fonçait dans la nuit.

— Et vous ? ai-je dit à Claude. Vous allez dire quoi et à qui, lorsqu'on découvrira mon existence dans votre vie ?

— Si tu voulais me tutoyer !

— Je vais essayer. J'ai toujours vouvoyé tout le monde autour de moi. Ma famille et moi, nous sommes des personnes étranges.

— On est souvent étrange pour quelqu'un, a-t-il dit.

J'ai continué :

— Nous avons traversé la frontière à pied. Nous avons vécu dans une baraque, ça n'a rien changé. Je parle de la mentalité. Même à l'époque où nous n'avions chacun qu'une cuillère, mes parents donnaient l'impression de se nourrir à une table dressée avec de la fine porcelaine.

Il parlait comme à lui-même :

— J'aurais eu des raisons — même sans ton apparition dans ma vie — de divorcer. Mais on ne divorce pas sans une cause majeure. Toi. Mes fils vont souffrir d'une séparation, mais je ne vois plus d'autre solution.

Je l'écartais, heureuse, mais aussi perplexe. Je le savais, je ne m'habituerais pas à une double vie. Personne déplacée qui se déplace sans cesse entre la Belgique et la France ? Débiter

131

des mensonges ? Chercher à gagner du temps ? Mais quel temps ? Pourtant, chaque seconde passée ensemble prouvait que nous étions faits l'un pour l'autre. Je me réconfortais à l'idée que j'avais encore un contrôle sur mon destin. Je pourrais vaincre cet amour. Le détruire. Fallait-il m'attaquer à cet amour pour me libérer ? La porte de sortie était l'Amérique. J'écoutais Claude Bellanger à travers le bruit du train :

— La vie littéraire est à Paris. Le centre de l'Europe intellectuelle est Paris. Si tu étais installée à Paris...

Il n'était qu'au premier niveau dans l'échafaudage d'une fausse vie, et moi, je regardais déjà le paysage du toit ! Il était attaché aux détails, moi à une vue d'ensemble des années à venir.

— Qu'est-ce que je dirai à Georges ?

— Des jeunes mariés se séparent peut-être plus facilement qu'un couple qui a vécu depuis plus de quinze ans ensemble, dit-il. Jusqu'au 17 décembre 1954, je me contentais de ma vie professionnelle, je prenais de plus en plus de travail, d'obligations de toutes sortes, j'ai commencé une longue démarche, intellectuelle et juridique à la fois : la séparation de l'Agence France-Presse d'avec l'État. L'agence doit être indépendante du pouvoir.

Les heures se succédaient. Un homme encore presque inconnu pour moi me serrait contre lui dans l'étroit lit du fameux train. N'étais-je pas une poupée russe que la vie lui offrait en cadeau, une poupée qui en cache une autre, une autre et encore une autre ? « Je veux connaître ta vie avant », m'a-t-il dit. Avant quoi ? J'avais traversé des événements historiques, comme tant de personnes. Que dire de plus ? Il m'a interpellée :

— Tu dors ?

Sa passion folle et silencieuse m'a enrobée, et aussi sa crainte et son souci de me protéger. L'époque était barbare, la pilule n'existait pas. Le risque, oui. Je gardais le silence. J'étais fatiguée par tant d'émotions. Dans un demi-sommeil, j'essayais d'analyser les faits, ce qui m'arrivait.

J'étais mariée à Georges. L'homme étendu à côté de moi, l'homme qui me serrait dans ses bras n'était pas libre. Il était inévitable qu'à quarante-cinq ans il ait une vie, une famille et que moi, sortie comme tant d'autres de la guerre, j'essaie de bâtir un avenir. Un avenir d'écriture. Mais comment atteindre ce but, prisonnière d'un amour fou qui ne mène nulle part ?

— J'ai une tante aux États-Unis, ai-je dit.

— Que fait-elle là-bas ?

— Je ne sais pas. Elle est assez âgée. C'est la sœur de mon père, issue de la branche austro-hongroise. Chez nous, ai-je expliqué, il y a un côté très chic, on trouve dans l'arbre généalogique des noms connus même en Occident. Mais Papa a fait une mésalliance.

— Une quoi ?

Le républicain s'amusait du récit d'une autre époque, que lui offrait sa conquête arrivée du centre de l'Europe.

— Mon grand-père maternel était un homme d'affaires, né près du lac de Constance.

— Allemand ? a-t-il dit.

— Mais oui.

— Ensuite ?

— Il a épousé une jeune femme rencontrée à son retour de Paris, à Strasbourg.

— Pourquoi « mésalliance » ?

— Les héritiers d'hectares à perte de vue ne s'unissent pas volontiers à des tribus dites « d'argent ». Papa a eu des difficultés avec sa famille.

— Quel rapport avec la tante ?

— Elle en avait assez des complications familiales, elle est partie.

— Elle habite où ?

— Dans le New Jersey.

— Et tu gardes une relation avec elle ?

— Elle devrait m'envoyer une invitation. Apparemment, elle n'en a pas envie. D'ailleurs, elle sait à peine que j'existe. Elle a quitté l'Europe bien avant ma naissance. J'espère que le futur éditeur américain de *J'ai quinze ans* m'obtiendra un visa provisoire. C'est-à-dire, s'il m'invite, je pourrais partir là-bas avec un visa de touriste.

— Je ne veux pas te perdre, a-t-il dit. Ne te presse pas. L'Amérique peut attendre.

— Ce serait peut-être une solution. Tout quitter. Mon mari, l'enfant, mes parents, vous. Tout cela sera extrêmement compliqué.

— Mais tu m'aimes ?

— Si ce bonheur extrême d'être dans vos bras s'appelle l'amour, alors je vous aime.

— Tu ne veux toujours pas me tutoyer ?

— Je voudrais. Mais, pour le moment, je n'y arrive pas.

— Tu voudrais quitter la France ? a-t-il répété, désemparé.

— Je ne suis pas encore en France.

— Si, dit-il. Tu appartiens à la France parce que c'est ta langue écrite. Il faut rester dans la langue française. C'est un acquis. Grâce à ta maman que j'espère connaître un jour.

Il énumérait les éléments qui nous unissaient déjà. Il ne s'agissait plus de Rainer Maria Rilke ni de Heine, mais de lui, de moi et de Paris.

— Je vais trouver un appartement où t'installer avec ta petite fille. Je m'occuperai de ton permis de séjour. Le préfet actuel est un homme charmant et compréhensif. Je trouverai une baby-sitter, ça nous permettra de sortir le soir. Tu pourrais t'inscrire de nouveau à la Sorbonne. Plus tard, pour tes parents, s'ils veulent venir habiter Paris, je m'organiserai. Ta mère pourrait garder plus souvent sa petite-fille.

Il voulait recréer ma famille autour de moi, pour mieux m'attacher à lui.

— Tout cela est très beau, ai-je dit. Mais...

Il m'a tellement serrée que j'ai dû légèrement le repousser.

— Vous m'étouffez.

— Non, a-t-il dit. Non, non.

Il m'a lâchée. Juste un peu.

— Pardon, a-t-il ajouté, mais je dois te tenir pour être sûr que tu ne t'échappes pas.

*
**

Nous avons dû nous endormir d'épuisement. Je me suis réveillée soudain en entendant un brusque claquement. Claude venait de remonter le rideau de notre compartiment et l'azur du Midi nous a envahis. Nous étions teintés de bleu et or. À l'extérieur, j'ai aperçu des vignes.

— Des vignes ?

Il était presque impatient.

— Oui. Et tu vas bientôt voir la mer. Et peut-être quelques bourgeons. Par ici c'est la fin de l'hiver, déjà le printemps s'annonce.

Il était doré, moi bleue. Après, il est devenu bleu et moi dorée. Il est retourné dans son compartiment. Dans le miroir du cabinet de toilette, je cherchai les traces de la nuit sur mon visage. J'étais comme avant ? Peut-être. Juste un peu plus pâle. J'allais me laisser vivre pendant quatre jours. Je savais qu'en cas de conflit grave avec moi-même, si je me sentais trop piégée par la morne certitude de Bruxelles et les mirages de Paris, je tenterais de m'échapper et, comme ma tante, de fuir vers l'Amérique.

— Cesse de réfléchir. Relâche pendant quatre jours. Tu veux ?

C'est ce qu'il m'a dit. Je l'entendais d'un compartiment à l'autre. Allons-y, j'allais connaître le monde des camouflages. Claude respectait pour le moment les apparences. Si on ne voyait pas sa femme avec lui lors des représentations et des invitations, c'est qu'elle n'aimait pas le milieu de C.B. Le monde du journalisme ou de la politique ne l'intéressait pas. Claude Bellanger participait aux congrès seul. On le croyait célibataire, divorcé ou veuf. S'agissant d'une personnalité de son ampleur, personne ne posait de questions.

— On arrive bientôt, a-t-il dit. Ici, nous pouvons quitter le train ensemble.

— Et à Paris ?

— Non, pas à Paris. Nous sortirons séparément. Le chauffeur ne sera pas le même que celui qui nous a amenés à la gare. Il croira que nous nous sommes rencontrés par hasard. Que je te ramène juste à ton hôtel. À propos, je vais t'installer à l'hôtel *Louvois*. On m'enverra la note. Tu ne peux pas rester rue de Provence.

— Vous croyez que le chauffeur du soir ne racontera rien au chauffeur du jour ?

— Non, ça ne les intéresse pas du tout.

136

Ce directeur de journal, qui depuis 1948 était secrétaire général de la Fédération internationale des éditeurs de journaux — une organisation fondée par lui, qui englobait soixante-quinze pour cent de la presse mondiale –, cet homme d'envergure internationale se comportait comme un gamin romantique qui veut cacher son amour. Ce qui m'éblouissait en quelque sorte – autre sujet de thèse –, c'est qu'il croyait que les gens acceptent sans réfléchir une succession de coïncidences. Me voir apparaître ici et là ? Le hasard ! Nous allions sortir d'une gare à quinze pas de distance l'un de l'autre, et nous ferions semblant de nous découvrir. Il viendrait vers moi et, en me saluant bien élégamment, me proposerait de me conduire à mon hôtel. Le hasard.

Le Train Bleu s'est arrêté à Nice. Le responsable des wagons-lits a fait monter un bagagiste qui est venu chercher, dans les deux compartiments, nos valises. J'étais vêtue d'une petite jupe grise, d'un chemisier blanc et de sandales à talons hauts. Dans mon sac, j'avais ma carte d'identité de « personne déplacée » et, grâce à l'ambassade de France en Belgique, un laissez-passer spécial. La personne déplacée pouvait se déplacer, pour le moment, légalement. À la descente du train, la lumière m'a éblouie, mes yeux furent aussitôt en larmes.

— On va s'arrêter pour t'acheter des lunettes de soleil. Tes yeux de fée nordique ne supportent pas cette forte réverbération.

Un porteur nous a précédés vers une Citroën noire dont le chauffeur nous accueillit :

— Monsieur Bellanger ? Je viens de l'hôtel...

— Oui. Mais avant, je voudrais m'arrêter à Nice pour acheter des lunettes de soleil...

À qui ? « À ma femme ? » Non. « À Madame ? » Ç'aurait été ridicule. Qu'est-ce qui restait ? Le silence. J'étais à moitié aveuglée par ce soleil, vêtue comme une employée de l'Armée du Salut.

— Tu souris, Christine ?

Je lui ai décrit l'image que j'avais en tête. Il a protesté.

— Non. Tu es belle. Le gris et le blanc te vont à merveille.

Le chauffeur écoutait avec attention. Il avait de l'expérience. Ce client illustre de l'hôtel célèbre était amoureux. Il n'avait pas encore une opinion bien claire sur moi. Il a arrêté la voiture devant la boutique d'un opticien qui venait d'ouvrir. Claude Bellanger m'a acheté des lunettes de soleil, dont la monture en plastique imitait l'écaille. Ces lunettes démesurées sur un visage assez pâle ajoutaient au mystère. Je ne ressemblais pas aux aventures classiques que l'on amenait ici. Lui, il portait des vêtements foncés, son manteau de demi-saison était d'une rare sobriété, son chapeau sans doute coûteux et son foulard en lourde soie destiné à passer inaperçu. Nous n'avions pas l'aspect d'un vrai couple. Pendant le séjour, je serais observée : j'étais un objet pas encore identifié.

Mon « bonjour » a trahi mes « r » non conformes à ceux du pays. Je parus aussitôt exotique. Le rôle de la maîtresse très jeune d'un homme plus âgé et si important m'incommodait. Mais j'avais trop d'ancêtres, trop d'armoiries, trop d'orgueil pour ne pas défier, sinon, au besoin, provoquer cette société. D'un côté, issue de ceux qui reçoivent des privilèges à la naissance, de ceux qui transmettent d'une génération à l'autre des traditions ; et, de l'autre, du monde des affaires et des mélanges génétiques, je pouvais m'accommoder de situations inattendues.

Georges et moi étions assortis par l'âge et les conditions historiques. Cette escapade, ici, à Nice, marquait la différence d'aspect entre Claude Bellanger et moi, et soulignait mon rôle de « gourmandise physique ». Personne n'aurait pu supposer que j'étais l'enjeu de l'existence de C.B. qui avait dévié sa vie et la mienne aussi. Je n'avais pas eu le temps de mettre un pion, comme sur un échiquier – un continent entre lui et moi.

*
**

La voiture roulait sur la route qui longeait la mer bleue. En 1955, la côte dite d'Azur était fidèle à son nom. J'étais hypnotisée par toutes ces couleurs, par le parfum de l'air où se mélangeaient les odeurs de la mer et des fleurs.

L'hôtel était l'une des somptuosités de la Côte, dont j'avais dû entendre parler par ma mère : son père choisissait, lors de ses rares déplacements avec sa femme et ses filles, ce style de palace. Nous avons été reçus par le directeur. Il a salué Claude Bellanger et s'est incliné devant moi. Sa clientèle chic lui réservant sans cesse des surprises, il était habitué à rester impassible dans n'importe quelle situation. Il nous a souhaité un agréable séjour. Il n'était pas question de montrer ici un papier d'identité. Un des employés de la réception nous accompagna. Ma valise était déposée à côté de la valise en cuir de Claude Bellanger. Au premier étage, la suite avait deux entrées, mais les chambres à coucher communiquaient par un salon commun. Le bagagiste a d'abord déposé ma valise « chez moi », et celle de Claude Bellanger « chez lui ».

Nous avions deux numéros de chambre. Au salon où je cherchais une table pour déposer mon manuscrit, j'entendais parler à mi-voix. Pendant nos années de pérégrinations amoureuses, toujours lestées de difficultés juridiques, j'ai toujours reconnu le son de la voix de C.B. lorsqu'il téléphonait chez lui.

J'ai appelé la gouvernante d'étage et j'ai demandé une table d'une hauteur normale.

— Vous avez ici la table basse, a-t-elle répondu.

— Je ne peux pas travailler sur une table basse.

— Travailler ?

Une ombre est passée dans son regard. Juste pour signaler qu'elle avait l'habitude des couples bizarres, mais que ce mot, « travailler », était encore inconnu dans son répertoire d'anecdotes concernant ses clients.

— Je vais vous envoyer une table, mademoiselle.

L'agressivité mielleuse m'avait agacée.

— Madame.

— Veuillez m'excuser, a-t-elle dit avec une légère hargne.

Dans la journée, Claude avait appelé trois fois son bureau. Depuis sa création, il n'avait pas quitté le journal plus longtemps que pour les heures de repos nécessaires, les vacances d'été passées avec sa femme et ses enfants et pour les congrès. Notre escapade était imprévue pour tout le monde.

Nos chambres séparées par un salon portaient des numéros différents. Le journal ou l'épouse pouvaient l'appeler : M. Bellanger, à quelques pas de moi, répondait ; si Georges m'avait dépistée, j'aurais pu prétendre être « chez moi ». Les apparences étaient sauves.

J'ai mis sur la table de jeu qu'on m'avait apportée mes crayons, mon taille-crayon et le manuscrit de *Dieu est en retard*. Je comptais travailler tôt comme d'habitude. Me lever vers 5 heures ? Impossible. Claude me tenait d'un bras ferme toute la nuit. Quand je me dégageais, ne fût-ce que pour aller boire un verre d'eau ou m'éloigner vers l'une des salles de bains, j'entendais : « Christine, tu reviens ? »

J'étais celle qu'on n'espérait plus. Quelques phrases pudiques me permettaient de deviner chez lui un manque d'amour et de tendresse depuis son enfance. « Ma mère ? Une combattante. Une grande résistante. Déléguée de la Croix-Rouge du Nord, elle s'occupait déjà des blessés de la Première Guerre mondiale. Nous étions quatre frères. L'aîné a été tué à Colmar en 1940 lors d'un affrontement, juste avant que Pétain demande l'armistice, le 22 juin 1940. Le plus jeune aurait dû être exécuté. Jeune résistant, il n'avait que dix-sept ans, les Allemands attendaient qu'il soit majeur pour le décapiter. La Libération est intervenue avant. Le troisième frère a eu une vie plus paisible. » Les fils Bellanger avaient toujours été traités en adultes. La mère, héroïne d'une noble cause, avantageait plus les blessés que ses propres enfants. Elle se consacrait aux hôpitaux.

Le père, intellectuel sorti de l'École des Mines, avait subi l'autorité austère de l'épouse lilloise, elle-même fille de Gerry Legrand, maire de Lille et nièce de Pierre Legrand — l'homme d'État qui avait signé l'autorisation de construire la tour Eiffel. Claude Bellanger avait toujours voulu être journaliste. Une vocation datant de ses seize ans. Aucune université ni aucun tour d'Europe n'avait pu le détourner de sa vocation.

*
**

À la fin de la journée, j'ai appelé Georges, je lui ai expliqué que, dès mon arrivée, j'avais eu une invitation que je n'avais pas pu refuser. Je me trouvais donc loin de Paris. J'avais rencontré l'envoyé du *Spiegel*. L'interview était intéressante sur tous les plans. Il ne devait pas s'inquiéter à mon sujet. Qu'il embrasse la petite pour moi. Georges a juste remarqué que j'aurais dû être prévenue de l'invitation plus tôt et non – en quelque sorte – « enlevée ». Il a ajouté que, dans l'avenir, la majeure partie de mes affaires devrait se régler par correspondance. « Je n'aime pas tellement quand tu t'en vas, surtout à l'improviste. »

*
**

Les jours et les nuits passés avec C.B. me confortaient dans l'idée que j'étais auprès de l'homme avec qui j'aimerais vivre. Échappés de nos cadres habituels, nous avons fait connaissance. Pour arriver un jour à vivre ensemble légalement, je devrais – sans doute – réaliser l'équivalent de l'ascension du Mont-Blanc. Il lui restait l'Himalaya. Mais nous ne savions pas que ces escalades se dérouleraient dans de violentes tempêtes.

« Il faut savoir ce qu'on veut dans la vie », m'avait dit Maman. Le choix est capital. Ensuite, il faut en subir les conséquences. J'avais choisi. Lorsque j'avais cru que je ne reverrais plus C.B., j'avais été dévastée de chagrin et persuadée de l'inutilité de mon existence. Auprès de lui, je cherchais déjà à deviner ce qui arriverait après ce séjour volé. J'aurais aimé être insouciante, ne fût-ce que pour quelques heures.

Au dîner, nous mélangions la littérature, mes sujets de roman, les contrats et l'hypothèse d'une existence commune future. Personne dans cette affaire ne devait souffrir, disait-il. Ni l'épouse en titre qui voyait rarement son grand homme. Ni les deux fils qui vivaient dans un cadre familial normal. Ni Georges qui considérait avoir enfin des ports d'attache. Ni ma fille. Alors, que décider ? Selon nos principes, pour « ne pas faire de mal », chacun de nous aurait dû rentrer au bercail et se taire.

Un journaliste de quarante-cinq ans qui ne vivait que pour son métier et une fille d'une vingtaine d'années qui voulait écrire et parcourir le monde : ces deux êtres-là s'étaient rencontrés. À cause du journal, à cause de l'écriture. Le journaliste croyait que l'aventure de la vie était finie, la fille craignait qu'elle ne commence jamais. Il nous fallait contourner le destin. Raisonner. Mais pas trop. Les Belges protégeraient l'union tracée à l'avance du charmant jeune couple. En France, à cette époque-là, on considérait encore le mariage comme la base de la société. Sur le plan moral et matériel, C.B. allait être écorché, attaqué. « Mais nous y arriverons, disait-il. Je ne sais pas quand, mais nous vaincrons. »

Le dernier soir, nous avons fait quelques pas dehors. Le temps était frais. Au retour, nous sommes allés à la réception prendre les deux clefs : moi, la mienne et lui, la sienne. Nous nous sommes éloignés sous l'œil impassible du concierge ou des réceptionnistes, nous avons pris l'ascenseur et – comble de réflexe –, nous sommes entrés par les deux portes, séparément, pour nous retrouver au lit une demi-heure plus tard, serrés l'un contre l'autre dans un bonheur où l'attraction intellectuelle attisait le plaisir physique.

Cette nuit-là fut un peu triste, à cause du départ imminent. Je commençais à avoir mal à l'idée même de le quitter. Mal dans tout mon être, mal de la séparation. Nous nous sommes levés et installés au salon, pièce alibi. Nous avons examiné une hypothèse après l'autre. Déjà, pour nous rapprocher, je passerais un an à Paris avec ma fille Anne. Je terminerais *Dieu est en retard* pour Gallimard. Le contrat établi pour dix ouvrages avec cet éditeur était, selon Claude, « peu raisonnable ».

Cette nuit-là, il prit au hasard une des feuilles de mon manuscrit. Budapest. La dictature soviétique. Sur la page est apparu le chef d'orchestre que j'avais « gracié » à Bruxelles. Inutile de dire que pendant ces quatre jours, je n'avais pas touché à un seul crayon. Le manuscrit était resté sur la table. C.B. était venu le feuilleter, il trouvait mon écriture tout à fait lisible, mais craignait pour mes yeux tant les pages étaient serrées et le crayon pâle. Je dus lui lire un ou deux passages qu'il écouta avec attention. Le reste du temps, nous étions ou au lit ou dehors.

— Tu as quitté la Hongrie...

— Fin novembre 1948, ai-je dit. À pied.

— Et après ? Avant que tu écrives la suite de *J'ai quinze ans*, je voudrais connaître les événements. On va te la réclamer, aussi bien Fayard que les éditeurs étrangers.

— Ça n'a aucun intérêt.

— Si, a-t-il dit. Tes années en Autriche, à Paris.

— J'ai découvert qu'il n'était pas si facile de vivre.

Il s'exclama :

— Ce sera le titre : *Il n'est pas si facile de vivre*. Parle-moi. Je veux tout savoir de la période située entre fin novembre 1948 et le 17 décembre 1954.

— Si vous n'avez pas sommeil...

— Christine, cesse de me vouvoyer.

— Après le siège de Budapest, J'ai traversé un monde de cauchemars. Pas tellement envie d'en parler.

— Je te le demande.

— Quel intérêt ?

— Tu as eu deux fois des mauvais rêves. Tu as même crié. Je t'ai prise dans mes bras...

10

Comment évoquer l'absurdité de situations absurdes, à un Occidental cartésien de nature ? La logique ? Il n'y en a pas dans les situations désespérées. Lui raconter le mariage blanc, à la limite du ridicule ? Dans le flash-back qu'un cinéaste aurait fignolé en noir et blanc, ce récit à mi-voix dans la nuit aurait-il dû être atténué pour être crédible ? Non. Je l'ai vécu ainsi, ridicule, tragique, comique. Qu'importe !

Pour quitter Budapest en ruine il fallait procéder par étapes. Le train où nous avions été acceptés était formé de wagons à bestiaux. Huit jours dans les tas de paille. Se laver à l'occasion des arrêts : il y avait des petites gares partout, avec des W-C et des bouches d'eau. Papa était barbu et Maman maigre. Dans ce train, d'un wagon à l'autre, se mélangeaient les animaux et les hommes. Nous sommes arrivés au sud de la Hongrie. Là se trouvait l'unique pont qui permettait de traverser le Danube et de remonter de l'autre côté, en Transdanubie, près du lac Balaton. Nous y avions une maison. En y arrivant, nous avons constaté avec bonheur que, malgré les passages des armées, les voisins avaient sauvé quelques meubles. Nous avons pu nous installer chez nous, avec des lits récupérés, des casseroles retrouvées. Le strict nécessaire.

Depuis le début de l'année 1945 jusqu'en 1946, Papa effectua des allers et retours entre le village et la capitale. Il était de plus en plus soucieux. Nous faisions partie d'une classe sociale condamnée, il était mal perçu partout.

Un jour, à son retour, mon père a demandé notre attention : il voulait nous exposer un étrange projet. Un de ses amis, aristocrate qui avait dû supprimer la particule de son nom, avait pu garder un poste modeste dans l'un des arrondissements jadis chic de Budapest, dont il avait été le maire avant le siège de la ville. « Il lui reste un pouvoir restreint, commença Papa. Il a le droit – par délégation – de célébrer un mariage. – Vous ne croyez pas, lui dit Maman, que c'est le cadet de nos soucis, les mariages que "célèbre" votre ami ? – Non, avait répliqué Papa. C'est même très important. »

J'écoutais à peine. Je n'avais aucun avenir en Hongrie. Je n'aurais pas droit à l'université. À peine adolescente, je serais obligée de payer pour le confort et la richesse d'une classe sociale à laquelle j'appartenais de naissance. Seul mon chien me consolait. Il s'appelait Grillon. Un berger hongrois poilu, des franges sur ses yeux magnifiques, des débordements d'amour pour m'accueillir dès que je rentrais. Les pattes boueuses, la truffe mouillée, c'était comme une masse d'amour qui se jetait contre moi. Quand, subrepticement, il se faufilait pour entrer dans ma chambre et monter sur le lit, je lavais le lendemain avec un sceau d'eau froide les traces de ses pattes. J'étais l'essentiel de son existence. Grillon à mes pieds, j'écoutais Papa.

« Cet ami pourrait nous donner un coup de main. Tu entends, petit chat ? » me demanda-t-il. L'un des mystères de la famille était de m'avoir surnommée « petit chat ». Pour quelle raison ? Papa ne supportait pas les animaux, Maman

146

n'aimait que les chiens et pourtant, dans les moments graves, ils m'appelaient tous « petit chat », au masculin. « J'écoute, Papa. – Laissez-moi vous exposer mon projet sans m'interrompre. Plusieurs camps ont été créés de ce côté-ci du Danube pour les prisonniers français en séjour provisoire de convalescence. Ils étaient prisonniers des Allemands en Autriche. Ils sont amaigris, souvent pulmonaires et anémiques. L'ami, l'ex-maire en question, en a connu quelques-uns lors d'une visite dite "humanitaire". Il a lié amitié avec l'un d'eux, très sympathique. Et il a parlé de nous et de nos difficultés. Ils ont eu une idée qui va vous sembler étrange. Ce gentil Français épouserait volontiers Chaton, ce serait évidemment un mariage blanc. Chaton deviendrait citoyenne française et nous pourrions quitter la Hongrie dans les camionnettes de la Croix-Rouge qui rapatrient les prisonniers. Les parents de l'épouse devenue française pourraient être du convoi. Ce mariage, simple formalité, servirait à nous obtenir un laissez-passer.

« Me marier ? » La vie était absurde, ce que je devais entendre ne l'était pas moins. « Pure formalité, a continué Papa. Juste un papier. » Puis il a répété : « Tu deviendras une citoyenne française qui quitte la Hongrie avec ses parents. Aussitôt la frontière franchie, et nous réfugiés dans le secteur français à Vienne, lui retournera en France et l'affaire sera terminée. Ce mariage nous permettra ensuite de nous installer en France où tu pourras terminer tes années de lycée, puis t'inscrire à la Sorbonne. – Magnifique histoire, observa Maman. Mais avec quel argent sera-t-elle étudiante en France ? Je vous ai toujours dit qu'il nous fallait une maison en Suisse ! Vous n'avez jamais accepté la vente de quoi que ce soit ni un achat à l'étranger. Alors dites au moins que j'avais raison ! – Pour le moment, a répondu mon père, il faut juste rester vivants. Votre

147

père est toujours au Liechtenstein, a-t-il ajouté en s'adressant à Maman. Il pourrait nous donner un coup de main... – Je n'accepterai rien de lui. Jamais, a dit Maman. Il nous a abandonnées. Plutôt la Sibérie que l'humiliation devant sa seconde femme ! » conclut-elle.

J'appris, lors de cette sinistre soirée, que l'Allemand de Constance avait quitté sa femme d'abord, puis la Hongrie, pour une très jeune femme. Ma grand-mère maternelle, bannie, était revenue en Pologne. Selon une légende qu'on chuchotait, l'industriel du lac de Constance s'était séparé d'elle parce qu'elle était supposée juive et qu'il craignait la persécution. C'était une version. Il y en eut d'autres, variées, selon les moments et les régimes politiques. La vérité était cachée, scellée dans le silence.

Maman, perplexe, a demandé à Papa si les informations concernant le départ avec la Croix-Rouge étaient précises, si quelqu'un avait ou non vérifié l'exactitude de ces renseignements. « Vérifié ? a demandé Papa avec son ironie habituelle. Vous voulez vérifier quoi ? Peut-être aussi l'heure du départ des trains pour la Sibérie ? » Il n'oubliait pas que son frère agronome avait été déporté en URSS.

Chaque fois, cet élément insupportable revenait dans nos conversations. Entre la maison où nous habitions et Vienne, il y avait à peine deux cents kilomètres de distance. Pourtant, l'Autriche paraissait plus loin que la Lune. La liberté, la vie, l'existence, l'avenir se jouaient sur seulement deux cents kilomètres et un passage de frontière. Le rideau de fer, c'était une ligne de miradors et de barbelés. Les militaires russes et hongrois qui se relayaient tiraient à vue. Ceux qui étaient arrêtés au cours d'une tentative d'évasion étaient « expédiés » dans des camps de concentration, puis en Sibérie. Comparé à l'exploit de traverser la frontière, le mariage dit « blanc » semblait un jeu d'enfant.

« L'acte civil, a dit Papa, pourrait se dérouler dans l'arrondissement où notre ami était maire. À Buda. Il célébrerait le mariage dans la plus grande discrétion. Le Français est prêt à nous rendre ce service. À peu près guéri, il attend son rapatriement. Le mariage – un fait de guerre en quelque sorte –, sitôt que nous serons sortis de cet enfer, sera annulé. Il paraît que le Français est très aimable et ne demande qu'à aider une famille... aussi intéressante. » Ce soir-là, son ironie tombait à plat. Maman et moi restions muettes.

« Si tu acceptes cette petite formalité, nous partirions en compagnie de la "jeune mariée". Toi. Tu auras juste à dire "oui" à la mairie, lorsque le maire te posera la question banale : "Voulez-vous prendre pour époux"... suivie du nom de notre sauveteur espéré. La théorie est la suivante : le convalescent, sa jeune femme et les parents de cette jeune femme partiront tout de suite après pour l'Autriche. Sans cette aventure – étrange, je le reconnais – nous resterons ici à attendre qu'on nous déporte en Sibérie ou ailleurs. Sans doute y a-t-il d'autres endroits plaisants en URSS. – Votre humour tue plus sûrement que le KGB », a dit Maman.

Papa a continué, imperturbable : « Nous faisons partie d'une catégorie sociale qui ne convient à personne. Mes origines, votre mélange ethnique nous condamnent. – Vous oubliez Strasbourg, a remarqué ma mère. Mes parents se sont rencontrés là-bas. Maman revenait de Paris, accompagnée d'une gouvernante, elle était parfaitement bilingue français-allemand. Elle et mon père se sont vus à Strasbourg pour la première fois. – Quelle importance, a demandé Papa, Strasbourg ou ailleurs ? Nous serons quand même déportés en Sibérie. Ni Paris ni Strasbourg ne nous aideront. On n'a aucun espoir d'obtenir un visa de sortie de Hongrie. D'ailleurs, nous n'avons plus de passeports. Grâce à ce "mariage", nous arriverons à Vienne et, après une certaine attente administrative, en France. »

« Quand ton père se mêle de ce qu'on appelle la vie pratique, il peut avoir des idées dangereuses, a dit ma mère. – Et je l'aurais connu où et quand, votre Français ? ai-je demandé. – Personne ne posera la moindre question, a répondu Papa. Cette occasion est notre seule chance. Les contrôles sont de plus en plus sévères. L'armée russe est partout. Je vous le répète, nous appartenons à une classe sociale condamnée. À terme, mais condamnée. Pour toi, plus de lycée, rien ensuite non plus. Dans le meilleur des cas, tu finiras ouvrière en usine. »

Je trouvais l'affaire insolite, mais claire. C'était ainsi et pas autrement. L'image de ma famille, pour le nouveau régime soviétique, était celle de personnes cultivées et riches qui n'avaient pas fait grand-chose pour acquérir cette richesse. Il fallait les punir.

« Réfléchis, dit Papa. Un ami passe ici demain. Il portera le message. »

Je me sentais mal dans le rôle d'une héroïne de guerre, « héroïne » malgré elle. Nous étions au milieu de l'année 1948. La dictature devenait pesante. En restant en Hongrie, j'aurais à déclarer : « Je suis contre ma famille aristocratique, réactionnaire, représentant un autre monde. Je la renie et je demande le droit d'étudier. » Aurais-je été crédible ? Sans doute non. Écrire ? Il aurait fallu écrire ce qu'exigeait le « politiquement correct » de cette époque. La « littérature », dans les pays sous régime soviétique, était soumise à une discipline utile à l'éducation du « peuple ».

À la fin, la proposition de mon père arrivait presque à m'émouvoir. Ils avaient besoin de moi, donc j'existais. « Je fais ce que vous voulez. » J'ai été prévenue que, d'office, j'aurais des papiers d'identité où ma date de naissance serait falsifiée : je serais « vieillie » pour le mariage : il fallait être majeure. Portée par une vague de romantisme j'aurais aimé vivre une belle histoire. J'imaginais un Français séduisant, pâle, éprouvé par la captivité en Allemagne. Il me parlerait de Rimbaud et de Verlaine. Il serait beau. Nous allions nous apercevoir à la mairie, il me sourirait et, ensuite, sortis de notre enfer, il resterait, après l'annulation de cet acte civil, mon ami pour la vie. Sinon, il tomberait amoureux de moi, se tairait pendant des années et, ensuite, il avouerait qu'il m'avait aimée dès qu'il m'avait vue. Je me préparais à cette rencontre, j'avais bâti une future légende. Je me voyais dans une ambulance de la Croix-Rouge à côté de l'officier. Lui, malade... La guerre... La captivité...

En arrivant à Budapest, nous avons été hébergés par des amis et nous nous sommes retrouvés, mes parents et moi, dans la mairie d'un arrondissement — jadis élégant — de Budapest. Le drapeau rouge flottait sur le toit et un immense portrait de Staline décorait la salle. J'ai aperçu un militaire de taille plus petite que la moyenne. Il était blême. Il semblait échappé d'un film français en noir et blanc. Il m'a saluée, sans lâcher le mégot collé à sa lèvre inférieure. J'ai susurré à Maman : « Il a une maladie des poumons et il fume ? — Ce n'est pas notre problème, a dit Maman. Il suffit qu'il ait la force de dire "oui". » Chacune des phrases prononcées en hongrois par le maire était traduite en français par une interprète d'État. J'ai fait une grimace lorsque, sur le papier à signer, j'ai vu ma nouvelle date de naissance. « Ces années, on les effacera ensuite ? — Évidemment. Sans cette précaution, j'aurais dû

151

demander une dispense pour toi, ce qui aurait attiré l'attention sur nous, m'a expliqué Papa. – Ah bon », ai-je dit simplement. Que faire d'autre ?

Je suis devenue en quelques minutes Mme X. Un nom courant, typiquement français. Le prénom du Français était Marc. Les deux témoins trouvés par l'ex-maire nous ont félicités. Nous devions repartir pour la maison près du lac, il ne fallait pas trop s'attarder à Budapest. Maman aurait voulu revoir notre grand appartement fortement endommagé après l'arrivée de l'armée russe. L'« excursion » lui fut déconseillée.

J'ai regardé l'homme qui était devenu « mon mari ». Il était propre, net et légèrement énervé. Il ne comprenait pas un mot de hongrois. Sous l'immense portrait de Staline, il s'était marié avec une très jeune fille. Nous l'avons invité dans la modeste maison près du lac. Depuis le siège de Budapest, la nourriture se faisait rare, tout partait vers l'Union soviétique et nous, au village, n'avions que ce que nous pouvions obtenir par échange d'objets ou de linges divers. On n'avait même pas de jardin potager, Maman ne connaissait les salades que préparées par une cuisinière et Papa était aussi étranger à la nature, aussi dépaysé à la campagne que des années plus tard l'homme débarquant sur la Lune.

Je regardais Marc. Je n'aurais pas voulu de lui, même s'il était resté l'unique mâle sur la Terre avec mission de trouver une femme pour perpétuer l'humanité. Le destin n'était pas clément. Pour compenser une plaisanterie aussi sinistre, j'aurais adoré le cliché : un officier élégant sorti d'un récit de Maupassant, ou un ténébreux de chez Mauriac, ou un personnage effacé de Colette, qui serait tombé follement amoureux de cette jeune fille, vieillie pour la bonne cause. Le Français chevaleresque allait les sauver, elle et sa famille. Ç'aurait été beau de s'imaginer à Vienne et d'entendre : « Restez ma femme, le destin le veut ainsi. »

Hélas, il me déplaisait, et moi je l'effrayais. Trop pâle, trop jeune, trop peu aimable. Je ressentais une vive rancune contre mes parents. Cette histoire n'était pas une belle histoire. Pourtant, elle aurait pu être superbe. Mais ce n'était pas ça du tout.

De retour par un train lent, sale et plusieurs fois contrôlé, nous nous sommes retrouvés dans la maison près du lac. Marc était déboussolé. Maman lui parlait en français, puis en allemand. Papa le regardait avec un vague sourire, comme on admire une expérience réussie. Moi, je me taisais. De temps à autre, un voisin curieux venait nous féliciter. Le militaire, en écoutant sans le comprendre le hongrois, devait regretter sa bonne action. Il se trouvait mêlé à la fois à l'existence d'une famille bizarre, à la vie d'un pays sous une lourde dictature et au regard peu clément de la fille épousée, qui attachait plus d'importance à son chien impossible qu'à ce « mari ».

Deux mois plus tard, nous apprîmes par les autorités françaises à Budapest, que « le mariage ayant eu lieu avant que l'armistice ait été signé, la jeune femme – en l'occurrence moi – ne pouvait obtenir automatiquement la citoyenneté française, seulement la permission de quitter la Hongrie avec son mari ». La famille tomba des nues. Papa avait – malgré ses yeux bleus – le regard noir. Maman ne savait pas très bien si elle devait se réjouir de ce que Papa avait commis une erreur pareille. Elle était persuadée que Dieu ne nous aidait plus à cause de lui, farouchement laïc.

Avant de quitter la Hongrie, Marc, poliment, nous rendit visite. Il était désolé de l'inutilité de notre « mariage ». Si mes parents le désiraient, déclara-t-il, il m'emmènerait et m'installerait chez sa mère, à Angers. C'est la première fois que j'entendais le mot « Angers ». Je ne savais rien d'Angers. Mes parents étaient désespérés. Me laisser sortir seule de Hongrie ? Avec un inconnu ? Qui savait quelles étaient les intentions finales de cet homme ? Il déclara à mes parents : « Si vous voulez que je garde votre fille comme épouse, je le fais. Elle est un peu plus aimable que le premier jour. Depuis longtemps, ma mère voulait me voir marié. Mais comme je n'étais déjà pas bien portant avant d'être enrôlé et que je ne connaissais aucune jeune fille qui m'aurait plu, je suis resté célibataire. Maintenant, il y a eu ce mariage. Pourquoi l'annuler ? »

Papa broyait du noir. Maman était apparemment placide. Quand j'ai déclaré que pour rien au monde je ne les quitterais, ils ont eu l'air soulagés. Marc est parti en nous promettant son aide si jamais nous arrivions un jour en France. « Pour le divorce, on verra plus tard, a-t-il dit. Ce n'est vraiment pas le moment pour vous. Comme je n'ai personne en vue, j'ai tout mon temps. »

*
**

L'étau se resserrait, on racontait de plus en plus d'histoires à mi-voix sur les difficultés à traverser la frontière. J'ai été envoyée plusieurs fois à Budapest pour trouver une aide, une filière auprès d'un passeur. Les portes se refermaient devant mon nez. Enfin, un rendez-vous a été pris, vague, flou, mais porteur d'espoir.

Le jour où nous sommes partis, le village silencieux était enneigé. Il fallait arriver à la gare sans aucun bagage, comme si nous allions accueillir quelqu'un. Le chien croyait à une prome-nade. Il nous devançait, revenait. Nous n'avions pas pu le confier aux voisins, ceux-ci auraient deviné nos intentions de quitter la Hongrie et nous auraient peut-être dénoncés. J'essuyais mes larmes. L'air était froid. De loin, le lac ressemblait à une plaque grise survolée par des mouettes qui s'y posaient parfois. Elles criaient, elles avaient faim. Elles détestaient les humains, nous étions dans le lot.

Il y avait un peu d'animation dans la petite gare. Sur l'horloge placée au fronton du bâtiment, l'aiguille avançait. C'est moi qui avais pris les billets. Le train s'approcha avec fracas, puis entra en gare. Au bout du quai, deux soldats russes bavardaient en fumant. L'un d'eux racontait une histoire sans doute drôle, ils se mettaient à rire. Nous sommes montés dans le wagon une minute avant le départ. Peut-être la crise de rire empêcherait-elle les soldats d'effectuer le contrôle de ce train régional, le seul qui roulait vers la dernière ville avant la frontière austro-hongroise.

Toute ma vie je reverrai cette scène, tellement elle m'a marquée. Cela s'est passé ainsi : « Le chien fait des bonds désespérés pour nous suivre et parvient à se hisser sur la marche du bas lorsqu'un autre voyageur, un homme âgé et impatient de monter, le renvoie à terre d'un coup de pied brutal. Nullement découragé, le chien s'élance à nouveau, mais les portières sont déjà fermées. Debout dans le couloir, je ne parviens pas à baisser la vitre, coincée ou trop dure. Je la tire de toutes mes forces. La sueur me coule dans le dos et mes larmes ruissellent. J'appuie mon visage contre la vitre et, désespérée, les yeux obscurcis, à travers le carreau recouvert de buée, je fixe du regard le chien abandonné.

« Le train est en marche et le chien aboie ; il se met à courir le long du quai, à côté du wagon. Ses vilaines petites pattes minces le portent à une allure vertigineuse et j'ai l'impression qu'il rattrape le compartiment, qu'il sautera sur le marchepied.

Mais il devient de plus en plus petit, il n'aboie déjà plus, il n'a plus la force de courir. Il n'est plus qu'un point. Le train a quitté la gare et roule parmi les champs.

« J'entre dans le compartiment. Trois personnes y sont installées avec mes parents. Deux hommes et une femme. Le silence est complet : on n'entend que le roulement du train[1]. »

J'étais si désespérée que je voulais faire du mal. Mal à quelqu'un. Alors, j'ai dit à Maman : « Ton sac est ridicule. » Ce sac avait été acheté dans une boutique chic. À lui seul, il désignait une classe et une situation sociale. Maman est devenue triste et je me sentais coupable.

Nous avons quitté le train au dernier arrêt et traversé la gare sous l'œil distrait des soldats russes. Nous étions trop insolites pour être vraiment suspects. La blondinette avec ses cheveux mal coupés et son manteau bordé de velours noir, l'homme qui portait un chapeau plutôt élégant et la femme qui avait dû cacher son sac sous son manteau – n'avait-elle pas une bosse, à droite ? – devaient être de ces Hongrois qui peuplaient ce pays étrange. Dédaigneux, les soldats nous ont ignorés.

Après des errances diverses et le refus du passeur de nous héberger, nous sommes arrivés dans une petite église. Encore une scène lancinante qui me revient à l'esprit :

« Nous longeons la nef pour entrer dans la sacristie. Il y règne une obscurité totale. Mais la lueur qui filtre par la fente d'une porte nous permet de voir un prêtre qui se tient debout devant nous. Il nous serre la main et nous invite à le suivre. Il nous dit à voix basse : "Je vous prie d'être prudents et de marcher accroupis tant que vous serez dans la pièce où nous allons. La fenêtre n'a pas de rideaux et, de la rue, un réverbère

---

1. Extrait de *J'ai quinze ans et je ne veux pas mourir*.

l'éclaire. La maison d'en face est un poste de police et les policiers peuvent voir tout ce qui s'y passe. Si nous mettions un rideau, cela éveillerait leur curiosité[1]." »

Nous avons passé la nuit sur des matelas posés à même le sol. Le prêtre nous avait apporté des couvertures et des bols de soupe sur un grand plateau. Nous avons trouvé au bout du couloir un W-C à la turque et de l'eau. Cloîtrés, nous nous sommes préparés à une journée immobile.

Puis, après une morne attente, proche de l'idée que je me faisais de l'éternité, ce fut enfin le moment espéré et redouté : la sortie de notre abri, dans la nuit, guidés par le passeur à travers les vignes glacées. Des vignes méchantes, qui nous agrippaient. Parfois, les branches glacées des maigres arbres nous frappaient le visage. Puis le cauchemar les yeux ouverts : à une cinquantaine de mètres de nous, la silhouette de deux miradors, un à droite, un à gauche, et d'étranges poteaux alignés. Juste des poteaux, sans planches transversales. Comme des croix mutilées, plantées dans la terre. C'est sur ces poteaux qu'étaient attachés les fils de fer barbelé.

Le passeur nous a interpellés : « Avez-vous des gants ? – Oui. – En rampant, vous devez soulever le fil le plus proche de la terre et passer en dessous. Attention, c'est peut-être déjà électrifié. »

Nous avons rampé sous les barbelés. Lorsque mes cheveux se sont accrochés, ni émue ni soulagée, presque sans réaction, je les ai libérés. Une seule pensée m'a traversée : les fils ne sont pas électrifiés. De l'autre côté s'étendait une prairie d'herbes noires et, au loin, du côté autrichien, se dessinait un petit bois. Il fallait juste traverser la prairie d'herbe noire, le no man's

---

1. Extrait de *J'ai quinze ans et je ne veux pas mourir*.

land. Les nuages se sont dissipés et la lune nous a inondés de sa lumière laiteuse, mortelle.

Trois ombres noires en suivaient une quatrième : le passeur. Ces personnages, ces silhouettes, couraient dans la lumière argentée, aussi forte que la lumière du jour. Je courais au rythme de mes parents. Je n'avais pas le droit d'aller plus vite sous prétexte que j'étais une adolescente, donc plus rapide. J'aurais préféré être balayée par une rafale de mitraillette dans le dos que de les laisser derrière moi. De l'autre côté de l'espace blanchi par la lune, nous nous sommes effondrés. À genoux, les paumes sur la terre, j'ai senti la terre glacée. C'était dorénavant ma terre, la terre de nulle part. Je devais m'y conquérir une place.

*
**

Ensuite, nous avons marché en compagnie du passeur jusqu'à une petite gare autrichienne où le train régional passait chaque matin. Ce train devait nous transporter à Vienne, dont le contrôle militaire était partagé entre les Alliés : Américains, Anglais, Russes et Français occupaient leur secteur, les armées tournaient d'un quartier à l'autre dans le sens des aiguilles d'une montre. Selon le passeur, la gare où nous allions arriver devait se trouver ces jours-ci en zone française ou américaine.

Nous nous sommes installés dans un compartiment. Le contrôleur nous a vus. En ces années-là, les Autrichiens, généreux, avaient l'habitude des réfugiés, ils les aidaient. Dehors, un cheminot passait le long du quai et tapait une seule fois, mais fort, sur les portes des wagons, sans doute pour s'assurer qu'elles étaient bien fermées.

J'avais faim. Mais nous étions libres.

Libres ?

11

Cette gare à Vienne, je la reverrai toujours. Sitôt le train immobilisé, Papa est descendu le premier et a tendu la main à Maman dont les pieds gonflés étaient maintenant emballés dans un foulard déchiré en deux. Mon père amaigri était légèrement voûté. Ma mère, frêle et petite. Ils avaient l'air désemparés, si insolites sur ce quai de la gare au milieu de la foule des Autrichiens. On entendait les clac-clac-clac-clac des bottes des patrouilles russes. Nous avons compris que le passeur s'était trompé, nous avions débarqué en pleine zone russe. Arrêtés, nous aurions été aussitôt ramenés en Hongrie et condamnés à la déportation en Sibérie. Nous avons vu apparaître les uniformes soviétiques. Un détachement de soldats venait contrôler la gare.

Il fallait sortir d'ici sans tarder. Maman marchait difficilement. Les pas de Papa étaient incertains. J'avais peur qu'ils attirent l'attention sur eux, ce grand monsieur noble, dans tous les sens du mot, même avec sa barbe de plusieurs jours, et ma mère, petite, délicate. Ils appartenaient visiblement au monde des personnes condamnées, ne fût-ce que par leur naissance, leur origine, leur état civil — ou par manque d'état civil, dans ce pays où nous n'étions plus rien. Nous devions quitter la gare et essayer de trouver la zone française.

J'avais mon acte de mariage plié dans la poche de ma petite veste – en dessous de mon manteau d'hiver. Sur le papier, M. Marc X apparaissait en tant que citoyen français et moi comme son épouse légitime. Il nous a permis d'entrer en zone française et, après une laborieuse explication, d'être accueillis par l'un des commandants militaires. Mon père fut reçu avec respect : son âge, son nom et son allure impressionnaient nos hôtes.

Nous avons été hébergés pour la nuit dans un bâtiment français officiel. Un officier fut désigné pour nous guider dans le labyrinthe des permis. Il nous fallait des laissez-passer pour sortir définitivement de la zone russe qui occupait la majeure partie de l'Autriche. Nous devions atteindre une petite ville, célèbre pour sa prison où dans le passé on enfermait les patriotes hongrois ennemis des Autrichiens et considérés – déjà – comme terroristes. La petite ville s'appelait Kufstein et abritait un camp où se retrouvaient les réfugiés venant de l'Est. Nous serions logés là-bas en attendant qu'un autre pays nous accueille.

Encore à Vienne, mon père s'était adressé au gouverneur militaire français pour lui demander, en phrases prudentes et émaillées de « cher monsieur, cher commandant », de rétablir mon identité de jeune fille. Ce mariage blanc n'ayant servi à rien, autant l'annuler en déchirant « tout simplement » l'acte de mariage. Mes parents avaient appris, stupéfaits, que ce mariage était légal et que, pour m'en libérer un jour, il faudrait une procédure de divorce. Sortie du pays en rampant sous les barbelés, je me retrouvais avec des années de plus inscrites sur un certificat, avec un nom français, mais sans nationalité. Nous étions dans une situation profondément ridicule. Le « laissez-passer provisoire », portait mon nom français.

L'autorité militaire française souhaitait que cette famille ô combien encombrante regagne le plus rapidement possible la zone dite « libre » de l'Autriche. Il fallait traverser une fois de plus un « rideau de fer » installé par les Russes qui, en filtrant et en examinant chaque document, contrôlaient la circulation à l'intérieur même de l'Autriche. Il fallait parvenir à Innsbruck et ensuite au camp de Kufstein.

Le mariage blanc gênait : les autorités militaires françaises se trouvaient obligées de traiter différemment « cette jeune femme », en l'occurrence moi, car j'avais un mari français dont l'adresse angevine figurait sur l'acte de mariage. On nous annonça que, pour me libérer juridiquement, je devrais introduire une demande de divorce en France, à condition que le mari ait légalisé son mariage dès son retour à la mairie de son domicile officiel. Pourquoi aurait-il fait une démarche aussi inutile pour se lier encore plus à une fille impossible, si chaleureuse avec son chien et à peine polie avec lui ? Les autorités françaises le cherchaient, nous a-t-on dit. Personne de son entourage ne savait où il se trouvait. Il avait disparu entre le camp de convalescence et les camions de la Croix-Rouge. Un message envoyé à Angers à sa mère ne reçut pas de réponse.

Avec quels documents allions-nous franchir le cordon russe pour arriver à Innsbruck ? Tout le problème était là. J'étais Mme Marc X et j'aurais pu obtenir un laissez-passer pour Paris... si le mari l'avait demandé ! Mais, comme on ne le trouvait pas, il ne pouvait pas nous aider.

161

Mes parents avaient été dépossédés de leur nationalité hongroise au moment même où ils avaient quitté la Hongrie. Moi, j'étais sans doute la première personne qui, malgré un mari français, n'était « attribuée » à aucun pays. « Dès que vous serez au camp de Kufstein, ce sera plus facile. Une structure est prévue pour les apatrides. »

Mon père, dont l'arbre généalogique du côté maternel remontait jusqu'à 1620 et qui avait passé une partie de sa vie, avec l'un de mes frères, à reconstituer l'histoire de chaque nom de cette branche glorieuse pour plaire à sa mère autoritaire, était étonné de n'être plus rien. Moi, j'étais un « rien » aussi, mais affublé d'un mari français. « Il vaudrait mieux qu'on le retrouve, nous dit-on au service juridique. S'il a disparu, elle ne pourra pas se libérer de son nom avant sept ans. Délai que la loi impose pour considérer une disparition comme définitive. » En me regardant, le conseiller ajouta : « Elle est si jeune, elle a tout son temps. » Quand vous n'êtes « rien », même en votre présence on parle de vous comme si vous étiez déjà absent de la vie réelle.

En attendant un départ via Innsbruck pour le camp de Kufstein, nous avons été logés dans ce qui devait être un ancien petit palais et, ensuite, dans un immeuble, Kleeblattgasse, où habitaient des familles aussi dépaysées que nous. Personne n'était aimable avec personne. Les rencontres devant les toilettes et les W-C se déroulaient dans une muette indifférence. Comme les secteurs changaient, tout le monde craignait tout le monde. Nous avons reçu des vêtements provenant de réserves collectées pour des personnes qui n'avaient rien et n'étaient rien. Nous étions propres et en attente. Le gouvernement français chargé de ce secteur d'occupation française nous procurerait des faux papiers pour passer en zone libre, s'il le voulait bien.

Nous étions pressés de quitter Vienne, comme tous les habitants provisoires de cette vieille maison située juste au milieu de la courbe que formait l'étroite rue pavée. L'atmosphère était pesante, excitante aussi. J'étais comme un poulain non débourré qui ne demande qu'à foncer. J'avais une envie péremptoire de pénétrer dans la zone américaine et d'imaginer ne fût-ce que le temps d'une excursion – évidemment clandestine – que je n'étais plus en Europe. Je voulais me venger du mariage blanc, de mes parents, du manque de crayons. J'ai décidé de m'attaquer à la version purement française de *J'ai quinze ans*, mais les mots me manquaient. Avec les quelques shillings que nous avions reçus – Maman de son côté cherchait à vendre des pièces d'or, des « napoléons » –, j'ai pu acheter dans une épicerie, où on trouvait de tout, du papier et des bananes.

Lors d'un matin méchamment gris du mois de novembre, il faisait tellement froid à Vienne que je claquais littéralement des dents. Ce jour-là était celui de mon vrai anniversaire. Mme Marc X, avec ses années majorées, alourdies, allait fêter quoi ? Quel anniversaire ? Le faux ou le vrai ? Je n'étais pas seulement déplacée d'un pays à l'autre, mais de mon nom à un autre et de ma vraie date de naissance à une autre. Que faire dans cette ville noire où se profilaient parfois sur les façades les contours des statues soulignés par la lumière argentée de la lune... Qui me dirait un jour « je t'aime » ? Mais je pleurais plus mon chien qu'un éventuel amour manqué.

Une de mes rares sorties à Vienne, je la dois à l'un des anciens secrétaires de mon père. Il avait traversé les frontières en fraude lui aussi. Dans le passé, il venait à Budapest classer des papiers, des factures et des notes que Papa griffonnait sur la politique, ou ses dissertations philosophiques. L'ex-secrétaire ayant souhaité me faire plaisir, je lui ai demandé de m'emmener, comme cadeau d'anniversaire, dans une boîte de nuit. En 1948, au mois de novembre, une boîte de nuit à Vienne... Moi qui n'avais jamais vu un musicien de jazz de près, qui n'avais jamais entendu aucune autre musique que classique — je n'ai connu et aperçu que des orchestres où les musiciens ressemblaient à des automates —, j'étais grisée par l'espoir de découvrir la musique américaine.

L'ex-secrétaire de Papa, un homme charmant d'une quarantaine d'années, engagé comme interprète dans le secteur américain, avait un laissez-passer qui lui permettait de circuler d'une zone à l'autre. Il connaissait l'histoire du mariage blanc. Il m'a fait répéter mon souhait : « Me rendre dans le secteur des Américains. Les entendre parler. Écouter leur musique. » Il me contemplait comme si je parlais une langue jamais encore entendue.

« Je voudrais aller dans une boîte de nuit », ai-je répété à mes parents. Mon père était plus pâle que d'habitude. Maman a fait remarquer que j'étais imprévisible, même lunatique. L'ex-secrétaire, gêné, aurait aimé disparaître, il devait regretter amèrement de nous avoir rendu visite. J'insistais : « Dans une boîte de nuit. — On pourrait lui trouver un concert ! a suggéré ma mère. — Pas de Debussy, pas *Jardin sous la pluie*. » Étienne — il s'appelait Étienne — est donc venu me chercher le soir de mon anniversaire.

*

Il était difficile de me faire entrer dans une boîte de nuit fréquentée par des soldats américains. Étienne avait montré son laissez-passer aux deux géants en casque blanc qui montaient la garde devant la porte. Parfois, selon les va-et-vient, la musique arrivait par paquets de notes accompagnées de temps à autre d'un long sanglot de saxo. Les GI's regardaient de leur mètre quatre-vingts bien baraqué cette frêle chose, avec son manteau noir, ses cheveux blonds, raides et courts, sa mine de gosse. Mon accompagnateur avait expliqué que j'étais majeure, mariée même ! Le laissez-passer individuel qui m'avait été accordé portait « mon » nom français. « *Go on* », ont-ils dit.

J'étais malaxée, échauffée, tourneboulée par un ensemble d'impressions. Un mélange de couleurs, de néons — encore jamais vus —, une musique qui prend le ventre, un brouhaha général où les mots sont submergés par des sons que j'absorbais, vorace. Je m'imaginais jetant mon vilain manteau et sautant sur la piste éclairée, fétu humain pris dans le rythme. Enfin la vie remplaçait la mort, la repoussait ! Le secrétaire, nounou d'un soir, a trouvé une petite table où nous nous sommes assis le dos au mur. Ça le rassurait.

Sur la piste qui changeait de couleur — mauve violent maintenant : bravo, la couleur du deuil désacralisée —, des couples dansaient. Je suivais du regard un de ces militaires : il se déplaçait comme un dieu. Il écartait de lui sa partenaire comme s'il avait voulu la jeter et la reprenait aussitôt. Les uniformes étaient mitraillés par les lumières sauvages. Les visages noirs des soldats viraient parfois au rouge, au mauve, au vert, au jaune. Ce n'était pas du sang, mais de la musique qui coulait dans leurs veines.

Les lunettes de mon accompagnateur étaient couvertes de buée. Il fallait qu'il les enlève et les nettoie avec des feuilles de papier, contenues dans une pochette.

— Je peux ?

— Prenez-en.

— C'est quoi ?

— Des mouchoirs en papier.

J'ai tout de suite essayé. Contact fugitif et rassurant. Aucun monogramme sur un tissu bordé de dentelles. Se moucher sans souligner de différence sociale. Un serveur passait. « Ce sera quoi ? » a-t-il demandé. Un Coca-Cola. L'accompagnateur a commandé un whisky. Bientôt, le verre de Coca à la main — j'adorais ce contact —, je contemplais la vie nocturne. Le Coca avait le goût de la liberté ! Je sentais mes pieds bouger dans des bottes qu'on m'avait données au magasin du surplus militaire français. Trop grandes. Mes pieds battaient le rythme à l'intérieur. Dans une succession d'images mentales, je m'en échappais et me retrouvais pieds nus sur la piste. J'aurais aimé me retrouver sur la scène les pieds multicolores. Devenir un objet gracieux, incassable, jeté et rattrapé du bout des doigts par un de ces doux géants. La musique changea. Je m'abandonnai à son rythme lent. Le géant aurait pu me tenir, comme on soulève doucement une marionnette juste pour la durée d'un slow. Les mots français apparaissaient devant moi, en surimpression sur les danseurs : « s'amuser, se divertir, danser, battre le rythme ».

— Vous ne vous ennuyez pas ? Vous ne voulez pas partir ? a demandé mon accompagnateur, peu psychologue.

— M'ennuyer ? Je suis heureuse. Merci de m'avoir amenée ici.

J'étais unie à ceux qui dansaient, je respirais au rythme de leur musique que ma mère aurait désignée comme une « foire musicale d'une rare vulgarité ».

— Vous connaissez Glenn Miller ?

— Non.

— C'est sa musique. Il est mort en 1944 dans un crash d'avion au-dessus de la Manche.

Voulait-il abîmer « ma soirée » ? Qu'est-ce qu'ils avaient, tous ces intellectuels malades de prétention, de culture ? Ces « adultes », y compris mes parents, m'avaient baignée dans Debussy, ébouriffée avec Bartok ; les « Lieder » chantés par Maman déclenchaient en moi l'angoisse de mourir. Je voulais l'avenir, le rythme fou. Plus tard, je suis devenue adepte de la religion rock. Ce soir-là, je me serais débarrassée de l'Europe comme d'une vieille peau.

Partir sur un cargo, arriver aux États-Unis dans une ville sans ruines. L'un des militaires noirs est passé à côté de notre table, il m'a souri, je lui ai souri, il a continué son chemin vers le bar.

— Ne créez aucun incident, je vous en supplie, a dit Étienne. Je suis responsable de vous. S'il vous demande de danser, il faudra partir aussitôt. Si vous le refusez...

— Pourquoi je le refuserais ?

— Parce qu'il est noir. Mais, même avec un Blanc, je ne vous laisserai jamais vous aventurer sur cette piste.

Depuis que j'avais mis le nez dans le monde des adultes, aucun jour, aucune heure ne passaient sans une allusion concernant les différences de race. Papa disait « ethnie ». Maman, prudente : « d'origine différente ». Mes frères, peu de chose. L'un vivait dans sa musique, l'autre dans la littérature et la philologie. Les Américains, connaissant le racisme

167

généralisé – il existait largement chez eux aussi – avaient envoyé, par défi, en Allemagne et en Autriche beaucoup de militaires noirs.

Étienne était impatient. Il voulait partir. Au bras d'un militaire noir, une femme rêvait, son rouge à lèvres violent doublait l'épaisseur et la largeur de ses lèvres. Elle avait de longs cils et ses cheveux étaient ramassés en un chignon désordonné. Elle portait deux cercles en or aux oreilles.

— Cette femme, là-bas...

Je l'ai désignée discrètement.

— Une entraîneuse, a dit Étienne, peiné de révéler des choses aussi choquantes à cette jeune fille sortie d'un cocon stérilisé. Vous ne devriez pas assister à ce genre de spectacle. Nous allons rentrer.

— Non.

Je savourais le Coca-Cola. Je me sentais adulte et prête à dévorer la vie.

— Le cola est une plante, a-t-il dit, étalant sa science pour justifier son existence et surtout sa présence ici. Christine, il faut rentrer. L'un de ces types, là, peut avoir envie de vous demander de danser.

— Moi ? Habillée comme je le suis ?

— Surtout trop jeune.

— Qu'importe ! Je veux rester. Je suis mariée à un Français. Je viens de traverser une frontière en partie à plat ventre et, ensuite, j'ai marché des kilomètres. J'ai écrit, dans la cave d'une ville à feu et à sang, un récit que je voudrais faire publier. Et, après tout cela, je n'aurais pas le droit d'assister à un spectacle enfin vivant !

— Je ne sais pas, a-t-il répondu. Je suis gêné par rapport à vos parents.

168

J'ai montré discrètement la femme maquillée.

— Selon vous, elle est là chaque soir ?

— Sans doute. Ce qu'elle fait, c'est aussi un métier. Juste après la libération de Vienne, ce genre de femmes se donnaient pour une paire de bas. Aujourd'hui, elles sont mieux payées.

— Vous ne devez pas porter de jugement, ni dire « ce genre » de femmes.

— Je ne porte pas de jugement, j'énonce un fait.

— De votre point de vue. Auriez-vous l'amabilité de lui demander de danser ? Et de vous renseigner sur son prénom ?

— Quelle idée ! a dit Étienne. Je suis marié. Ma femme ne me le pardonnerait jamais.

— Qu'est-ce que ça peut vous faire de danser avec elle ? Elle ne va pas vous corrompre ! Ni votre vie ni votre...

— Ma réputation, a-t-il dit.

— Réputation ? Vous avez traversé la frontière à pied, vous aussi. Vous êtes devenu légalement un individu sans origine déterminée. Quel est le problème pour la réputation d'une personne d'origine indéterminée ? Qui vous fera des reproches ? Cette femme, là, maquillée, qui danse si bien et qui semble vouloir séduire ce soldat, elle a certainement de meilleurs papiers d'identité que vous.

À ce moment-là, une musique comme je n'en avais jamais entendu m'a submergée. Les couples dansaient sur place, soudés. Ils devenaient, sur la piste, les figurants d'une fresque. J'y cherchais le personnage que je placerais un jour dans un roman. Une histoire naissait en moi.

— La *Rhapsody in Blue*, a dit Étienne. De Gershwin.

La femme que je venais de choisir comme héroïne d'un futur roman, j'ai décidé de l'appeler Wanda. Je lui prêterais des malheurs, des bonheurs. Elle serait ballottée par l'histoire. Elle aurait un enfant à entretenir. Elle tomberait amoureuse d'un Américain qui n'aurait pas le droit de l'épouser.

— On s'en va, dit Étienne.

Nous sommes rentrés assez tôt Kleeblattgasse. Maman dormait. Papa, blême, semblait porter tout le poids du monde. Il attendait mon retour. Il me posa des questions. Je répondais par monosyllabes. Ayant pu me laver les mains et le visage dans un minable lavabo, je suis allée vers mon lit. Nous vivions tous les trois dans la même pièce. En me couchant, en regardant le plafond où passaient des ombres et des rayons selon l'éclairage de la rue, je cherchais les premières images de l'histoire de Wanda. « Je vais écrire le livre en quelle langue ? me suis-je demandé. En français ? En hongrois ? En allemand ? Je vais me fondre dans la langue française, j'écrirai – en dernière version – en français. Dans le premier chapitre, elle sera au bord d'une route enneigée, avec son enfant dans les bras. Elle cherchera à arrêter un camion militaire. » L'enfant me gênait déjà. Le camion militaire ne s'arrêterait pas pour une auto-stoppeuse chargée d'un enfant : si on l'acceptait dans le camion, c'était pour coucher avec elle. Exit le môme.

Je me suis assise dans le lit. Une évidence m'a sauté à l'esprit : pour écrire l'histoire d'une femme qui avait expérimenté sans doute beaucoup d'hommes, il fallait connaître le déroulement précis de l'acte sexuel. Cet acte me semblait intime. Très intime. Un corps dans l'autre. Selon la légende, l'amour est nécessaire pour permettre ce genre d'exercice. La notion d'amour m'était étrangère. Pour écrire *Wanda*, je n'avais pas besoin d'un quelconque amour mais de l'acte. Il fallait bien choisir. Préserver la sécurité sur le plan de la santé et éviter l'immense danger – lequel, à l'époque, rendait les femmes aussi vertueuses que fébriles : celui d'être enceinte. Je réfléchissais. L'histoire de Wanda me préoccupait, j'attendais la fin de la nuit.

Lorsque nous serions définitivement sortis de la zone russe, je chercherais un jeune homme avec qui passer quelques heures, afin d'étudier l'acte en question. Une seule fois me suffirait : j'apprends vite. Trouver un jeune homme distingué peu envahissant par la suite. Lui dire que j'ai besoin de lui à cause d'un sujet. Peut-être pas. Enfin, je verrai.

*

Nous allions donc tenter le passage de la frontière qui séparait l'Autriche en deux. Mon frère aîné, souffrant, nous attendait à Kufstein, où il était arrivé en précurseur pour essayer de nous obtenir de la place dans une baraque du camp, pas loin du centre administratif. Mon père s'appelait, sur ses papiers, M. Schmidt et Maman, Mme Schmidt. Ce laissez-passer délivré juste pour le passage serait restitué aux autorités françaises d'Innsbruck. Papa ne ressemblait pas à un M. Schmidt. Il n'avait pas l'air d'un Autrichien allant en visite à Innsbruck. L'allemand parlé de ma mère n'était pas « autrichien ». J'avais un permis de passage à « mon » nom français. Maman était assise près d'une fenêtre, Papa en face de moi, à côté d'un sans doute vrai Autrichien. Et encore, qu'est-ce qu'on en savait ?

Au passage des militaires russes qui contrôlaient les voyageurs, nous étions paralysés de peur. Si on découvrait les faux papiers, nous serions obligés de quitter le train, transportés à Vienne, puis ramenés à Budapest. En y pensant, je sens presque l'odeur de ce train. L'un des officiers russes a inter-

171

pellé l'homme assis à côté de mon père. Papa ? Il était méconnaissable, son regard bleu fixe, le visage crispé. Il avait oublié à sa main gauche, la face gravée tournée à l'intérieur, une chevalière avec des armoiries. C'est la seule bague qu'il ait jamais portée dans sa vie. Je n'ai jamais vu sur lui une alliance. Les soldats russes l'ont ignoré, mais ils ont arrêté, comme s'ils obéissaient à une consigne, son voisin. Il n'est pas exclu que le soldat russe qui ne parlait aucune autre langue que le russe ait arrêté cet homme par erreur.

Arrivée au camp de Kufstein, ayant fêté les retrouvailles avec mon frère, la famille s'installa dans une assez grande pièce – nous y avions trois lits. Trois jours plus tard, contre service rendu à la cuisine de la cantine, j'ai pu obtenir une table. J'y ai posé le manuscrit de *J'ai quinze ans.* Le texte était parsemé d'expressions françaises, certaines autres allemandes. À la direction du camp, une secrétaire française bénévole m'avait prêté un dictionnaire et j'ai commencé à écrire la version française. La suite de mon existence dans la cave. Seule l'écriture me préservait de la promiscuité familiale.

Une délégation américaine est venue inspecter le camp. Ceux qui voulaient partir pour les États-Unis pouvaient s'inscrire dans des centres spéciaux et entreprendre une formation professionnelle qui permettrait d'obtenir un visa d'immigration. Mon frère Alain partageait une chambre avec un poète hongrois. Le rayonnement intellectuel d'Alain lui assurait une immense popularité dans l'émigration hongroise. Il projetait d'écrire une pièce dont le sujet était Edith Stein, la religieuse qui, lors d'une descente de l'armée allemande dans son couvent où les nazis cherchaient des Juifs cachés, s'était dénoncée comme Juive convertie. Elle fut arrêtée, déportée, puis elle est morte.

Dans la délégation qui écoutait les souhaits des déracinés se trouvait un officier américain d'une beauté surprenante. Grand, les yeux verts, le teint doré, il parlait avec élégance. J'ai appris plus tard qu'il était amérindien, issu du peuple cherokee. J'ai attiré son attention sur moi lors d'une réunion où, avec l'aide d'un interprète, il expliquait ce qu'il fallait comme papiers à ceux qui voulaient entrer aux États-Unis et quels étaient les métiers privilégiés.

D'autres délégations d'autres pays nous renseignèrent sur les différentes possibilités d'immigration. Mon frère Alain était tenté par des offres australiennes. Il aurait pu s'installer à Melbourne où il aurait créé une vie théâtrale à l'européenne. Lui-même ayant traduit en hongrois Giraudoux (*Ondine* et *La Voix humaine*) et Cocteau, il aurait pu s'installer là-bas sans doute dans de bonnes conditions. Mais la famille aurait été « orpheline » sans lui.

Toutes ces solutions restaient abstraites pour mon père, qui se réfugiait dans les réminiscences de ses philosophes préférés, où il cherchait des drames qui pouvaient ressembler à celui que nous traversions. Il était désarmé face à ce nouveau destin, impassible et, en esprit, absent. Son peu de sens pratique avait disparu. Je devais l'aimer encore plus qu'avant pour combler les vides. Papa a été toujours d'une maladresse manuelle ahurissante. Je l'ai aperçu un jour tenant une boîte de conserve et un ouvre-boîte. Ma mère, avec malice, lui avait demandé de l'ouvrir. Papa a regardé la boîte, les yeux légèrement plissés, comme en face d'un théorème à analyser. Puis l'a déposée en souriant : « On peut s'en passer, ne croyez-vous pas ? »

Un autre événement, intervenu encore en Hongrie, pesait sur notre existence. Ma mère avait eu un problème de vésicule biliaire et, opérée dans un hôpital de province, près du village où nous habitions, avait été soignée par des religieuses. Elles avaient convaincu Maman que le seul salut était du côté des catholiques romains. Ayant quitté l'hôpital, elle est devenue une fervente catholique. Ce fait ne nous aurait pas énervés si elle avait su rester discrète sur sa foi qui, dorénavant, nous empoisonnait la vie. Comme chaque néophyte – que ce soit en religion, en philosophie ou en médicaments d'herbes –, Maman voulait convaincre tout le monde autour d'elle qu'il fallait suivre son chemin.

Papa, dans sa laïcité stoïque, lui avait demandé de ne pas nous ennuyer avec ses discours. Maman voulait m'obliger à aller à l'église catholique de Kufstein. Mon frère Alain subissait avec délicatesse ces démonstrations. Comme il écrivait sa pièce sur Edith Stein, Maman et lui étaient peut-être complices, unis dans une sorte de mysticisme élégant. Mon frère réfrénait ma mère et ne cessait d'évoquer des conversions célèbres dans la littérature.

Alain aurait pu partir en Australie avec une mère et une petite sœur couturières ou infirmières, et un père à protéger à cause de son âge. Maman s'en tirait encore dans la couture des boutons, mais moi, on faillit me jeter à la porte de l'atelier d'apprentissage lorsque je pris le patron d'une blouse, dessiné sur un tableau noir à la craie, pour une carte géographique.

L'Amérindien nous a rendu plusieurs fois visite. Il était agréablement solennel. Il saluait mes parents en entrant dans notre baraque comme s'il avait été reçu dans leur salon de Budapest. Il dit qu'il était de l'Iowa, qu'il avait fait la moitié de ses études d'ingénieur quand il s'était trouvé enrôlé et envoyé comme « occupant » en Europe. Son attention avait été attirée par moi. Ces visites m'enchantaient. Mon anglais s'enrichissait peu à peu.

Apprendre et pratiquer une langue était pour moi le même exercice que, pour un jeune singe, de grimper sur une branche. J'entrais dans l'univers de chaque langue avec un plaisir et une curiosité infinis. Si je voulais écrire et être éditée, j'avais besoin d'une langue internationale. Je caressais l'idée de choisir l'anglais. J'étais suffisamment jeune encore pour m'immerger dans l'océan anglo-saxon qui pouvait me permettre de m'exprimer, comme disait Maman, « dans une langue que tout le monde comprend ». Je parlais couramment l'allemand, mais je n'ai jamais senti d'attirance pour l'écrire. En attendant, au camp, je m'évadais un peu du français. L'Amérindien me plaisait, il avait des mains superbes, de longs doigts aux ongles soignés.

Ma mère assistait à nos rencontres, et les fréquentes visites du jeune officier l'inquiétaient. Pour elle, l'Indien était un homme de couleur – couleur d'ivoire peut-être, mais couleur. Il avait un défaut grave : il me « contaminait » en évoquant l'atmosphère d'un continent inaccessible, l'Amérique. Sa famille ne correspondait pas au profond snobisme de ma mère, qui avait attrapé les tares de la branche noble de Papa. Papa aussi était inquiet. Sa fille adorée, la raison de son existence, était en « danger d'attachement », ce qui aurait pu la transporter ailleurs.

Mon frère aîné, malgré les difficultés de son émigration et sa crainte de nous quitter, élaborait un programme pour le futur théâtre de Melbourne – il avait décidé d'introduire une demande pour m'emmener comme « assistante », Maman comme habilleuse et Papa comme conseiller théâtral. Ces lumineux intellectuels qui discutaient de Pirandello, Ibsen et

Strindberg, n'ayant pour toute possession qu'une cuillère (à ne pas perdre), se nourrissaient de littérature et de politique internationale.

Alain ne manquait guère de formuler des remarques lyriques concernant Greg l'Amérindien, et nous donnait des informations historiques concernant le passé des Indiens massacrés par les conquérants. Fenimore Cooper est entré dans la baraque. Les volumes que j'avais déjà lus en Hongrie étaient *Bas de Cuir* et *Le Dernier des Mohicans*. L'Américain écoutait avec déférence mon frère, qui sortait aussi de sa mémoire d'autres histoires classiques concernant les Cherokees. Parfois, l'homme levait son regard vert émeraude sur moi, je m'imaginais être sa squaw – dans une tente encerclée par l'armée américaine –, prête à me sacrifier pour mon héros. Je savais d'instinct qu'il me voulait, que je serais obligée de choisir. Pourquoi ne pas me consacrer à la langue anglaise auprès d'un type aussi beau, aussi romantique ?

En attendant un signe du destin, je suivais des cours au lycée, qui comportait un maigre secteur français et je travaillais sur le manuscrit de *J'ai quinze ans*. Aucun fait ni personnage n'était changé, tout restait véridique, fidèle à mes notes prises dans mes cahiers d'école. Le siège semblait proche, il l'est encore. J'étais comme un appareil qui aurait fait des photos en couleur et en relief. Gravées en moi, les images.

« Cet individu insiste, disait Papa quand Greg se présentait chez nous. – Il vient pour elle », disait Maman. « Elle » ? « Elle » pouvait donc attirer l'attention d'un homme ? Mais elle est encore une adolescente ! Papa a même failli se montrer impatient avec l'Américain. Le fait qu'il puisse me regarder comme si j'étais une femme et non un objet l'agaçait. Greg était si courtois, si aimable. Un jour, par hasard, pour des

176

raisons que j'ignore, nous sommes restés seuls quelques minutes. Il m'a annoncé d'un ton très calme qu'il voulait m'épouser. Il m'a assuré que sa mère serait très heureuse parce qu'elle rêvait pour lui d'une « *young girl* » distinguée. Le père était industriel. « Dans le papier, a dit Greg. Il vend du papier en gros. » J'étais dans un état second. Il était séduisant et son père grossiste en papier. Je me voyais devant des étagères pleines de boîtes de crayons. Greg me proposait une vraie vie. Si je l'épousais, j'aurais une famille américaine, je m'inscrirais dans une école pour me perfectionner en l'anglais, ensuite j'irais à l'université.

Auprès de lui j'apprendrais en respirant. J'habituerais mes oreilles aux sons gutturaux. Greg, étudiant, avait joué dans des pièces de théâtre que montait son collège pour la fin de l'année. Le jour de la distribution des diplômes de son université, il avait même récité une scène de *Hamlet*. Il serait bientôt rapatrié. Et j'étais exactement la « *young girl* » qu'il lui fallait. Il m'a juste demandé, en regardant ma table de travail : « Vous écrivez quoi ? » J'ai dit : « Qu'importe. Je vais écrire toute ma vie. » Il a dit simplement : « Vous aurez beaucoup de papier chez nous. » Sa plaisanterie prononcée d'une manière grave était d'une séduction extrême.

J'envisageais avec jubilation le contact physique. Enfin, je pourrais m'attaquer à mon premier roman : *Wanda*. Comme il avait les lèvres admirablement dessinées sur son visage ivoire, je me suis laissé embrasser. Je sentais l'odeur de ses vêtements, une odeur sans doute « militaire ». Le baiser était agréable, insolite. Je n'avais pas de pratique, mais j'étais sûre que « mon » Indien embrassait bien. Le lendemain, alors que nous étions penchés sur notre gamelle – la soupe venait d'être distribuée –, j'ai annoncé que je voulais épouser l'Amérindien et m'installer aux États-Unis. Je pourrais cultiver là-bas la langue française en souvenir, mais je deviendrais écrivain de langue anglaise.

— Comment une fille aussi intelligente peut-elle raconter de telles bêtises ? s'est exclamée Maman. La seule langue dans laquelle tu dois t'exprimer un jour et qui est la tienne déjà — partiellement —, depuis ta naissance, est le français. On ne change pas de langue comme de chemise.

— Si, on la change, ai-je répondu, butée. Tu m'as dit un jour que j'ai de qui tenir ce don. Tu ne peux pas te désavouer.

— Qu'est-ce que vous avez dit à cette petite ? demanda Papa.

— Rien.

Papa a continué, offusqué :

— Partir avec ce type ? Avec cet obscur individu ?

Alain, conciliant, expliqua que l'« individu » n'était pas obscur, qu'il appartenait à une ethnie jadis persécutée.

— Tu t'identifies aux Indiens, maintenant ? a demandé Maman. Ma fille n'épousera jamais un Indien. Vous voyez, a dit ma mère à mon père, je les ai laissés seuls un quart d'heure et il l'a demandée en mariage.

— Il est beau. Il vit dans un pays sans guerre. Il a une famille aimable, a dit Alain. Ce n'est pas étrange que la « petite » soit tentée.

— Tu imagines le travail ? a dit mon père. T'attaquer à un autre univers linguistique ?

— Oui. Je ne demande que ça.

Nous avons parlé de tout, sauf d'amour, d'affection.

— Greg va quitter Kufstein, ai-je continué. Il a obtenu un accord de principe pour ce mariage. Il peut épouser une personne déplacée si elle n'est ni communiste ni pulmonaire.

Mais il faut votre autorisation parce que je suis encore mineure.

— Mais c'est insensé ! Tu ne l'aimes pas ! a dit Maman. Tu ne sais même pas ce que signifie le mot « amour ».

— Non. Mais j'aime l'écriture. Et lui, il est beau. Ça suffit. Je l'aimerai parce que je pourrai devenir à ses côtés écrivain de langue anglaise et quitter enfin cette horreur de sang et de massacres qui s'appelle Europe. Avec lui, je pourrai danser. Écouter la musique de Glenn Miller. Me réveiller et me coucher avec *Rhapsody in Blue*. Je veux Gershwin. Et du saxo. Je veux être dans un milieu jeune, et danser. Écrire et danser.

— Il faut la comprendre, a répliqué Alain. Chaton n'a pas eu beaucoup de loisirs, jusqu'ici.

Ma mère est intervenue avec une douce perfidie.

— J'attire votre attention sur le fait qu'il existe pour l'instant un mariage blanc. Vous en faites quoi, du Français ?

Le Français ? Le mariage blanc ? La réalité nous tombait sur la tête, nous écrasait. Nous l'avions oubliée. Nous qui avions échappé à l'effondrement de l'immeuble où nous avions végété pendant les deux mois du siège de Budapest, nous nous trouvions ensevelis sous le poids d'un document qui ne servait à rien, qui n'était qu'une source d'ennuis dans l'administration du camp ; et, je venais de le découvrir, ce papier allait m'empêcher d'épouser Greg et de partir avec lui pour me retrouver dans ses bras en Iowa. Je ressentais une violence désespérée.

— Je ne pourrai pas épouser Greg avant de divorcer de Marc X ? Mais Greg va partir, il va m'oublier, l'Amérique va disparaître de ma vie.

Papa, penaud mais satisfait, essayait d'afficher une mine triste.

— Cette malheureuse affaire te sauve de l'Américain, a-t-il dit suavement. En tout cas, je n'aurais pas donné l'autorisation pour un mariage aussi absurde.

— Vous êtes absurdes, ai-je répondu. Notre vie est absurde. Je ne veux pas être la survivante d'une civilisation pourrie et destinée à disparaître. Ton Platon ne t'a pas obtenu un passeport, Papa, et ton Socrate n'est rien face au communisme. Votre vie à la Roger Martin du Gard me fait gerber.

— Qu'est-ce qu'elle dit ? a prononcé Papa désemparé. Gerber ?

Maman s'est exclamée :

— Que c'est vulgaire !

J'ai repris plus fort :

— Je préfère vivre avec un Indien dans une tente que me nourrir encore de lectures, de références, de notions dépassées, de traditions qui tuent.

Hors de moi, j'ai répété :

— Je veux mon Indien. Vous m'avez embarquée dans l'histoire du mariage avec un Français. Cette fois-ci, je veux épouser pour de bon un Américain. Au moins, là-bas, ils ne racontent pas d'histoires d'ancêtres.

— Et tes ambitions ? Paris ? a dit Maman.

— Ambitions ? Mais, regardez où nous sommes, ce que nous possédons : une cuillère ! – J'ai montré ma cuillère. – Et on me refuse l'Australie parce que je ne saurai jamais coudre. J'ai besoin d'une langue universelle et de la paix. Je veux danser et écrire. Pour les boutons à coudre, il faut chercher quelqu'un d'autre.

La cuillère en aluminium à la main, les yeux en larmes, dans cette baraque misérable, je luttais pour mon futur outil de travail, « ma » langue universelle.

— Ce mariage blanc est de votre fabrication. Il faut m'en sortir.

— Iowa..., a dit Papa pour détourner la conversation. Ce n'est pas là-bas qu'il y a des pommes de terre succulentes ?

— Non, dit Maman. La pomme de terre en question est une spécialité de l'Idaho.

Mon frère aîné, revenu dans la bataille familiale, a promis de faire une tentative pour qu'on me délivre n'importe quel torchon de papier d'identité où le nom français serait « oublié ». Maman a voulu faire dériver la bagarre.

— L'une de nos cuisinières, dit-elle , savait très bien la faire.

— Quoi ?

— La pomme de terre au four. Louise. Vous vous souvenez de Louise ? Cuite au four, la pomme de terre d'Idaho, coupée au milieu, un peu de beurre dans la fente et, ici et là, quelques lamelles de lard fumé.

— Vous oubliez ma vie, ai-je répété. Vous oubliez ma vie.

— Mais non, a dit Papa. Ce ne sont là que des anecdotes. Tu es extrêmement jeune. Tu ne vas pas pleurer parce que tu ne peux pas faire une bêtise aussi colossale que d'épouser un Américain d'Iowa !

Je me suis levée et j'ai déclaré : « D'abord, il n'est pas américain mais amérindien. Ensuite, je vous avertis : un jour, je serai libre ! »

**
*

Greg est parti. Je savais que je ne le reverrais plus jamais. Ma mère lui a dit que j'étais trop jeune pour le mariage. Qu'il devait revenir dans un an. Personne n'a osé lui parler du Français caché. Lorsqu'on est dans l'absurde, il faut être pudique.

Sinon l'absurde – même provoqué par l'histoire – devient tout simplement une affaire stupide.

Le départ de Greg a renforcé mes intentions. Il fallait me sauver d'ici. Chaque obstacle m'incitait à me réfugier dans un nouveau sujet auquel je devais me mesurer. La difficulté littéraire me permettait de développer mes « muscles » de résistance. Plus l'adversité était puissante, plus l'invention, la création m'enflammaient.

Malgré ma déception, mes parents furent ravis du départ de Greg. Je me sentais une fois de plus livrée à eux, à leurs traditions surannées, à leurs manières ici presque caricaturales. Leur plus grand problème était de me garder dans ce qu'ils appelaient mon « état de jeune fille ». Le fait que je sois mariée avec un âge majoré, ma vie déviée ne les intéressaient pas tellement. Ça les dépassait. Ils avaient décidé dans un moment de rare entente que l'affaire française s'arrangerait toute seule.

Mon frère aîné me parlait du *Voyageur sans bagages*. Giraudoux était à la mode en Hongrie avant l'arrivée des Allemands. Par une comparaison littéraire, je me voyais comme une voyageuse dont le seul bagage aurait été la volonté d'écrire. Alain s'est un peu éloigné des projets australiens. Il aurait fallu, je crois, trois ou quatre mois en cargo pour arriver à Melbourne et créer là-bas des pièces françaises en version anglaise, mises en scène par un metteur en scène hongrois. Mon frère était un homme héroïque, un grand patriote. Il adorait la Hongrie, mais sa vie a été minée par le fait qu'il n'était pas un « pur sang » hongrois. Moi, j'étais dans la suite génétique de ma mère : mon seul souci était de conquérir, comme une terre à occuper, une langue internationale.

Après le départ de Greg, je suis donc « retombée » dans le français et j'ai décidé – parce que mes parents m'avaient fermé la porte vers l'Iowa – de commencer l'« ascension de l'Himalaya » : c'était mon mot de passe pour désigner la langue française. Parler, c'est facile. Parler correctement, c'est obligatoire. Avoir un vocabulaire riche grâce aux lectures et aux incessantes recherches sur les mots, c'est dans le lot. On peut assez facilement réunir un troupeau de mots dont on est le berger, sinon la bergère. La langue française gère le mot « bergère » avec subtilité : il y a un petit côté frivole au féminin, tandis que « berger » prend presque une résonance religieuse. Bref, je n'étais pas encore mûre pour ce genre de considération. Mais je devais sans cesse apprendre. Quitte à en crever !

Pour me révolter contre la manière dont Greg avait été refusé, je devenais assez sauvage. La lutte contre la discrimination raciale allait être l'un des moteurs de mes futurs écrits.

J'ai constaté la jubilation cachée de mes parents – leur « jeune fille » dont la virginité était préservée passait son temps penchée sur ses cahiers, taillant des crayons avec un vilain couteau qu'on lui avait prêté à la cuisine. Ils étaient heureux. J'ai commencé à écrire l'histoire de la femme vue dans la boîte de nuit. Je cherchais toujours l'occasion de connaître le déroulement de l'acte physique. J'étais aussi démunie de romantisme ou de la notion même d'amour qu'un appareil destiné à sonder le sol de la Lune. En tant qu'être humain, je n'étais qu'un détecteur. Je voulais écrire « authentique ». La vie de Wanda, ma future héroïne, je l'inventerais, ce n'était pas un problème. Il m'avait suffi d'une heure dans une boîte de nuit pour sentir l'atmosphère, la musique, les couleurs des Noirs, des Blancs, la danse, la fumée, l'alcool...

J'absorbais tout, je devenais un témoin permanent et invisible.

Pour effectuer cet exercice physique, il fallait un jeune homme distingué. J'ai infiniment regretté de n'avoir pas pu faire l'expérience avec Greg.

Si je voulais trouver le personnage qui serait l'initiateur malgré lui, il fallait que je sorte du camp. J'ai pu obtenir du service social un billet aller-retour gratuit pour Innsbruck. J'ai expliqué à Maman que je désirais assister à une messe. Elle voulait m'accompagner. « Je préfère aller seule là-bas, pour mieux réfléchir », ai-je dit. Elle était contente.

J'ai donc pris le petit train de Kufstein à Innsbruck. De la gare, j'ai fait des kilomètres, malgré les dimensions assez restreintes de cette ville d'un charme extrême, pour me retrouver à une adresse qu'on m'avait donnée au camp. Il y avait une église où se réunissaient des « personnes déplacées ». J'ai assisté à une messe où le prêtre a parlé en plusieurs langues, en tout cas en hongrois et en allemand.

Au fond de l'église un jeune homme blond lisait attentivement un gros livre. Je l'ai retrouvé ensuite dans la cour où on était censé bavarder et nouer des liens de fraternité. Le prêtre est venu serrer la main de tout le monde, écouter des histoires tristes en deux langues. Le jeune homme au livre s'est approché de moi :

— Permettez-vous que je me présente ?

— Bien sûr.

Premier bon point. Il avait des manières qui correspondaient à celles de notre milieu, à Budapest.

— Je suis Georges Y.

Il me semblait que ce nom était connu. En effet, je l'ai vite situé. Son père, homme politique, tantôt ambassadeur, tantôt

184

ministre, avait protesté contre les déportations de Juifs. Il avait été aussitôt déporté à Auschwitz. Le jeune homme était parfaitement habillé, il avait une cravate — grande rareté à l'époque —, un col de chemise repassé à merveille, et beaucoup de cheveux blonds. Il était bien rasé, il avait de grands yeux gris-bleu... Il portait une chevalière. Je me suis mise à sourire.

— Et vous ? a-t-il dit.

J'ai cherché quel nom donner. Plaisanter en citant le nom français ? Inutile de le désorienter. Alors, j'ai prononcé mon nom de jeune fille, qui lui a plu. Il a trouvé qu'il avait fait une bonne rencontre et nous sommes partis marcher un peu. En janvier 1949, à Innsbruck, pour deux personnes de nulle part, prendre un café n'était pas une chose facile. Il m'a invitée à une petite terrasse où nous avons siroté un Coca-Cola, le symbole de l'Amérique. Je me serais nourrie avec plaisir seulement de bananes et de Coca-Cola.

Georges habitait chez des ex-amis de son père et de sa mère, à Innsbruck. Je lui ai parlé du camp. Nous nous sommes promis de nous revoir. Il est venu à Kufstein, je l'ai présenté à mes parents. Nous étions solennels. Mon père a demandé des renseignements sur le père de Georges. Celui-ci était revenu en mauvaise santé d'Auschwitz. Sa mère, originaire de Vilna, vivait avec son mari en Hongrie. La rencontre de deux personnes « de bonne famille » contentait mes parents. Sur le tableau d'honneur du père ministre et ambassadeur, il y avait une mère d'origine étrangère qui le rendait, aux yeux de ma mère, sympathique.

Georges est venu deux fois à Kufstein. Je suis allée deux fois à Innsbruck. Nous étions réservés. Lui n'était pas trop entreprenant. Moi, je l'observais. Était-ce lui qu'il me fallait pour assurer l'authenticité de mon récit ? Il était assez difficile

185

de créer une atmosphère de complicité entre nous. Il n'avait pas trop d'intérêt pour la littérature. Mais nous étions jeunes et la vie semblait devant nous comme un paysage à connaître. Plutôt réservé sur les détails de sa vie de famille – il était enfant unique –, il semblait peu à peu tomber amoureux de moi.

Le temps passait. L'histoire que j'écrivais avançait plus rapidement que celle que je vivais. J'avais commencé par une femme grelottant au milieu de la route – évidemment couverte de neige. Elle, un enfant dans les bras, voit passer des camions militaires, fait des signes, mais on ne la prend pas à cause de l'enfant. Alors, dans une deuxième version, une fois de plus j'ai abandonné l'enfant qui m'encombrait. Il me manquait seulement l'acte sexuel.

Les amis chez qui Georges était logé ne s'absentaient jamais. Nous ne pouvions pas nous retrouver là-bas. Malgré sa timidité, que je découvrais peu à peu, il m'a proposé un rendez-vous à Paris. Avec un peu d'argent reçu de ses parents, il devait y continuer ses études de sciences politiques, qu'il avait commencées en Hongrie. « Si tu voulais venir, nous pourrions – en étudiant – vivre sans problème pendant quelques mois. Nous nous trouverons du travail après. Tu pourrais écrire, si tu ne t'en lasses pas. » Je lui ai parlé de mes carnets du siège de Budapest et de leur version française. Il a dit que la Hongrie était extrêmement mal connue, qu'on confondait Budapest avec Bucarest et le cardinal Mindszenty avec un cardinal polonais dont le nom était presque identique.

Nous avons élaboré un plan de bataille. J'ai raconté, presque gênée, le mariage blanc, et il a aimablement répondu que « ça » aurait pu marcher. Considérant la situation politique de la Hongrie, il était normal de tout essayer. J'ai donc décidé de le rejoindre à Paris. Avant son départ, Greg m'avait demandé une photo. Un photographe hongrois de passage au camp, qui avait un peu de pellicule et beaucoup de bonne volonté, avait fait quelques photos de moi. Sur un de ces clichés développés chez lui – il avait un petit labo à Kufstein –, j'avais marqué pour Greg, au dos de la photo, en français : « Je vous aime ». Une phrase que je ne sentais pas, mais qui me vengeait du mariage blanc. J'ai changé d'avis ensuite, et j'ai gardé la photo.

Quand Georges partit pour Paris, j'ai gommé le « Je vous aime » et, croyant que la photo ne portait plus aucune trace de cette phrase que je jugeais audacieuse, je la lui ai donnée. Il a déchiffré plus tard, à Paris, les lettres en relief et a cru que le message lui était adressé. Je n'ai pas osé le décevoir. Il me pressait de plus en plus de le rejoindre.

J'ai bâti une belle histoire à l'intention de mes parents. Je leur ai expliqué que, au fond, Marc X était quelqu'un d'agréable. Le contact avait été maintenu avec cet aimable Français qui avait regagné Angers et qui écrivait de petites lettres assez romantiques sur un papier bleu marine. J'avais été désagréable avec lui. Il n'avait pas mérité ce genre de traitement. Je lui ai alors écrit que son attitude chevaleresque en Hongrie m'avait émue mais que j'étais à l'époque trop timide pour manifester ma reconnaissance. J'avais gardé de lui un excellent souvenir. Je reçus aussitôt une réponse de lui et un message de sa mère. Elle me proposait de rester avec Marc et de devenir vraiment sa femme. J'ai fait semblant d'accepter la proposition. Marc demandait la date de mon arrivée. Il m'attendrait à la gare de l'Est. Il ajoutait, joyeux, qu'il avait des cousins dans une des banlieues de Paris, nous serions logés chez eux avant de reprendre le train pour Angers, où notre mariage religieux pourrait avoir lieu. « Un bon chrétien de plus », ai-je pensé. Ma mère était aux anges. Papa, perplexe, m'a demandé si j'avais bien réfléchi. Il m'a dit qu'il n'était pas sûr de mon choix, selon lui dicté par le désir de quitter le camp.

Je correspondais en secret avec Georges, comme deux gosses qui mijotent une farce. Je suis partie de Kufstein, sachant que deux hommes m'attendraient à la gare de l'Est. Je présenterais Georges comme un cousin retrouvé en Autriche. Pour le reste, il faudrait improviser. Alain était étonné, secrètement déçu : il me voyait mal dans une ville de province avec un homme qui nous était pratiquement inconnu. Je partis avec un sac de voyage, un surplus américain couleur armée, solide et difforme.

À la gare de l'Est, sur le quai, deux personnes m'attendaient, à deux wagons de distance. Chacun se précipita vers moi au moment où je suis apparue à la portière : Marc X et Georges. En descendant du wagon, j'ai dit à Marc, qui avait meilleure mine que lors de notre « mariage » : « Je vous présente mon cousin Georges, qui arrive de Vienne. Avant de vous rejoindre, je vais passer une journée avec lui pour donner des nouvelles de nos familles respectives qui se connaissent depuis notre enfance. Je vous retrouverai demain après-midi. – Ma mère vous attend, a-t-il répondu désespéré. Toute ma famille vous attend. J'ai annoncé votre arrivée à tout le monde. » Sereinement, j'ai répété : « Un peu de patience. Comprenez-moi. Les souvenirs de Hongrie, nous devons leur consacrer un peu de temps. Je viendrai demain. »

Ce fut difficile de se dégager de Marc, désemparé, et de sa sœur qui venait de nous rejoindre. Ils ne comprenaient pas pourquoi le cousin ne venait pas leur rendre visite avec moi.

Nous avons promis de rejoindre le lendemain toute la famille réunie à Argenteuil, qui voulait connaître enfin l'étrange créature arrivée d'Europe de l'Est et que leur héroïque fils avait sauvée au prix d'un mariage.

Georges avait loué pour mon arrivée une deuxième petite chambre dans l'hôtel où nous allions passer la nuit. Il était, lui aussi, respectueux des apparences. Nous nous sommes promenés. J'étais grisée par la liberté inattendue. Ne plus être sous la surveillance des parents. Le soir nous avons dîné dans une pizzeria sans cesser d'échafauder des plans pour nous dégager définitivement de Marc X. Le lendemain, nous nous sommes retrouvés, polis et gênés, dans un pavillon de banlieue, entourés de personnes aux cheveux et aux yeux foncés, qui parlaient rapidement. Ils avaient le débit des films français en noir et blanc. Ils s'exprimaient tous en même temps. J'avais appris le français littéraire, mais pas encore la course des mots. Le rythme me semblait dévastateur. Georges, tout blond et tout mince, assiégé par les questions sur ses parents, sur notre parenté, son intervention à la gare, était un peu perdu dans cette famille... La sœur de Marc m'a montré une chambre au premier étage du pavillon : j'y dormirais jusqu'à notre départ pour Angers, où j'habiterais jusqu'à la célébration du mariage religieux chez la mère de Marc. Mon « mari blanc » était un chrétien convaincu et n'envisageait même pas que je devienne sa femme sans un mariage à l'église.

J'étais malade d'inquiétude : ce serait difficile d'en sortir. Je lançais des regards à Georges, le « cousin » invité aux festivités à Angers. Ma seule vraie résistance était un certain humour, mais l'angoisse et surtout la déception de ces gens charmants, leur désarroi, déclenchèrent une crise due au manque de calcium. Des années plus tard, ce malaise reçut un nom très chic : la « spasmophilie ». On m'a fait allonger sur le canapé. On touchait mes mains. Elles étaient raides. L'effet devait être saisissant. Tous m'entouraient, me regardaient affolés. J'ai dit que ça allait s'arranger, qu'il ne fallait pas s'inquiéter et Georges est intervenu en signalant que lui avait un médicament qui pouvait me sortir de cet état spasmodique. Il les a convaincus de me laisser partir. Dans l'état où j'étais, mon départ devait créer un soulagement. La stupeur leur enlevant toute défense, nous avons pu prendre un taxi et nous enfuir. Le taxi a coûté cher, mais Georges était généreux. Il aurait donné même le double pour nous sortir de ce piège.

Nous avions gardé secrète devant Marc l'adresse de l'hôtel de la rue de Provence, dont un étage était réservé – pour garder une façade d'honorabilité – à des étudiants. L'endroit l'aurait désorienté. Je me suis alors retrouvée le soir dans la petite chambre de Georges, sur un lit étroit. L'acte sexuel fut – manque de calcium ou non – accompli. Je suis restée songeuse. J'ai pensé que, certainement, les héroïnes des grands romans d'amour, chauffées par la passion, devaient trouver l'union physique plus agréable que moi, sinon pourquoi auraient-elles souffert du manque d'amour ? Qu'importe : pour mon livre, j'avais la documentation qui me manquait.

Nous avons appelé Marc à Argenteuil. Il devait venir nous retrouver dans un bistrot près des Galeries Lafayette. Je me souviendrai toujours de cette entrevue à trois et des garçons qui circulaient avec leurs plateaux entre les petites tables. Nous avons expliqué à Marc que, pendant ce répit chez mon cousin, une évidence s'était imposée. Je n'étais pas encore assez adulte ni réfléchie pour être une épouse agréable. Il serait déçu, sa famille aussi. Il valait mieux qu'il s'habitue à l'idée de divorcer. Nous resterions amis. Je ne savais pas encore que c'est la pire chose, l'amitié, qu'on puisse proposer à un homme qui vous trouve à son goût, ou du moins confortable parce que sous la main.

Marc était froissé. S'il avait été un homme très beau, s'il avait eu une belle situation, il aurait mieux accepté d'être plaqué d'une manière aussi primaire. Là, il était blessé, son amour-propre abîmé. Il ne savait pas comment raconter tout cela à sa mère qui avait déjà alerté les amis : la fiancée exotique de son fils allait arriver.

Cette sourde lutte a duré près de quarante minutes, je crois. Marc boudait — avec raison. Peu à peu, nous avons calmé le jeu, il y a eu quelques larmes. « Vous étiez si charmant en uniforme. Nous garderons un merveilleux souvenir de vous ! » Marc était presque amadoué, et nous, libres. En tout cas, il s'est comporté plus que correctement.

⁂

Ensuite, il y a eu une petite explication avec Georges. Il ne comprenait pas pour quelle raison je voulais une chambre pour moi seule.

— Parce que j'ai besoin d'une table et d'une chaise pour pouvoir écrire un livre. Je t'en ai parlé à Innsbruck.

— Tu veux toujours écrire ce livre ?

— Oui. Et d'autres aussi. Nous allons partager les frais de la vie quotidienne.

En partant de Kufstein, j'avais reçu un peu d'argent de mon frère aîné. Maman m'avait confié quelques napoléons en or. On n'allait pas très loin avec ça, mais, de leurs maigres réserves, il ne leur restait que peu à partager avec moi. Je n'étais donc pas totalement démunie de ressources. Je pouvais subvenir à la « folie » qui consistait à garder pour moi seule l'autre minuscule chambre au deuxième étage de l'hôtel.

On a fait un accord avec l'hôtelier. Il m'a loué pour un prix dérisoire cette petite chambre à côté de celle de Georges. J'ai eu le droit d'avoir une table, mais pas de lampe. J'avais juste la lumière du plafond. Il nous était interdit de faire une cuisine quelconque dans ces pièces. C'était difficile de survivre au manque de café le matin. Moi, toujours réveillée avant tout le monde, j'allais vers le plus proche bistrot et, dans une violente odeur d'eau de Javel avec laquelle on nettoyait le sol, je buvais précautionneusement mon premier café du matin. En l'économisant.

Je crois que Georges était amoureux. Moi aussi, j'étais bien avec lui parce que nous avions l'âge qui correspondait à nos envies. Il cherchait un travail, il avait des atouts, il parlait trois langues et sa culture générale était à envier. Nous avons passé quelques semaines heureuses. Un jour que nous remontions le boulevard Saint-Michel, en plaisantant, il m'a dit :

— Tu ferais quel sacrifice pour être publiée ?

— Je remonterais le boulevard Saint-Michel pieds nus.

— Allons-y, je le fais avec toi.

Nous sommes partis le long du boulevard Saint-Michel – je ne sais pas de combien de kilomètres mesure ce boulevard – pieds nus. Il y avait peu de crottes de chiens à l'époque et nous regardions où nous mettions les pieds. Nous nous sentions conquérants, l'avenir était devant nous. Nous avons rencontré des Hongrois exilés, et, autour d'un verre de Coca-Cola, nous avons commencé à forger des projets extraordinaires.

Un jour, à 7 heures du matin, à l'ouverture d'un bistrot, foudroyée par ma propre volonté soudain si clairement exprimée, j'ai décidé d'abandonner complètement et radicalement la langue hongroise. Mes narines pleines de l'odeur de l'eau de Javel, l'âme en feu, en sirotant mon café, j'ai compris que mon seul salut était l'extrême concentration sur une seule langue : le français. Enthousiaste, réconfortée par ma décision, j'ai commandé un deuxième café. Je n'ai même pas jeté un coup d'œil sur les croissants : mon budget m'obligeait à me contenter de cafés. En écoutant les bribes de phrases qu'échangeaient les garçons entre eux, j'ai compris que chez moi, dans mon organisation intellectuelle, deux langues ne pouvaient pas cohabiter. En aucun cas.

Je pouvais expulser les phrases allemandes qui resurgissaient sans cesse. Les phrases anglaises de base ne me gênaient pas. En revanche, il m'était difficile de couper toutes les racines avec la langue du pays où j'étais née. J'étais une plante qui s'arrache elle-même d'un pot et se pose dans un autre. J'étais, comme toujours, radicale !

J'ai sorti mon porte-monnaie pour compter discrètement l'argent. Si je ne laissais pas de pourboire, je pouvais avoir un troisième café. La concession que je faisais en économisant le pourboire me désolait. Mais j'étais dans un tournant primordial de mon existence. Il me fallait un petit noir de plus. Les garçons me regardaient, distraits. Je n'intéressais personne. Qui aurait pu supposer que j'étais en cours de rupture avec un moi que je repoussais déjà dans le passé ? J'ai toujours su rompre, que ce soit avec un pays, une langue, un être humain, une idée, une idée fixe, un projet. Je savais rompre d'une manière presque violente, ensuite je m'accrochais à un projet qui pouvait être à l'origine de la rupture ! Dans ce café bruyant où, plus tard, les ouvriers viendraient prendre un « petit blanc » autour du zinc, où j'entendais la langue française quotidiennement, dès le matin, j'étais enfin prête à être absorbée par cette langue que le destin m'avait proposée. Si j'avais pu partir avec Greg en Iowa, j'aurais entrepris la même démarche, mais en anglais. Georges, grâce à son éducation internationale et étant le fils d'un ambassadeur, ne m'imposait pas du tout le hongrois. En parlant le français, qu'il maîtrisait, il me plaisait davantage.

Ce matin-là, en dégustant mon café supplémentaire, en regardant les consommateurs groupés autour du zinc, en ayant une envie folle d'un croissant que je n'osais pas acheter parce qu'il était trop cher, j'ai rompu avec l'une de mes langues maternelles, le hongrois. Ce n'était pas une question de sentiment, mais le prix de la survie de mon avenir dans l'écriture.

La langue hongroise est faite d'images, elle dessine des scènes et les charge d'adjectifs. J'ai comparé le texte hongrois de *Wanda,* les quatre premières phrases – qui commençaient ainsi : « Une femme attendait au bord d'une route enneigée... » Puis suivait la description de son calvaire. Des mots lourds, chargés de sens – colorés même sous la neige – ralentissaient l'action. Tandis qu'en français, elle attendait en s'appuyant sur un seul adjectif, dont la portée était telle que l'atmosphère s'installait aussitôt. Je devais chasser de mon esprit les adjectifs qualificatifs qui déferlent dans la langue hongroise, les impressions qui s'accumulent et deviennent des surimpressions, de crainte de ne pas reproduire fidèlement une image ou une idée.

Le but à atteindre était l'extrême sobriété dans l'utilisation des mots. Cette sobriété est venue – et ce fut une grande chance – de mon cahier d'écolier. Il y avait peu de lumière dans la cave, tout semblait condamné à disparaître, nous et l'immeuble. L'existence que l'on prévoit courte se définit en phrases courtes.

Je devais découvrir seule et sans aide des méthodes qui permettent d'atténuer l'accent, d'accélérer le débit et de surveiller les intonations avec une autorité impitoyable. J'ai toujours réglé le débit des mots, leur rythme, sur les chauffeurs de taxi : plus je parlais rapidement en mettant l'accent tonique à sa place, moins ils demandaient si j'étais « de passage » à Paris.

Je resterais toujours un conteur dit de l'Est où se mélangent Polonais, Juifs, Allemands, Autrichiens et Hongrois. Mais je n'aurais qu'un seul instrument : la langue française. J'ai ajouté : « Adieu, Greg ! » Juste une petite douleur quelque part, autour du cœur.

Revenue à l'hôtel, j'ai annoncé à Georges que, dorénavant, j'éviterais de parler le hongrois. Je lui ai expliqué les raisons. Il les a admises. Sa mère parlait souvent le français avec son mari ambassadeur. Il fallait maintenant simplifier notre situation juridique. Marc acceptait le divorce à condition de mener la procédure à Angers parce qu'il ne voulait ni se déplacer ni supporter des frais pour des affaires juridiques auxquelles il était mêlé à la suite de sa bonne action.

Nous avions encore un peu d'argent. J'étais presque à la fin de l'écriture de *Wanda*. Ce n'était pas une histoire longue ni compliquée. Je voulais restituer le goût de l'époque, l'atmosphère de Vienne. Tout ce que j'avais pu apercevoir de cette boîte de nuit me hantait.

Je sentais mes possibilités, mais peu à peu j'étais freinée par ma faiblesse physique. J'avais des nausées. Georges m'a surprise achetant deux billets de train pour retourner à Kufstein. Je voulais le présenter à mes parents en tant que futur mari.

À Kufstein, Georges put habiter chez une de ses relations autrichiennes. Le lendemain de notre arrivée, Maman m'a amenée chez un vieux médecin local. Celui-ci m'a examinée, puis a pris ma mère à part et lui annonça avec ménagement que j'étais enceinte.

Le drame. Avoir un enfant sans nom, sans personnel pour le soigner, sans berceau, sans cuillère en argent dans la bouche — selon le dicton —, avoir un enfant dans la situation où nous étions était une catastrophe. Mais, ce qui inquiétait le plus ma mère, c'est que l'enfant allait naître sans les liens bénis par l'Église. Elle craignait qu'on ne veuille pas baptiser l'enfant à sa naissance si je n'étais pas mariée religieusement avec son père, Georges. On avait beau lui expliquer que le mariage blanc existait encore, que j'avais un nom français et qu'il était difficile d'épouser religieusement un homme tout en étant mariée légalement à un autre, Maman persistait. Elle avait connu un prêtre hongrois assez bohème — il circulait dans le camp, et entre Innsbruck et Kufstein —, c'est avec lui qu'elle trouva la solution. Ce prêtre ami nous marierait dans une petite église où, en tant que personne déplacée — lui aussi —, de temps en temps il pouvait dire une messe. Il nous marierait et nous inscrirait sur les registres de la paroisse. Il pourrait aussi nous délivrer un certificat de mariage religieux où je figurerais avec mon nom de jeune fille.

— La messe ensuite sera courte et sans prêche.

— Une petite messe, Maman ? Est-ce que tu te moques de moi ?

— Non. Je veux dire que nous n'aurons pas une messe chantée. Tu ne seras pas en robe de mariée blanche avec une longue traîne, tu n'auras pas de filles ni de garçons d'honneur...

— Maman, ai-je dit. Attends une seconde.

Je suis sortie vomir dans les toilettes communes, puis j'ai ajouté :

— Maman, nous n'avons pas le droit de tromper tout le monde.

— Dieu permet ce genre de mensonge quand il s'agit du salut d'un enfant.

J'ai dû expliquer à Georges que nous n'aurions pas une seconde de paix si nous ne nous mariions pas religieusement. Il a réfléchi un peu. Il était catholique de naissance et redoutait ma mère. Mon père fronçait les sourcils et soupirait. Lui, il vivait avec Maman tous les jours. Il savait ce qui l'attendait s'il se rangeait de mon côté. Mon frère aîné, parti pour Vienne, n'était d'aucun secours pour moi.

Je me suis retrouvée dans une petite église d'Innsbruck dont les portes étaient à moitié fermées, agenouillée devant l'autel, puis debout, ensuite de nouveau à genoux à côté de Georges. Il fallait écouter le prêtre Sz. proclamer des mots rituels. En hongrois. Et, à un moment donné, il a lié nos mains avec son étole et nous a déclarés mari et femme devant Dieu. Maman au premier rang se tapotait délicatement le nez avec un mouchoir en papier. Chez elle, ce geste était toujours le signe d'une émotion — comme elle disait — « retenue ». Papa était silencieux. Il n'y avait pas de témoins. La petite église était vide et sombre.

En sortant, le prêtre a été invité à la baraque pour le repas de fête. Maman avait obtenu quelque part de la viande et avait

197

fait dans la cuisine commune un ragoût qui a pesé sur nos estomacs pendant quatre jours. Le prêtre, sur une feuille prise sans doute dans les réserves de documents de l'église autrichienne, nous a fabriqué un certificat de mariage religieux. J'étais bigame.

Maman a présenté un gâteau à la rhubarbe. Munis du certificat de mariage religieux, nous avons trouvé grâce à ses yeux. Elle se souciait de savoir où j'allais accoucher. J'étais enceinte de quatre mois, maigre et en proie à des nausées fréquentes. Le médecin autrichien estimait qu'elles étaient dues à la nervosité, à la sous-alimentation et à l'angoisse. L'enfant était là, en moi. Il me semblait très étrange d'être deux personnes à la fois. Bientôt, il faudrait retourner à Paris, nous trouver une situation et gagner notre vie.

Avant notre départ, le prêtre hongrois, M. Sz., nous a rendu visite et annoncé officiellement qu'il allait quitter les ordres et se marier avec une charmante Autrichienne. Maman a pâli. Papa a fait un effort méritoire pour ne pas manifester sa joie en voyant le désarroi de Maman. Georges resta placide : qu'il soit défroqué ou non, ce prêtre, cela nous était égal. Maman a juste demandé si cet « acte à commettre » — a-t-elle dit — influait sur l'authenticité de notre mariage religieux. « Je ne crois pas, a dit M. Sz. Au moment où j'ai prononcé les mots sacrés, j'étais encore prêtre. En revanche, en les mariant, je pensais déjà à mon propre mariage. »

Maman était pétrifiée. Moi, si j'avais eu moins de nausées, je me serais amusée. Mon premier souci était le divorce avec Marc X. Sinon, à sa naissance, l'enfant porterait un nom français. Après le divorce, j'épouserais Georges civilement aussi, pour que l'enfant ait le nom de son père.

— Je crois — a dit Maman, toujours avec beaucoup de distinction — qu'il faudrait prévenir M. X que tu attends un enfant, parce qu'il va bientôt se retrouver non seulement le mari d'une femme invisible, mais le père d'un enfant.

— Ça c'est vrai, a dit Papa. Ma chère, vous venez de dire une phrase en or.

— Mais, comment ces pauvres petits — c'est-à-dire Georges et moi — vont-ils pouvoir accélérer la procédure de divorce ? Ils ont moins de six mois devant eux.

Pour la première fois, l'estimation de la durée d'un divorce était entrée dans ma vie. Sitôt de retour à Paris, je me suis engagée comme bonne d'enfants et Georges comme chauffeur. Notre premier salaire constitua la base d'une cagnotte destinée à payer un avocat. Nos employeurs nous avaient procuré des permis de séjour provisoires. Nos papiers et leur validité dépendaient de nos contrats avec eux. Nous étions livrés à des gens plus ou moins aimables, mais c'était la règle du jeu.

Nous avons trouvé un avocat qui a écouté notre affaire avec beaucoup de compréhension. Ayant été prisonnier de guerre, il comprit la situation et décida de nous aider. Il fallait qu'il trouve un correspondant à Angers, que ce confrère ne soit pas trop cher non plus pour que nous puissions payer ses honoraires.

À la fin de ma grossesse, notre situation était devenue tellement difficile que nous avons accepté l'invitation d'une famille belge, le comte et la comtesse d'A., qui avaient entendu parler de ce petit couple de personnes déplacées : la jeune femme attendait un enfant, elle n'avait presque rien pour se nourrir à Paris. Nous avions perdu notre travail partout, car on supporte difficilement une femme enceinte avec des malaises. Nous vivions dans une chambre de service et Georges faisait des travaux occasionnels pour me rapporter de temps en temps, exactement comme un oiseau qui doit nourrir ses petits, un sandwich que je vomissais aussitôt. J'avais l'enfant en moi, il poussait, je me demandais juste, avec l'humour qui me restait, s'il n'était pas trop secoué quand je vomissais.

Nous sommes donc arrivés un jour, Georges et moi, dans un château au cœur des Ardennes où nous avons été reçus comme des amis attendus depuis longtemps. Aucune noblesse, aucune fortune, aucun papier n'aurait pu nous assurer un meilleur accueil. J'ai su plus tard que la comtesse d'A. avait dû montrer au curé du village notre acte de mariage religieux pour que je puisse m'installer dans la même chambre que Georges, car nos hôtes étaient aussi de fervents catholiques. Notre mariage religieux avait donc servi à quelque chose ! Dans un hôpital de Bruxelles, je mis au monde une petite fille. La comtesse m'avait pris une chambre particulière. J'ai subi seize heures de souffrance avant que Georges ne vienne me dire qu'il fallait signer un papier autorisant une césarienne et qu'il ne savait pas s'il devait le faire. Je lui ai dit : « Signe. » Plus tard, quand je me suis réveillée, une infirmière m'a dit que j'avais une petite fille, « jolie comme un cœur ».

Ma fille a été déclarée sous le nom de Marc X puisque je n'étais pas encore divorcée. J'étais apatride, elle l'est devenue aussi. On avait atteint le comble de l'absurde : j'avais mis l'enfant de Georges au monde, cet enfant portait un nom français et n'avait aucune nationalité. Quand je réussis à divorcer au bout de longues procédures, Marc X fut obligé d'introduire une demande en désaveu en paternité. Enfin, la petite fille fut inscrite sous mon nom de jeune fille et, pour qu'elle reçoive le nom de son père, j'ai épousé Georges six mois avant de faire la connaissance de Claude Bellanger. Voilà.

*

— C'est tout ? a dit Claude. Viens dans mes bras. Tu sais ce qui est essentiel ? Que tu sois là. Le reste... Ce sont des histoires provoquées par la guerre. Je t'aime, ma Christine. Je t'aime au-delà de tout. Le reste n'est qu'une histoire de papiers.

« Que de papiers..., ai-je dit plus tard. Que de papiers. » Cette nuit-là, il a appris ma vie. Pour lui, l'affaire était close, parce que le mariage blanc était annulé, le divorce prononcé, ma fille portait le nom de Georges. Tout était récent. Georges et moi n'étions mariés que depuis six mois, ma fille venait d'obtenir l'autorisation de porter le nom de son père — comme on dit maintenant — biologique. Tout aurait été simple, si je ne m'étais rendue sur la Côte d'Azur dans les bras d'un homme qui devait divorcer, et moi aussi, de nouveau, une fois de plus, pour que nous puissions un jour vivre ensemble — sinon paisiblement —, mais vivre ensemble.

Ce qui arriva par la suite ? L'escalade d'une montagne de papiers... Un Himalaya de procédures. Puis les moments partagés. Le bien-être total. Sans doute, cela s'appelle l'amour.

12

« Tout cela n'est qu'une histoire de papiers, avait-il dit le matin. La vie est ailleurs. La vie c'est toi. Quand je te tiens dans mes bras, j'embrasse la vie. » Ces mots étaient grisants à entendre. Le lyrisme inattendu de cet homme à l'aspect si réservé me fascinait.

Il y avait deux Claude Bellanger. Le journaliste, pour qui le métier était sacré, le bâtisseur modeste, la bête de travail, l'homme au service de son journal du matin à minuit. Et l'autre. L'ex-étudiant, le globe-trotter romantique, le rêveur qui s'interdit un excès de rêves, le poète aux textes secrets que j'ai connus plus tard, l'amoureux de la littérature. Et cet individu complexe, cette personne qu'on redoutait, celui qui croyait à la parole donnée − « ça remplace un contrat, la parole » − m'aimait. Extraordinaire cadeau de la vie ! L'austère Lillois, au tempérament à peine adouci par un père angevin, celui qui n'acceptait pas d'être coupé plus de quelques heures de son journal, allait bouleverser sa vie. Au début, je n'ai pas mesuré la dimension de ce courage. Je l'ai compris des années plus tard, en voyant sa lutte pour gagner la liberté d'exister comme il le souhaitait. J'aurais voulu le freiner. Je n'ai fait que pressentir les vagues de fond que son comportement, inattendu pour son entourage, allait susciter.

Je l'observais, ce matin-là, dans cet hôtel de la Côte d'Azur. J'ai versé du café dans nos tasses et j'ai ressenti un moment d'angoisse. Notre escapade touchait à sa fin, nous nous trouvions déjà dans un souvenir. L'événement à peine vécu imprégnait nos mémoires. J'ai aperçu un peignoir de bain dont la ceinture était tombée, des journaux mal pliés prêts à être jetés, mes lunettes sur le coin de ma table. J'ai pris le manuscrit. Je n'y avais pas écrit une ligne. J'ai glissé dans une grande pochette en plastique mes crayons, mon taille-crayon et une gomme difforme. Avant de quitter la chambre, il m'a serrée contre lui, à me couper le souffle. Le directeur de l'hôtel, qui nous attendait dans le hall, nous a accompagnés jusqu'au taxi, puis ce fut le départ.

Nous roulions vers la gare. Il fallait affronter le monde, ceux qui nous attendaient. Nous abordions un virage, il fallait négocier le tournant. J'ai entendu des fragments de phrases, peut-être dites pour me soulager. Bien avant que j'apparaisse dans son existence, Claude Bellanger avait collectionné en vrac des notes, des arguments et des faits qui avaient laissé des traces. Il avait déjà songé au divorce, sans autre raison que l'éventuelle satisfaction personnelle de retrouver sa liberté. J'ai été projetée dans sa vie et alors les éléments mis de côté ont pris une nouvelle importance.

Je l'apercevais de profil tandis qu'il contemplait la mer. Je devrais attendre un certain temps avant d'être introduite dans l'univers de ses ancêtres, de ces grands bourgeois français qui faisaient des dons, fondaient des hôpitaux, étaient ministres et signaient des décrets. Tous républicains. Depuis son adolescence, Claude Bellanger avait voulu être journaliste. Après ses études universitaires, il avait parcouru la moitié de l'Europe, tantôt en train, tantôt à vélo. La guerre déclarée, il était entré parmi les premiers dans la Résistance. Il était le Français tel qu'on imagine, ce personnage fascinant d'après les livres d'histoire et les légendes qu'on transmettait, d'une génération à l'autre, en Europe centrale. Le Français mythique. En revanche, lui ne connaissait la Hongrie que par quelques heures d'histoire et de géographie : les Hongrois arrêtant les Turcs en 1456 étaient des héros connus. Il y eut Attila, et saint Étienne. Sa couronne. Ensuite les Allemands et les Russes. Je venais d'une planète au goût scolaire.

Il faisait beau. Quel soleil ! Le soleil de printemps est souvent mortel. Il arrive et dévaste. Cette gare de Nice. Les wagons si chics. Ne pas penser aux wagons à bestiaux. Il faut dire que, ce jour du retour, je détestais plus que jamais le train. Nous étions installés face à face sur le vieux velours rouge, napperons en dentelle derrière la tête. Je lisais, les journaux glissaient de tous les côtés. Nous étions comme d'habitude hors saison, dans un train fantôme. Que dire à Georges, et quand ? Si je m'installais à Paris, comment obtenir la garde de ma fille ? De temps en temps, en regardant les paysages défiler, nous bavardions. Nous nous évadions dans de petites anecdotes pour éviter le vrai sujet, trop lourd. Lors du déjeuner au wagon-restaurant, nous avons évoqué d'une manière discrète notre vie quotidienne. Par prudence, sinon par superstition non avouée, nous nous accusions presque de ne pas être conformes aux schémas que nos conjoints auraient souhaités, sinon mérités. Quand on quitte, on se sent coupable. Quand on reste, on est idiot. Il n'y a qu'une vie. Mais entre les deux décisions, que d'abîmes à traverser !

En descendant du train, il m'a demandé de le précéder sur le quai de la gare et de sortir seule, puis de le retrouver devant les taxis comme si nous nous y rencontrions par hasard. Il jouerait une légère surprise suivie d'une proposition courtoise : « Voulez-vous que je vous ramène à votre hôtel ? » J'ai adoré la naïveté de ce grand monsieur et son manque de pratique dans la simulation. Son chauffeur vint vers lui et le salua, puis se dirigea vers moi, et sans être dupe une seconde de cette petite mise en scène, il prit ma valise, la posa dans le coffre de la Citroën noire. Claude Bellanger a contourné le véhicule et s'est calé du côté gauche du siège où une pile de publications l'attendait. « Au journal, s'il vous plaît, a-t-il dit au chauffeur. Vous déposerez ensuite Madame à son hôtel. » Sous la feuille du quotidien dépliée, il m'a serré la main. Tournée vers lui, j'ai lu sur ses lèvres : « Je t'aime. » Il a quitté la voiture rue Réaumur et il est entré dans le bâtiment d'un pas rapide. Il ne s'est pas retourné, il n'a pas fait un signe.

Arrivée à l'hôtel de la rue de Provence, j'ai retrouvé ma chambre, j'y ai déposé ma valise ; j'avais juste quelques heures à y passer avant de repartir pour Bruxelles. L'hôtelier, fier d'avoir une cliente qui avait figuré un jour à la une du *Parisien libéré* – il me parlait à chacun de mes passages du Prix Vérité – ne me compterait pas un franc pour cette halte.

Du hall étriqué, j'ai appelé Fayard pour demander – avec beaucoup de candeur – si on n'avait pas besoin de moi. « Je suis à Paris, seulement ce matin. J'ai pensé... – Vous avez du courrier, m'a dit la standardiste, et Mlle Bataille vous cherche. » Le cœur battant, j'ai appelé aussitôt la charmante dame : quand un agent littéraire vous réclame, on se précipite sur le téléphone. « Quelle chance ! Vous êtes de passage ?

206

Pourriez-vous me rendre visite... maintenant ? — Bien sûr, j'arrive. » J'ai quitté l'hôtel, j'ai hélé un taxi maraudeur et me suis fait conduire boulevard Haussmann.

L'entrée de l'immeuble cossu, emblème de la bourgeoisie française aisée, sentait le produit pour cuivres. L'ascenseur était vieillot et sa porte en fer forgé portait des motifs en forme de lys. L'appartement solennel de Mlle Bataille ressemblait aux lieux de mon enfance. Un hall spacieux et obscur, des bibliothèques et des livres partout, puis de grandes pièces aux fenêtres impressionnantes ; les rideaux légèrement ternis par la pollution semblaient avoir des plis en métal. L'agent littéraire me reçut au salon, près d'une cheminée où gisait encore le bois calciné de la veille. Une gouvernante a apporté du café. Sur le grand plateau en argent, des lettres majuscules gravées s'entrelaçaient en un monogramme élégant. Mlle Bataille portait une veste de tricot gris et un chemisier en soie dont la cravate nouée semblait aussi en satin gris.

— Chère petite, il faut me prévenir quand vous arrivez. Dieu merci, vous avez meilleure mine. L'air de Bruxelles ?

— J'ai passé trois jours avec des amis, pas loin de Paris.

Elle m'a expliqué que l'éditeur américain qui allait proposer le contrat pour *J'ai quinze ans* en avait parlé à un producteur et, de cette conversation, un embryon de projet était né. « Je vous en ai déjà parlé, mais tout cela semble prendre forme. Il s'agirait de tourner *J'ai quinze ans* dans les studios de Los Angeles. Les ruines de Budapest seront reconstituées. Sans doute, vous inviteront-ils pour vérifier l'authenticité du quartier reproduit. Vos conseils seront utiles. » J'ai trouvé la proposition – une fois de plus – fascinante. J'aurais adoré « superviser » des ruines construites... Il faudrait leur demander une cave plus spacieuse que l'était la nôtre, ai-je pensé. Mais je restai muette, n'osant pas plaisanter.

— Avez-vous des nouvelles de Claude Bellanger ? a-t-elle demandé d'une voix soyeuse.

Ma bouche est devenue sèche.

— De temps à autre.

— C'est un homme remarquable. Et si bienveillant à votre égard, a continué Mlle Bataille. Il a une réputation extraordinaire, aussi bien sur le plan professionnel que sur le plan humain. Il...

Elle s'est arrêtée puis :

— M. Bellanger est veuf ou... ?

Le mot divorcé n'avait peut-être jamais franchi ses lèvres.

— Veuf ? Pourquoi ?

— Il paraît qu'on le voit toujours seul.

Elle a souri.

— Mon neveu connaît bien ce milieu. Il est plus au courant que moi de ce genre de petites histoires.

Elle a enchaîné aussitôt :

— Et comment va votre mari ? Un charmant jeune homme, c'est ce qu'on dit.

— En effet, un charmant jeune homme.

— Les jeunes mariés m'attendrissent toujours.

Son regard ne me quittait pas.

— Il doit être heureux du départ en flèche de votre livre ! D'ailleurs, quelles sont les nouvelles de Gallimard ? Vous pourriez me faire lire les projets de contrats de vos éditeurs français aussi. Je vous conseillerais volontiers, sans prendre de commission.

— Merci, merci beaucoup.

J'étais sur mes gardes. Mlle Bataille était d'une perspicacité exceptionnelle. Elle pouvait m'obtenir des contrats importants, elle ne devait pas découvrir que sa « cliente » allait « briser » un mariage. Que cette « lauréate » avait provoqué un tremblement de terre dans la vie d'un homme à la morale rigoureuse. Ses allusions prudentes mais nombreuses m'inquiétaient. J'avais appris à me taire sous la dictature soviétique. Quand je devais aller du village près du lac Balaton à Budapest pour essayer de négocier un bijou de Maman ou rendre une visite discrète à des amis qui s'accommodaient du nouveau régime, je parlais peu. Issue d'une classe sociale condamnée, avec des parents âgés qui n'avaient plus rien à offrir en échange de services rendus, je gênais. Se taire à Paris serait plus facile.

Elle a demandé dans quel hôtel j'étais descendue. L'adresse de la rue de Provence l'a fait délicatement frémir. Elle m'a recommandé aussitôt la pension de famille d'une de ses amies, à Auteuil. « Je vais l'appeler, vous serez reçue chez cette dame comme si vous étiez sa fille. Elle a une préférence pour une clientèle de jeunes femmes seules, l'absence masculine leur garantit la sécurité. » Je luttais contre le rire qui me chatouillait la gorge. Mais je gardais une expression presque peinée. Les *serial killers* n'étant pas encore à la mode, je pensais à Landru qui aurait demandé à sa logeuse la permission de faire un peu de cuisine — au sous-sol. « Lorsque vous êtes ici sans votre mari, il faut qu'on veille sur vous. » J'étais attendrie : on me considérait enfin comme une faible femme. Quel luxe ! Je l'ai remerciée, puis j'ai précisé qu'elle pouvait m'appeler à Bruxelles, elle me trouverait chez moi en fin d'après-midi. Nous avons échangé de délicieuses paroles de politesse. Ensuite, j'ai pris un taxi pour aller chercher ma valise rue de

Provence et j'ai continué avec le même taxi jusqu'à la gare du Nord.

Le train était déjà à quai. Je me suis installée dans un compartiment avec des journaux et un livre. Le temps passait vite. Plus je m'approchais de Bruxelles, plus j'avais le cœur lourd. Je me suis fait conduire à notre adresse.

L'entrée de l'étroite maison était entrebâillée. Je fus comme enveloppée d'odeurs et de bruits familiers. Au premier étage, un gosse frottait un jouet en plastique contre le sol. L'objet devait avoir quatre petites roues incassables. Je montais, j'approchais des bruits. Le gosse dut sentir la présence de quelqu'un sur le palier, il entrouvrit la porte : l'objet dans sa main n'avait que trois roues. Au deuxième étage, le violon du jeudi émettait un léger gémissement. Notre étage était silencieux. Je suis entrée chez nous – le mot « nous » me heurtait –, j'ai déposé ma valise et mon regard se promena sur les anges accrochés au mur, joufflus et souriants. J'ai eu un méchant moment. Une fois de plus, j'ai regardé la « nature morte » qu'on nous avait donnée pour « enjoliver » notre intérieur. Si je n'avais pas eu peur que le généreux donateur nous rende visite, j'aurais caché cette peinture d'un amateur vicieux. Le faisan sur la table avait le regard fixe ; à côté, deux pommes vertes. L'expression me rebutait : « nature morte ». Fallait-il être un obscur manipulateur de pinceau et souffrir d'impuissance créatrice pour s'user dans un exercice de ce genre... Quand les « très grands » peignaient ce type de peinture pour cimetière, il n'y avait pas encore de pollution, ils pouvaient jouer avec la formule « nature morte ». Avant même d'enlever mon manteau, j'ai grimpé sur la seule chaise valide, j'ai décroché le faisan et l'ai placé contre le mur. En cas de reproches de Georges, je dirais que le clou avait cédé. Je l'ai cassé, le clou. J'ai tellement détesté ce clou que je l'ai emporté à la cuisine pour le jeter.

Les traces légères de la fumée de Georges traînaient dans l'air, de loin me parvint une sorte de sonnerie – le tramway. C'était de trop. De quelle manière fuir d'ici ? D'un côté, à des années-lumière, un amour extrême ; de l'autre, de l'ennui, l'usure assurée, la conviction d'avoir commis une erreur. Il n'était pour rien dans cette crise, Georges, mais je savais, moi, que notre histoire était terminée. Comment le lui dire ? Il se voyait parfait, il l'était sans doute, mais l'idée même de le revoir bientôt me massacrait. Ma volonté m'a fait bouger. Comme une marionnette accrochée à ses ficelles, je me suis mise à ranger : l'ordre m'a toujours réconfortée.

Georges est revenu à l'heure habituelle avec Anne. Elle s'est calée dans mes bras. À force de changer souvent d'environnement – la crèche, les R. et nous, ses parents – elle était sociable et souriante avec Georges mais ne débordait jamais d'affection. Elle prenait les parents tels qu'ils étaient et la vie telle qu'elle se présentait. La conversation s'engagea mal. Je devais inventer une histoire pour dissimuler l'escapade sur la Côte d'Azur. J'ai improvisé une anecdote concernant l'interview du *Spiegel*.

— Ils t'enverront un exemplaire du numéro ?

— Je l'espère. L'éditeur s'en chargera.

***

Ce soir-là, sur mon lit de camp, je me tournai et me retournai. La réaction de Georges à ma déclaration de rupture était imprévisible. Il fallait éviter un « scandale » qui aurait gêné Claude Bellanger et qui nous aurait démolis à Bruxelles.

Attendre. J'ai attendu. La nuit ne porta aucun conseil. Je devais gagner du temps, ne pas perdre ma dignité. J'aurais aimé dire, crier, proclamer que je m'en allais, que j'étais triste, coupable, d'accord de prendre sur moi les torts sans jamais évoquer mes raisons, mais que je voulais être libre. Non. Prudente, je vivais d'une conversation à l'autre. Nous nous racontions des banalités. Pour lui, c'était sa vie, pour moi, la corvée.

C.B. m'appelait tous les jours. Je courais de la librairie à la maison vers 17 heures 30, sinon je risquais de le manquer. Il avait prospecté des agences immobilières. « J'ai trouvé un appartement qui va te convenir, je l'espère. Tu le meubleras à ton goût. Il y a deux chambres, un petit salon, cuisine et salle de bains. Tu travaillerais mieux à Paris qu'à Bruxelles. Ensuite nous organiserons l'arrivée de ta fille. — C'est mon mariage qui me gêne, ai-je dit. Pas Bruxelles. »

Georges était jeune, ce qui n'était ni une tare ni une qualité ! Si je voulais éviter une rupture brutale qui aurait mis en danger la garde de ma fille, je devais procéder avec délicatesse et me plier pendant un certain temps aux pénibles exigences d'une double vie. C.B. espérait installer mes parents à Paris, y créer un environnement familial pour Anne et aussi pour moi. Ces projets comportaient des obstacles presque insurmontables, ne fût-ce que sur le plan administratif. Il ne s'agissait pas de gens « confortables », avec passeport et argent pour payer l'hôtel, mais de « réfugiés ».

Le premier souci de C.B. était de préserver ses fils autant que possible des effets de la rupture de leurs parents. Il espérait pouvoir passer avec eux une partie des grandes vacances et les voir une fois par semaine. Il croyait qu'après un certain temps de résistance, son épouse s'habituerait à la séparation et apprécierait le fait que C.B. acceptait ses conditions. Claude ne voulait que ses livres et sa liberté.

Mon rôle n'allait pas être plus facile à jouer. Je n'avais cessé de répéter, aussi bien à Bruxelles qu'à Paris, que mon mari était un jeune homme agréable. Je louais ses manières de gentilhomme. J'avais construit l'image d'un personnage selon un modèle qu'à l'époque de mon mariage je considérais comme parfait. La société belge – en dehors de M. et Mme R. –, la catégorie sociale qui nous choyait était de confession catholique. Mon aventure parisienne, la rencontre avec Claude Bellanger, allait leur paraître immorale, donc condamnable à l'extrême. N'allais-je pas exposer mon âme à l'enfer tout en précipitant l'existence d'un jeune homme – Georges – dans le désespoir ? Nous étions des mascottes pour cette aimable société. Nous aider pouvait – dans leur esprit – les préserver du malheur. Un donnant-donnant non exprimé. Un accord tacite avec le destin. J'allais casser l'image. Il fallait seulement s'arranger pour ne pas rester ensevelie sous les décombres. Chaque jour, j'avançais sur un terrain de plus en plus miné.

*
* *

Pour commencer à créer une habitude – acte révolutionnaire dans notre existence que Georges aimait sans trop de mouvement car l'immobilité le rassurait –, j'ai emmené Anne en visite à Paris. Claude Bellanger attendait sur le quai de la gare. Il a soulevé Anne dans ses bras et dit : « Quelle petite fille adorable ! Je prendrai soin d'elle. Un jour, nous aurons la possibilité de vivre ensemble. » J'ai gagné les grâces de l'enfant avec des *Tintin* qui l'attendaient à l'appartement et des boîtes de jeux divers. Ce soir-là, quand Claude Bellanger est venu, elle dormait déjà dans sa chambre où j'avais accroché un clown en face de son lit. Le lendemain, je l'ai emmenée chez Fayard et au Bois, au Jardin d'acclimatation. Je la regardais tourner sur son petit cheval de manège. Le soleil de ce début d'avril était clément, pas violent comme sur la Côte d'Azur, quelques semaines plus tôt.

Claude avait projeté de s'échapper avec moi à Pâques en Italie. Pour quelques jours. Faute de papiers d'identité nécessaires à ce genre d'escapade, nous retournerions dans le Midi.

Je n'avais pas de téléphone dans mon appartement. Plus tard, grâce à ses relations, Claude Bellanger m'a obtenu une ligne. J'ai dissuadé Georges de venir en visite. « Dépense inutile, ai-je dit. Tu connais Paris. Et je reviens bientôt. »

**
**

Quel que fût l'endroit où je restais plus d'un jour, j'écrivais. Je mesurais ma responsabilité concernant la description de la Hongrie au fur et à mesure que je découvrais le manque d'informations sur ce pays. Ni les Français ni les Belges ne s'y intéressaient particulièrement. Sauf depuis la prise de pouvoir du régime nazi et les déportations en masse. En ces années-là, Paris était la diva de la scène internationale. Elle était choyée, la diva. Admirée et considérée comme l'étape indispensable de la réussite. La langue française n'était pas encore en régression. J'y retrouvais le prestige vanté par ma mère et je cherchais les lieux que mon frère aîné avait fréquentés lorsqu'il faisait ses études en Sorbonne.

13

Dieu est en retard parut fin septembre 1955 chez Gallimard. Les épreuves subies par un pays situé de l'autre côté du rideau de fer ne bouleversaient personne. La Hongrie, îlot non slave en Europe centrale, n'avait pas la cote à Paris.

Le roman soulevait des questions d'ordre éthique : de quel droit un peuple avait-il été livré – selon l'accord de Yalta – à un état d'esclavage ? N'étaient-ils pas privés, les Hongrois, de la liberté d'expression et du droit à la libre circulation ? Dans le roman, mes personnages placés sous le joug soviétique n'étaient pas des victimes sympathiques. Comme tous les humains, ils avaient leurs faiblesses et leurs imperfections de caractère. Ils tentaient de s'accommoder d'abord avec les occupants allemands, ensuite avec les Soviétiques. Quelques articles notèrent « l'impartialité de l'auteur ». Le critique du *Monde* (5 novembre 1955) écrivit : « Ce roman devrait s'appeler la peur. (...) Une tyrannie impersonnelle pèse sur ces êtres qu'elle étouffe. Elle n'est pas si impersonnelle. C'est là que je verrais le sens de ce roman qui est écrit visiblement par un partisan. Mais les livres d'inspiration communiste qui paraissent en France sont écrits aussi par des partisans. »

J'étais naïve, je croyais que la description de faits historiques et de leurs conséquences sur une population faisait
partie d'une culture obligatoire, plus proche de la recherche
sociologique que de la politique violente. Je me trompais. En
1955, le communisme était considéré par certains Français
comme la base idéale, naturelle d'une société juste. Les intellectuels « engagés » faisaient des voyages dits « d'étude » à
Moscou. Agréablement reçus, choyés, ils revenaient
convaincus de l'efficacité du système. Personne ne posait officiellement la question : pour quelle raison faut-il entourer de
barbelés et de miradors un pareil paradis ? J'étais désorientée :
pourquoi la dictature à l'œuvre de l'autre côté ne choquait que
si peu de gens ? Je me consolais de ce que j'appelais un
« immense malentendu » lorsque j'apercevais les camionnettes de la NRF qui circulaient dans Paris, portant sur leurs
flancs la publicité pour *Dieu est en retard*. Le rêve roulait sous
mon regard.

Dieu est en retard figurait, en cet automne 1955, parmi les
romans sélectionnés pour le prix Femina, en compagnie
notamment de Claude Roy, auteur d'*A tort ou à raison*, et des
Élans du cœur de Félicien Marceau. Lors de leur déjeuner de
novembre 1955, les Goncourt aussi m'avaient annoncée
comme outsider.

Grâce aux sélections pour les prix de fin d'année et au
succès de *J'ai quinze ans*, dont les contrats étrangers s'accumulaient, Mlle Bataille avait reçu de nombreuses propositions
de traduction de *Dieu est en retard*. Le temps que le livre
paraisse à l'étranger, la situation s'était aggravée en Hongrie.
Dieu est en retard était devenu d'une actualité brûlante.

Le supplément littéraire du *Times* daté de mars 1957 notait
que *Dieu est en retard*, paru sous le titre *Those who wait* (« Ceux

qui attendent »), était un roman écrit avec « intelligence et détachement. Mme Arnothy a brillamment transformé des histoires de famille en Histoire ». Dans *The Observer*, John Rosenberg signait un article élogieux et analysait un roman qui était (pour lui) aussi un document. Le *New York Herald Tribune* (24 février 1957) : « Les protagonistes qui subissent la terreur d'après guerre sont des êtres humains avec leurs faiblesses, les enfants d'Adam et Ève. Elle (Arnothy) nous convainc. »

À Paris, on cherchait l'étiquette à m'accrocher. Cette fille jeune, « politiquement à peine correcte », et même d'une naïveté consternante, cette fille qui avait quitté la Hongrie clandestinement et qui, écrivant directement en français, avait l'audace de descendre dans l'arène parisienne, était difficile à situer. N'avait-elle pas émis une comparaison explosive : l'occupation allemande et la terreur exercée par un gouvernement provisoire installé par les nazis auraient été remplacées par une autre dictature, celle des Soviétiques ?

N'était-elle pas aussi — selon les rumeurs — l'amie du patron du quotidien gaulliste *Le Parisien libéré* ? Dans ses interviews, n'avait-elle pas donné des réponses peu en rapport avec sa situation de « réfugiée » ? Elle qui avait quitté la Hongrie à pied, avait osé prétendre qu'il était absurde de posséder des milliers d'hectares reçus en héritage. Elle considérait comme une injustice que les paysans n'aient souvent que quelques bouts de terre à cultiver pour vivre. Si elle acceptait le principe du partage des biens, qu'est-ce qu'elle fichait ici ? Elle aurait dû rester là-bas. Mais n'allait-elle pas jusqu'à déclarer que les aberrations d'un passé qui ne faisait aucune place au social n'étaient pas une raison suffisante pour déporter les ex-propriétaires terriens dans les camps de Russie soviétique ?

Ne poussait-elle pas l'audace jusqu'à affirmer qu'à comparer le marxisme et le christianisme, il apparaissait que chaque camp cherche à se cacher derrière un masque, le masque de la fraternité et de la légalité ? Elle avait osé dire, lors d'une émission à la radio, qu'elle attendait que l'Occident s'interroge sur les destins des pays situés de l'autre côté du rideau de fer.

Le roman est passé à côté des prix, mais l'ensemble directorial de la maison Gallimard avait confiance dans l'avenir de son auteur. Ils attendaient la suite : *Le Retour des ombres*. Je me sentais rassurée.

Chez Fayard, l'humeur était au beau fixe tant les tirages de *J'ai quinze ans* étaient importants. Le directeur littéraire insistait pour que j'écrive — avant de m'enfermer dans le travail que représentait le deuxième roman — la suite que réclamaient les éditeurs étrangers. Pour me libérer du « moi », j'ai décidé de limiter « la suite » réclamée à l'histoire d'un jeune couple à Paris et à la description des expériences des personnes déplacées en France. Ce texte se termine sur la naissance de ma fille Anne. Enfin le « je » allait pouvoir disparaître.

Tout en continuant à travailler, j'apprenais peu à peu — mouchée, égratignée ou couverte de compliments —, j'apprenais Paris « sur le tas ».

Le Parisien libéré était un journal d'« information », sans couleur politique nettement déclarée. Mais, en ces années-là, selon ceux qui créaient l'opinion publique, tout ce qui n'était pas « de gauche » devait être rangé d'office à « droite ». Du fait de mon Prix Vérité et des rumeurs sur ma liaison avec le directeur général de cette publication, j'étais expédiée dans la colonne de « droite ». Le « centre » était une planète à peine reconnue.

Au cours des invitations que j'acceptais, au début rares et prudentes, je passais sous un scanner de regards. D'abord sur le plan personnel. Une divorcée était déjà mal considérée, mais la semeuse de troubles que j'étais – je dérangeais sur tous les plans – suscitait des hostilités, voilées par des sourires. Quelle raison pouvait avancer cette fille, écrivain en herbe, pour s'être sauvée à pied de son pays, si elle admettait que certains aspects des nouvelles lois imposées par les communistes y étaient justes ? Le fait que j'aie quitté la Hongrie avec mes parents, à seize ans à peine, que la fuite était « familiale », laissait les observateurs indifférents. Mes désirs d'intégration en France aussi. Le « je » avait traversé le rideau de fer clandestinement, donc le « je » était anticommuniste. Mais la question revenait : pourquoi cherchait-elle la nuance, pourquoi ne condamnait-elle pas l'ensemble ? Sa famille avait connu, selon elle, de gros problèmes sous l'occupation allemande. Qui étaient donc « ces gens » qui ne se sentaient en sécurité nulle part ? J'étais une voix discordante, une fausse note dans le concert parisien. Une soliste errant entre l'orchestre de droite et celui de gauche.

Claude Bellanger découvrait les animosités qui se manifestaient à la fois à cause de mon roman et de son journal. « C'est injuste », me dit-il un jour, choqué par une attaque particulièrement violente. Il avait dépisté la véritable identité de l'auteur d'un article publié sous pseudonyme. Le papier était l'« œuvre » d'un journaliste passé par *Le Parisien libéré* le temps d'une période d'essai. Pour des raisons purement professionnelles, il n'avait pas été engagé. Furieux, il m'avait mordue. Quelle aubaine, l'amie de l'homme qui l'avait rejeté publiait un livre !

Je suis devenue, pour les amateurs de vengeance facile, un pigeon d'argile dans un champ de tir. Durant mes premiers mois à Paris, je ne mesurais pas l'influence du journal sur l'opinion publique. Je ne connaissais pas du tout, ou mal, la presse française. Je constatais, au fur et à mesure des rencontres, les humeurs que la publication de mes livres provoquait. Je tombais souvent dans des pièges et mon sang-froid me sauvait. Je n'avais pas plus de sécurité sur le plan professionnel qu'une meringue déposée sur une autoroute. Souvent, on m'écrasait juste pour le plaisir d'imaginer Claude Bellanger furieux ou attristé. Je pansais mes plaies en me cloî-trant, accrochée à l'idée que tout se paye un jour. Le succès donne à certains l'envie de vous dévorer ; l'insuccès, de vous éviter. À la parution de mes romans, je partais comme un cheval de course lesté qui espère que ses ligaments tiendront. Ils ont tenu.

On existe toujours par rapport à quelqu'un. En Hongrie, c'était la famille. « Issue de notre classe sociale, tu ne pourras pas faire d'études, tu seras ouvrière. » À Paris, je me trouvais « classée » aussi, d'abord à cause de mes premiers écrits et, aussitôt notre liaison soupçonnée, par rapport au journal de C.B. Je me demandais si, en Amérique, j'aurais subi le même traitement Sans doute. Pour obtenir un visa d'immigration, il fallait prouver qu'on n'était ni pulmonaire ni communiste. En somme, pas contagieux.

J'allais passer mon existence d'écrivain à essayer de me trouver une place singulière, indépendante des idéologies toutes faites qui avaient cours.

Le public et les libraires se moquaient, eux, des histoires politiques, des intrigues, des chausse-trappes. Ils recommandaient mes livres et, le « bouche à oreille » aidant, j'atteignais des tirages importants.

Quelques immigrés hongrois – souvent âgés et jaloux – alimentaient cette hostilité latente en chuchotant que, pour arriver à un succès international et surtout écrire directement dans une langue étrangère à sa terre natale, il fallait sûrement être d'origine juive. Les influences linguistiques exercées sur moi par ma mère et ma part de travail étaient volontairement ignorées.

J'ai encore augmenté le nombre de mes ennemis personnels quand, au cours d'une émission à la radio, j'ai déclaré que j'avais dû me séparer de la langue hongroise pour ne pas gêner le français, ma langue écrite, dont la protection – dans l'intérêt même de son développement continuel – était mon but. Tollé. Personne ne comprenait, en dehors de C.B. et – heureusement – de mes parents, que ma liberté d'écrivain n'était pour moi assurée et consolidée que par la maîtrise de la langue française. Cet effort exigeait une discipline de fer. Il fallait chasser de mon esprit, ancrées depuis l'enfance, les expressions allemandes et hongroises souvent liées, les unes rappelant les autres. J'étais – je le reconnais – imprudente. N'avais-je pas dit qu'arrivée suffisamment jeune en Amérique, j'aurais pu de même absorber l'anglais en m'isolant de toute autre langue ? Pour cela, il fallait rompre avec les sons entendus depuis le berceau. J'utilisais un exemple qui en général hérissait : en Amérique aussi, j'aurais grimpé d'un niveau de connaissance à l'autre comme le singe d'une branche à l'autre, un singe insatiable de mots. Je répondais aux attaques ouvertes : « J'ai toujours voulu écrire une langue universelle, c'est mon droit personnel. » Français ou anglais, qu'importe !

Ce « qu'importe » suscitait des hostilités. Cette haine – par l'intermédiaire de quelques exilés, mécontents de leur vie professionnelle coincée dans un cul-de-sac – m'avait atteinte à Paris. Claude Bellanger me conseillait de ne pas m'occuper de ces ragots. En apprenant la France à travers ses paroles et son attitude envers le monde, j'admettais que ma mère avait raison. « La France est le pays où aucune distinction raciale ou religieuse n'a officiellement cours. » Mais il ne fallait pas trop m'éloigner de C.B. Les dîners en ville étaient souvent plus qu'étonnants.

*

Une anecdote me revient. Longtemps après le décès de Claude Bellanger, alors qu'il n'y avait plus de « rideau de fer », j'avais été sollicitée par un éditeur hongrois. J'avais choisi de laisser traduire en premier *Vent africain*. Lors de la parution du livre à Budapest, une conférence de presse avait été organisée, à laquelle avait assisté l'éditeur français du roman, Jean-Claude Fasquelle. Je m'étais trouvée dans la capitale hongroise en face de journalistes. J'ai vu beaucoup de lunettes et beaucoup de chaussettes – à cause des jambes croisées. J'ai expliqué doucement que ce que je voulais leur dire, je ne pourrais pas l'exprimer avec les nuances et les mots justes du hongrois de mon enfance, d'où la présence d'un interprète, accueillie avec une apparente indifférence. Puis j'ai répondu aux questions.

Quand j'ai parlé des origines étrangères de ma mère, la plupart des participants se sont rembrunis. On n'aimait pas l'idée que cette Hongroise, revenue à l'occasion de la parution d'un roman dont le succès était considérable, évoque des racines étrangères. J'ai tenté une explication : « J'ai misé ma vie sur le français parce que j'ai voulu m'exprimer dans une langue universelle. L'histoire du siège de Budapest est connue du monde entier grâce à la langue française. J'ai écrit *Dieu est en retard, Le Cardinal prisonnier, La Saison des Américains.* Le sujet de ces romans est la Hongrie. Écrits directement en français, ils ont servi beaucoup plus la Hongrie à l'étranger qu'un récit en hongrois en attente de traducteur. » Je sentais l'hostilité ambiante. À Paris, la question était : « Communiste ou anticommuniste ? » À Budapest, un reproche flagrant se devinait dans les regards polis : « Dans ce cas, elle est hongroise ou pas ? »

Ensuite, il y avait eu un petit bavardage, faussement détendu, près du buffet. On m'examinait avec prudence. Objet non identifié, étais-je une gloire hongroise ou une renégate ? Écrivain français, dit-elle. Elle provoque. Si je n'avais pas mis dès le début cartes sur table, si j'avais joué un numéro de martyr – « celle qui a été séparée de sa langue malgré elle » ou « celle qui, à la première occasion, parle de nouveau hongrois » –, j'aurais sans doute reçu un accueil plus chaleureux. Mais je n'avais aucune envie de mentir pour plaire et, même pour une meilleure entente, de désavouer un gigantesque travail. Nous en avions parlé avec C.B. : le hongrois est une langue magnifique, colorée, chargée d'images et d'adjectifs comme un abricotier couvert de ses fruits odorants au mois de juillet. L'attachement à sa langue était une force qui permettait à la Hongrie millénaire de survivre dans l'océan slave. Mais moi, j'avais dû choisir. Je ne pouvais pas vivre et écrire dans deux langues, ni passer de l'une à l'autre. À Budapest, une fois de plus, je n'étais pas à la place-cliché où l'on aurait préféré me trouver.

J'ai compris le message. Je n'étais pas des leurs. Je n'étais qu'une « héroïne » en trompe-l'œil. Aucun discours larmoyant, pas un mot sur le mal du pays. Je ne l'avais pas éprouvé le mal de ce pays, si magnifique fût-il.

Mais le public hongrois achetait mes livres et me rencontrait avec plaisir lors des signatures dans les librairies. Les gens exprimaient leur joie et les femmes m'entouraient : « On est fières de vous. De votre réussite de "femme". » Les seuls moments de fraternité, je les ai ressentis là, dans ces librairies. Qu'est-ce que je cherchais ? Peut-être une sorte de réconciliation avec le pays où j'avais atterri en tant que nourrisson.

Quelque temps plus tard, quand le président de la République française m'a conviée, pour son premier voyage officiel, dans la Hongrie libérée, l'autre président, celui de la République hongroise, a prononcé un petit discours au moment même où il me remettait la Croix d'or du Mérite, la plus haute distinction réservée à une personnalité étrangère. Il déclara notamment : « Christine Arnothy est à nous parce qu'elle est née ici. » Le président français a répondu : « Non, Christine Arnothy est à nous : elle est française parce que l'écrivain appartient à sa langue écrite. » Cet échange m'a comblée. Pour une ancienne réfugiée, c'était en tout cas une forme de gloire.

Hélas, des mois plus tard, on m'informa avec précaution que mon livre écrit directement en français avait été traduit en hongrois de manière honteuse. Travail bâclé, indigence de références littéraires et de vocabulaire.

*

Revenons à Paris. C.B. et moi étions destinés à subir une alternance de coups et de succès. Nous parlions, apparemment détendus, de nos ennemis, je plaisantais en disant que bientôt j'aurais « les miens », personnels. Mais, pendant nos dîners en tête à tête, nous n'étions pas toujours sincères. On jouait le détachement. Lui minimisait l'importance des chocs, et moi leurs effets.

Sachant que je pourrais être un trouble-fête dans sa vie professionnelle, je me suis imposé une règle absolue : je ne prononcerais jamais la moindre phrase qui pourrait le gêner. Plus j'étais douce et transparente dans la vie quotidienne, plus cette réserve m'incitait à exprimer mes convictions dans mes écrits. J'ai dit un jour à C.B. que, si je n'étais pas passionnée par la définition du monde et ses convulsions, je serais plus confortable pour lui. Il m'a interrompue : « Tu m'as passionné dès les première lignes que j'ai lues. Tu représentes tout ce dont j'ai rêvé. Reste comme tu es... Surtout, ne change pas... » J'entends encore aujourd'hui sa voix. Comme s'il était dans la pièce à côté.

Son existence quotidienne s'est compliquée. Il travaillait douze à quatorze heures par jour et avait deux femmes dans sa vie. La légitime, qu'il ne voyait que rarement, et la clandestine, qui circulait entre Paris et Bruxelles, d'où elle revenait parfois avec sa fille. De plus, il avait des réunions et des rencontres professionnelles. Mes horizons à l'étranger gagnaient de plus en plus d'ampleur, mes éditeurs m'invitaient. À ce moment encore, je devais refuser des voyages aussi bien pour Londres, Berlin-Ouest, que New York et la Hollande : je n'avais qu'un permis de déplacement entre la Belgique et la France. Le « mariage blanc » n'avait servi à rien, les années passées en France avec Georges non plus. La prolongation de mes papiers d'identité passait par Claude Bellanger qui intervenait à la Préfecture. « Dès notre mariage, tu auras automatiquement la nationalité française, mon amour. En attendant, on s'organise avec des papiers provisoires. » Il était ravi de l'inutilité du « mariage blanc ». « Tu seras française par mon intermédiaire », disait-il.

Une autre anecdote qui illustre bien nos difficultés – frôlant quelquefois la caricature – mérite d'être racontée. Le succès de plus en plus confirmé de *J'ai quinze ans* avait incité un libraire ami de C.B. (angevin du côté de son père) à m'inviter pour une signature. Impossible de refuser cette visite qui permettait à Claude de me présenter à sa mère, en tant que lauréate du dernier Prix Vérité. Je ferais aussi la connaissance de son frère et de sa belle-sœur qui vivaient à Angers.

Nous allions retrouver le milieu où C.B. avait vécu adolescent, où il avait des racines et des amis. La ville était fière de lui. Je l'avais prévenu, en lui racontant mon « passé », que le « mari blanc » était angevin lui aussi. Il viendrait peut-être à cette signature. Nous ne pouvions pas prévoir son comportement. Je ne l'avais pas quitté dans les meilleurs termes. Il était, à l'époque, plutôt froissé que je ne veuille pas devenir sa femme, avec ma fille en prime. Le risque était à courir.

Il faut imaginer cette superbe ville de province et, au milieu d'une grande librairie, une table avec des piles de *J'ai quinze ans*. Derrière une jeune femme très pâle se tient Claude Bellanger. À quelques pas, pointe le petit chapeau noir de sa mère qui regarde la scène avec intérêt. De l'autre côté de la table, circulent le frère de C.B., sa femme et leurs enfants. De nombreux Angevins se pressent dans la librairie. On glisse sur la table des cartes de visite pour m'aider à écrire les noms

exacts sur les dédicaces. Soudain, la carte fatale est apparue :
Marc X. Le « mari blanc » était là.

J'ai levé les yeux. J'ai aussitôt reconnu le visage de jadis. À
côté de lui, une femme charmante. Lui, il ne paraissait pas
contrarié. Curieux ? En tout cas pas hostile. J'ai dédicacé un
exemplaire de *J'ai quinze ans :* « A M. et Mme Marc X, avec
mon meilleur souvenir. » Puis, en donnant le livre, j'ai tendu
la main à sa femme qui me l'a serrée, ensuite à lui. La scène
était aussi étonnante pour eux que pour moi. Après leur
départ, j'ai révélé à C.B. qui était ce couple. « Des personnes
d'une grande courtoisie et élégance », a-t-il dit. C'était ma
première visite à Angers.

**
*

Lorsque nous avions envie de fuir notre présent trop
compliqué, nous nous mettions à rêver d'un passé qui nous
aurait été commun. « Si tu avais dix ans de plus, si tu étais née
en France, nous aurions été ensemble dans la Résistance. »
Moi : « Si tu avais pu mieux connaître l'Europe centrale, tu
serais venu à Budapest, nous nous serions rencontrés, toi
étudiant et moi... – Et toi quoi ? a-t-il dit. Tu n'étais même
pas née à l'époque. » Par moments, notre passé reconstitué
arrivait au point mort à cause de la différence d'âge. Quand
j'étais adolescente à Budapest, lui organisait déjà, en compagnie d'autres patriotes, la presse clandestine.

L'appartement loué à Paris à mon nom sentait encore la
peinture, et la salle de bains, les produits à déboucher les
tuyaux. C.B. m'a donné une photo agrandie en noir et blanc :
Gide y préside une réunion. Un micro est placé devant lui, sur
la table. Claude Bellanger est assis à son côté. Sans doute un

227

souvenir de réunion d'une association d'étudiants. En arrière-plan, Malraux, en visite. Gide penche la tête légèrement, il porte des lunettes à monture en métal. Claude Bellanger le fixe avec intensité. C.B. a écrit et daté au dos, sur le papier légèrement jauni : « Pour toi, ma Christine — car je t'attendais... 22 juin 1935 ». Ce cadeau était accompagné du premier livre qu'il m'ait offert, *Les Nourritures terrestres*, où un paragraphe signalé d'un léger trait de crayon avait défini sa position morale par rapport à l'existence avant que le destin me précipite dans sa vie.

Pour lui, j'étais un fantasme qui avait pris corps. En tant que femme de ses rêves, je ne pouvais être que « parfaite ». Ni faible, ni malade, ni embêtante, ni harcelante — voilà pourquoi aussi ses médiocres avocats ont pu survivre si longtemps en paix. Je devais être sereine et souriante. Souriante ? C'était ma nature. Sereine ? Je n'en dirais pas autant. Malgré ma peau blanche, mes yeux clairs et mes cheveux blonds — venue d'un pays peu connu, j'étais à ses yeux, sans qu'il le dise jamais, « exotique ». Le mythe de la Hongrie me prêtait une auréole de conte de fées. Il trouvait mes « r » envoûtants. Ces « r » qu'on remarquait, soulignait ou critiquait ailleurs — n'étaient-ils pas les preuves sonores de mes origines étrangères ? —, lui, il les aimait. J'étais sa conquête, son bonheur. Il avait une envie irrésistible de « m'afficher ». Il m'introduisait de plus en plus souvent dans son milieu politico-journalistique. J'étais exposée aux feux croisés des regards inquisiteurs. Je pensais souvent à un fakir débutant qui, pour la première fois, doit s'allonger devant le public sur une planche cloutée. S'il saigne, on siffle !

Pendant cette période de transition que semblait ignorer Georges, notre vie n'était qu'une esquisse de vie. Des traits de crayon hâtivement jetés sur le papier. L'artiste qui préparait son croquis était le destin.

C.B. arrivait avec une lourde serviette dans l'immeuble moderne où se trouvait l'appartement. L'ascenseur étant souvent en panne, il devait monter à pied. Mais à peine son manteau ôté, il retrouvait l'éclat de son regard. Il me demandait si je ne voulais pas improviser une sortie, voir un film ou dîner dehors. « Si cela peut te faire plaisir. » Il était prêt à commencer une autre journée. Dans notre havre rudimentaire, il n'avait ni un bureau ni ses affaires à leur place habituelle. Mais nous étions mieux que dans un hôtel. J'avais une table face à une fenêtre et des arbres. C'était suffisant pour moi.

J'improvisais des « casse-croûte ». Je commençais à apprendre les fromages, et je lavais des salades en réfléchissant sur mes futures pages. « Pas de cresson », disait-il chaque fois au restaurant. Quand je le préparais, moi, il le consommait. Je n'ai jamais demandé la raison de ce « pas de cresson ». Je m'habituais au lit – mal choisi – dur, mais large, et je faisais la chasse aux oreillers, mes seuls alliés dans les nuits d'angoisse. Certains étaient compacts, donc paraît-il sains, d'autres garnis de plumes d'oie. Les oies ? La Hongrie revenait par l'écho de leurs cris. J'avais adopté un mode de comportement : pendant les repas j'évitais les sujets énervants. Il ne fallait pas abîmer les moments que nous passions ensemble. Ces périodes « schizophrènes » étaient particulières : c'était facile d'y entrer, mais périlleux pour l'équilibre d'en sortir.

En nous retrouvant périodiquement dans ce faux foyer, nous nous racontions l'histoire de nos familles respectives. Je parlais, parce qu'il le désirait, de la Hongrie. Mon frère avait trouvé des documents dans des archives, à Vienne, et reconstituait la lignée familiale qui n'était qu'à vingt-cinq pour cent purement hongroise, mais ce détail, il ne fallait pas trop en parler.

J'ai eu droit aux ancêtres lillois, et aux histoires des différentes branches où on trouvait aussi bien des magnats du sucre que de vieux oncles retirés dans des châteaux. Un jour, il m'a emmenée en visite chez un oncle délicieux dont la gentilhommière se situait à proximité d'un paysage de corons. J'ai connu aussi la vie de Gerry Legrand, maire de Lille, son grand-père. Le grand-oncle Pierre Legrand, ministre, revenait souvent dans les conversations. Il devait être l'une des fiertés de la famille du Nord. Je commençais à apprendre les « républiques », surtout la IIIe. Ils étaient nombreux, ceux qui nous avaient précédés. Les soirées n'étaient pas assez longues pour les connaître, il nous fallait toute une vie.

Ma fille, lorsqu'elle était avec moi, dormait déjà dans sa chambre quand Claude Bellanger arrivait. Mais un jour elle l'apercevrait et ne manquerait pas de raconter à son père la visite d'un monsieur aimable. Ces mots d'enfant pouvaient provoquer une catastrophe et c'était surtout une manière peu élégante de faire savoir à Georges que j'avais une autre vie. Nous devions prononcer bientôt – C.B. pour sa femme, moi pour Georges – la phrase apparemment si simple : « Je vais te quitter. » Mais y a-t-il vraiment des occasions propices à ce genre de déclaration ? Attendre. Nous gagnions du temps.

C. B. obtint un permis de séjour – renouvelable tous les six mois – pour moi et ma fille. À la demande introduite à la Préfecture étaient joints l'autorisation de Georges et son accord concernant le voyage d'Anne. Peu à peu, je m'engageais dans une existence que par principe j'avais refusée depuis toujours. Jamais je ne rejoindrais la cohorte des maîtresses « cachées », avais-je dit. Je ne serais pas celle qu'on retrouve le soir du lundi au vendredi. Mais j'étais prise dans l'engrenage, toujours réconfortée par l'idée que cette situation était provisoire.

Pour obtenir mes papiers d'identité, Claude Bellanger devait expliquer à ses interlocuteurs haut placés dans l'administration pour quelle raison cette jeune femme, écrivain, avait déjà un mariage sur son ardoise. Un « mariage blanc » qui devait lui servir à quitter la Hongrie avec ses parents dans les véhicules de la Croix-Rouge. Quand il ajoutait que sa protégée, la « lauréate » du Prix Vérité, avait traversé la frontière à pied, plus personne ne comprenait l'histoire. Les complications historiques de ce côté-là de l'Europe, ajoutées à la candeur humaine et au manque de sens pratique, n'intéressaient guère, ou même agaçaient. Mon odyssée ressemblait un peu à la future fameuse chanson : « Paroles, paroles ». Mais à cause de ce « mariage blanc », de mon mariage tout court, planaient dorénavant sur moi, dans nos milieux, des suspicions. Le directeur général du *Parisien libéré* s'était-il « entiché » d'une jeune femme au passé trouble ? N'avait-elle pas divorcé déjà une fois ? De surcroît, elle s'apprêtait à quitter son deuxième mari au bout de huit mois de mariage... Personnage étrange, celle-là. Petite et frêle, elle rafle à la fois un prix et un homme. Serait-elle une intrigante venue de l'Est, une aventurière mise sur le chemin du patron du quotidien populaire gaulliste de grande influence ? J'étais un « cas » à définir. À déterminer.

Le succès mondial de *J'ai quinze ans* éveillait les curiosités. Malgré les réticences attachées aux « faux couples », on invitait de plus en plus Claude Bellanger en ajoutant : « Venez tous les deux. On sera ravis de la connaître. » « La », c'était moi. Des repas ont eu lieu chez ses proches relations, où je subissais le laser des regards. En général, ceux qui voulaient me voir de près lisaient avant mon arrivée *J'ai quinze ans* ; dans des cas plus exceptionnels *Dieu est en retard*. Je répondais à une liste de questions. En ces occasions — c'était chaque fois comme des sauts à travers des cercles de feu —, C.B. évoquait mon contrat de longue durée avec Gallimard, et mon pedigree parisien y gagnait de l'éclat. J'étais de moins en moins secrète dans la vie de Claude Bellanger. Autour de lui, j'apercevais des personnages impressionnants, des noms connus, importants sans doute, souvent des décorations aux boutonnières. Certains me regardaient avec bienveillance ; les femmes, avec une inquiétude à peine camouflée. J'étais la « maladie » que leur conjoint aurait pu attraper aussi. « Elle a été déjà mariée, susurrait-on. Elle a un enfant. Elle a commencé tôt... » Ce n'était pas faux.

C.B., en attendant de s'attaquer à sa rupture, était heureux de retrouver son fantasme lors de mes séjours à Paris. Une jeune femme qui ne se plaint jamais s'il arrive tard, qui ne demande aucun renseignement sur le journal, ni de nouvelles de sa journée. Qui offre la paix. Le temps de décompresser. J'étais Schéhérazade devant un jambon-salade. C.B. me servait de test. Ce journaliste qui vivait dans l'actualité était souvent invité sur mon tapis volant à explorer l'univers de mes histoires.

Ayant connu dès l'enfance les habitudes des couche-tard, je supportais donc nos dîners tardifs. Lors d'un voyage à New York, j'ai éprouvé un intérêt aigu pour le fameux zoo de Brooklyn et son secteur d'animaux de la nuit logés dans une sorte de caverne artificielle, où les cages sont placées le long des murs. Les bêtes ne bougent que dans l'obscurité, la moindre lumière les fait fuir dans leurs abris. J'observais des corps tapis contre de faux rochers, des regards presque phosphorescents. J'ai longuement fixé une chouette qui, même dans cette obscurité artificielle, soutenait mon regard.

À Budapest, la gosse prématurément mûrie sortait de sa chambre vers minuit – poussée par la curiosité –, et apercevait les adultes au salon. Mon père parlait, jouait avec les mots. Pétillant, spirituel, il alimentait sa verve à la fumée bleue de son cigare. Maman apportait des gâteaux que la cuisinière avait préparés dans l'office. L'odeur du café se répandait. Quand mon frère Alain était à la maison, il invitait souvent de jeunes écrivains « issus du peuple ». Ils avaient une moustache et remuaient le passé et le futur, avec un seul but : décrire la vie du peuple hongrois dont l'histoire se situait entre « hier » et « il y a mille ans ». Ils procédaient sur le plan intellectuel comme Bartok sur le plan musical.

Je connaissais les réunions prolongées tard dans la soirée. Mais moi, qui espérais exister un jour selon ma propre personnalité, selon mon propre rythme, j'aurais aimé me coucher tôt et me réveiller tôt le matin, lucide sans l'indispensable café surcaféiné. Les jours où Claude Bellanger me prévenait qu'il arriverait particulièrement tard, je prenais un comprimé de vitamine C dans l'après-midi. Je pouvais donc l'écouter, les yeux brillants, jusqu'à 23 heures. Je m'interdisais de bâiller. J'avalais le sommeil, sans l'ombre d'un mouvement de mâchoire. Lors de ces « soupers » – sans autre théâtre que les drames des pays évoqués –, il me questionnait sur mon travail de la journée. « Tu as déjà écrit ce passage ou tu vas l'écrire demain ? » demandait-il souvent. Je craignais de le déranger un jour. Aucun de mes livres n'était anodin. Les caractères de mes personnages étaient conditionnés par leur situation ethnique, géographique, historique. La littérature « mondaine » me laissait indifférente. Les convulsions du monde étaient infiniment plus intéressantes que celles des couples, sinon des familles. Oui, un jour je gênerais C.B. Il me disait : « Ne pense jamais à moi, ni au journal, ni à l'opinion publique. Écris ! Libre ! Totalement libre. »

Grâce à lui, mes textes étaient propres : une secrétaire qu'il avait engagée à ses frais dactylographiait mes pages manuscrites. Lorsque je retrouvais mon texte — presque comme imprimé — sur les feuilles nettes, tous leurs défauts me sautaient à la figure. Je commençais alors la réécriture. Recomposer les phrases entre les lignes, renvoyer par des flèches un paragraphe avant l'autre, souligner, tracer des petits ronds qui expédiaient la lecture vers d'autres petits points rouges : cette méthode me permettait d'affiner le texte. Je cherchais avec un intérêt dévorant l'expression exacte dans les dictionnaires, je plongeais au plus profond de la racine des mots. J'étais riche enfin de plusieurs dictionnaires, de gros volumes et de textes qui analysaient les cas compliqués de la grammaire française.

Éternelle étudiante, dans les périodes où j'étais seule, sans ma fille, je me retrouvais auditeur libre à la Sorbonne. Quelle félicité d'apprendre, quelle extravagante sensation de croquer une infime parcelle de connaissance de plus ! Je rêvais d'agrégations diverses comme d'autres de diamants.

La seule langue qui ne gênait pas « mon » français était l'anglais. Je suivais aussi des cours de littérature anglaise, mais de manière irrégulière. Ce n'était que de la gourmandise. En vivant dans l'ombre de C.B., je pouvais me consacrer au perfectionnement du français, m'y engouffrer, m'y fondre, l'aimer. Nos conversations, qui se prolongeaient dans la nuit, nos étreintes, nos sommeils enlacés étaient les signes extérieurs de la plus étrange des transfusions. Celle d'une langue par l'intermédiaire d'un amour extrême.

J'adorais les mots, pour moi tout neufs. Ils me « requinquaient », comme on dit dans le Nord. Je les collectionnais comme d'autres les timbres. Sitôt que je m'aventurais à l'extérieur, hors de mon huis-clos, la réalité attaquait. Je me voyais marcher dans un tunnel, un manuscrit sous le bras, tenant ma fille par la main. À l'autre bout, à la sortie, la silhouette auréolée de lumière de C.B. De mon côté du tunnel, derrière moi, mes parents.

Pour leur apprendre mon changement de vie, je devais leur rendre visite. L'hypothèse de leur « transplantation » à Paris ne pouvait s'exprimer que de vive voix. Pour Maman, ce changement représenterait sans doute un bonheur ; pour mon père, un choc de plus mais, en contrepartie, il aurait ma présence presque quotidienne. C.B. respectait cette relation passionnelle entre moi et mes parents, il trouvait naturel que je me sente, en quelque sorte, responsable d'eux, il désirait partager ce poids. Mon frère aîné s'installerait à Vienne, plus proche de la Hongrie où il était – lui – enraciné. Mon autre frère, le compositeur, allait avec succès à la conquête internationale du monde musical.

Mes deux frères étaient différents de moi. Ils ressemblaient à des arbres hongrois transplantés en terre étrangère. L'aîné, Alain, vivait exclusivement pour la Hongrie. Il avait passé son existence – sur le plan littéraire et artistique – au service de son pays. Que savait-il, mon frère ? Quel message voulait-il me transmettre en me serrant contre lui, les yeux embués d'émotion, dès qu'il découvrait un personnage juif dans mes écrits ?

Les différences d'âge entre mes frères et moi étaient considérables. Moi, « la petite », j'ai été, dès mes premiers pas, envahie du désir d'être « ailleurs ». Sans doute, les années difficiles que ma mère avait traversées dans une famille qui la snobait l'avaient rendue elle aussi hostile à la Hongrie. Qui aurait pu mieux recevoir et absorber sa haine que la petite fille à qui elle expliquait que le seul but de l'existence, pour quelqu'un de « normal », était de quitter la Hongrie ? « Fuir ces gens insupportables, ces fureteurs, ces nationalistes malades de leur xénophobie. Il faut être élevé dans plusieurs langues, comme je l'ai fait avec toi. Tu choisiras ensuite ta langue d'écriture et le pays où tu voudras vivre. Tu ne seras heureuse que dans un pays libéral, sorti de l'obscurantisme. Il y aura au moins dans cette famille une personne libérée du joug du nationalisme. » Hélas, elle avait été trop écrasée sous la pression du silence – du moins tenue par un serment de secret – pour me laisser en héritage le vrai itinéraire de la grand-mère polonaise maltraitée et désavouée.

Je développais mon côté caméléon. J'étais née pour être heureuse à l'endroit où je me sentirais libre de travailler, de m'exprimer. Dévorer le monde en français ou en anglais ? Parfois, à Paris, dans des moments difficiles, le visage de Greg m'apparaissait. J'essayais de le chasser, C.B. en était jaloux. Parler, communiquer les idées et les sentiments. Sans cesse apprendre. L'unique mal du pays que j'ai ressenti dans ma vie, ce fut après une longue absence de France, après le décès de C.B. Seule déjà depuis des années, j'étais invitée à Chicago. Au bout de quarante-huit heures, ayant compris l'erreur que j'allais faire en acceptant de commencer une nouvelle vie là-bas auprès d'un Américain – je n'avais pour lui aucun sentiment, je trouvais seulement l'aventure intéressante –, après une nuit de réflexion, j'ai repris l'avion pour Paris et j'ai débarqué à Roissy comme sur la terre promise. « Enfin chez moi », ai-je pensé.

***

Mais revenons aux tourments du début de l'année 1956. Je devais préparer mon terrain de rupture à Bruxelles. Personne ne soupçonnait mes projets de départ. Le sénateur R. et son épouse suivaient mes pérégrinations sans l'ombre d'une réticence. M. R. considérait que les fréquents contacts avec mes éditeurs français étaient importants : « Dès que vous vous éloignez de Paris, on vous oublie. Restez chez Gallimard, c'est le grand éditeur de littérature. Vous allez voir, dès que la pression politique et les opinions pro-soviétiques seront moins pesantes à Paris, *Dieu est en retard* trouvera sa place en France aussi. »

Claude Bellanger avait émis une idée étrange : et s'il louait un grand appartement où habiteraient mes parents et moi avec ma fille Anne, en attendant qu'on puisse s'installer ensemble ? Je l'ai regardé, effrayée. Cet homme surchargé de travail, se déplaçant d'une réunion à l'autre, intervenant lors des congrès, célèbre pour ses synthèses à la fin des réunions, était si désireux de m'avoir auprès de lui – à Paris – qu'il aurait hébergé toute une famille étrangère : un père âgé, une mère combative, leur fille pas encore divorcée de son jeune mari, l'enfant, plus une employée de maison ? Un vrai cauchemar.

J'ai déclaré qu'il était impossible de m'imaginer sous le même toit que mes parents. Qu'ils soient à Paris, que je puisse leur amener l'enfant, les voir, oui ! Mais habiter ensemble,

237

jamais. Je ne voulais plus de l'atmosphère souvent excitée, débordant de littérature, de musique, de politique, plus les souvenirs concernant la Hongrie, la condamnation de la situation actuelle et quelques reproches sournois adressés à C.B. concernant le traité de Trianon. J'imaginais Claude étonné devant un soudain accès d'hostilité exprimé par ma mère à l'égard de la Hongrie. C.B. avait constitué une image d'Épinal du pays où j'étais née. Une image obscurcie par la dictature. « Un jour, nous irons, dès que tu auras ton passeport français. » Bref, notre présent à Paris était déjà suffisamment lourd pour ne pas y ajouter les psychodrames de l'Europe centrale. Ce genre de réunion de famille disparate, il fallait le laisser à Pirandello et à Tchekhov.

Lors de mes départs de Paris pour Bruxelles, Claude Bellanger m'accompagnait à la gare du Nord, il restait sur le quai, je le regardais, collée contre la vitre comme un insecte. Je lui ai souvent demandé qu'il s'éloigne du quai. Non, il attendait le départ de ce maudit train.

À peine arrivée, je songeais déjà à mon re-départ pour Paris. Lors de ces retours où mes mensonges me serraient la gorge, je devais — comme une montre en cas de décalages horaires — régler mon comportement et mes attitudes. Il me semblait que le regard de Georges était de plus en plus froid. Sa mère trouvait mes déplacements pour Paris trop fréquents. Elle ne manquait aucune remarque aigre-douce au téléphone, dans le style : « Même si on a du succès, il ne faut pas s'éloigner de sa famille. » Dès qu'elle obtiendrait un visa, elle viendrait faire un peu d'ordre « dans tout cela ». En tant que veuve, elle pourrait peut-être un jour quitter la Hongrie pour rejoindre son fils. Cette hypothèse inquiétait Georges : « On ne peut héberger ma mère plus de quelques semaines. Le temps que nous trouvions un grand studio où elle s'installera. Si elle reste avec nous, notre mariage éclate. » Je savais que je devrais couvrir ces dépenses futures. J'aurais été capable de n'importe quel sacrifice pour pouvoir partir avec ma fille.

*
**

C.B. et moi, chacun à notre manière, nous reculions devant la perspective d'hostilités ouvertes. La paix apparente, l'ignorance feinte ou vraie des deux côtés – sa femme et mon mari –, nous permettaient de travailler. Mais ceux que la loi désignait comme nos « conjoints » devaient se douter que rien n'était comme avant. Ils espéraient peut-être que nous ferions en sorte que tout rentre dans l'ordre, en silence.

Depuis que j'étais entrée dans sa vie, C.B. avait changé. Il était devenu plus souriant, plus patient avec ses collaborateurs. Le chauffeur me dit un jour : « Depuis que Madame est Madame, Monsieur claque moins violemment la portière de la voiture. Avant, je devais aller tous les six mois chez le carrossier. » En effet, il paraissait plus détendu depuis que j'étais entrée dans sa vie. J'ai appris peu à peu qu'il cachait parfois difficilement, derrière un comportement de gentilhomme, sa misogynie. Il aurait aimé que les congrès de la Fédération internationale des éditeurs de journaux aient lieu uniquement entre participants masculins. Son mariage étant un échec, il était agacé par les couples qui semblaient vivre dans une parfaite harmonie. Il ne croyait pas à cette harmonie affichée. Il était emprisonné dans une structure familiale. Pour lui, amener ses enfants dans des musées les jours de congé était un devoir. Il se sentait obligé de bâtir des châteaux de sable sur des plages en été pour rester conforme à l'image du père

239

occupé toute l'année, mais qui se consacre pendant les vacances à ses enfants.

Le journal absorbait quatre-vingts pour cent de son existence. Il négociait, au prix de nombreuses réunions, la séparation de l'Agence France-Presse et de l'État, donc du pouvoir. Le dimanche, sa femme partait avec leurs fils pour leur maison de campagne, lui restait à Paris dans son bureau-bibliothèque où il ouvrait pour la nuit un lit étroit. Il s'était construit une existence de célibataire. Lui et sa femme assistaient parfois ensemble à des enterrements. Je n'ai jamais demandé la raison. Était-ce une habitude française, l'armistice le temps d'un enterrement, même s'il s'agissait de quelqu'un d'étranger à la famille ? Je ne l'ai jamais su.

Les chroniques *people* existaient à peine. Ceux qui voulaient garder leurs secrets sentimentaux le pouvaient, une chape de silence les recouvrait. La France des années 1950-60 faisait semblant d'ignorer les « doubles vies ». La grande ou la moyenne bourgeoisie se défendaient par le mutisme des ruptures gênantes.

C.B. avait un emploi du temps serré. Le journal, ses activités dans la presse internationale, sa collection de documents de presse dont il tenait le fichier à jour consommaient chaque minute de sa journée. Il concevait déjà, grâce à de petites notes jetées souvent en vrac dans des dossiers, son livre sur *La Presse clandestine* en 1940-44. Il m'a raconté qu'entre 1943 et 1944, les journaux clandestins avaient atteint des tirages de plus de cent mille exemplaires. Certains avaient réussi l'incroyable tour de force de paraître régulièrement chaque semaine. Il ajoutait : « Mais que de périls pour obtenir ces résultats, et combien de patriotes y ont laissé leur vie ! »

240

Avant mon arrivée dans son existence, il réservait dix pour cent de son temps pour sa vie privée. Sur les dix pour cent, j'en ai eu huit. Il lui en restait deux pour rencontrer ses fils et changer de vêtements.

Selon le schéma classique, le coup de foudre entre C.B. et moi aurait dû devenir une liaison, une aventure liée à un livre. La rencontre d'une jeune femme parfaitement inconnue quelques mois plus tôt et d'un homme au sommet de sa carrière. Il aurait dû – selon les mœurs en vigueur –, par crainte de la réaction de ses fils – qui avaient à l'époque, je crois, huit et quatorze ans –, faire marche arrière. S'il n'y avait eu entre nous qu'un rapprochement physique, une flambée épidermique, l'« affaire » aurait pu se tasser. Non : il s'agissait de beaucoup plus.

Dans cette période de transition, la vie passait de week-end en week-end volés, d'interview en interview, de rencontre d'éditeur en rencontre d'éditeur. *J'ai quinze ans* attirait toujours de nouveaux contrats. Le nombre des traductions me semblait féerique. Il y eut même des années plus tard une édition estonienne clandestine !

Tout en essayant de former des projections mentales pour l'avenir, j'entraînais Claude Bellanger à parler de lui. De sa personne. Son « je » n'existait guère. Il y avait « La Résistance », « Le journal », « L'Agence France-Presse », « La collection de presse », la préparation de *L'Histoire de la presse clandestine* et le grand projet de toute une équipe : *L'Histoire générale de la presse française*, dont C.B. a écrit le chapitre sur « La presse clandestine de 1940 à 1944 », et ceux de « La presse française de la IVe République » et « La presse de la Ve République ». Je devais presque le forcer à parler de lui-même.

241

Le premier tome de l'œuvre en cinq volumes m'a été dédicacé : « À ma Christine chérie, grâce à qui je suis né une seconde fois et sans qui je n'aurais pas réussi à trouver toute ma place dans ce livre. Avec mon amour infini, avec ma passion, Claude. Août 1969. » Le cinquième et dernier volume m'est également adressé : « À ma Christine aimée – cette histoire toute brûlante vécue côte à côte – en souhaitant que ce dernier gros volume fasse pardonner et oublier tant d'étés de travaux forcés ! Avec mon amoureuse passion et ma tendresse. Claude. 24.2.76 ... le jour du service de presse de ton merveilleux *Cavalier mongol*. »

Quand il s'agissait de sa personne privée, il se livrait avec une grande difficulté. J'ai appris par quelques phrases anodines qu'il correspondait avec sa femme « par des petits papiers que je laisse sur la bordure de la cheminée, dans l'entrée. J'indique aussi mes absences de la semaine, le jour où je prends un repas à la maison pour voir les enfants ».

J'avais bloqué la machine familiale qui depuis longtemps roulait toute seule. Un jour j'ai demandé : « C'était un mariage d'amour ? – Amour ? Je ne sais pas. Pour moi, cette notion n'avait pas le même sens avant toi. Un Français se marie facilement avant d'être mobilisé pour avoir quelqu'un à qui écrire. – C'est tout ? – Oui. » J'entrais dans la mentalité d'un autre pays. Peu à peu, j'apprenais des notions simples, reçues de ses parents, j'imagine. Ce qu'était un « bon » Français. La nature, vraie ou supposée, d'un Lillois et d'un Angevin. Sa mère – me dit C.B. – serait étonnée lorsqu'elle me connaîtrait mieux, c'est-à-dire quand elle saurait que la jeune femme qui signait son livre à Angers était devenue l'essentiel de la vie de son fils. Il s'était produit, avait-elle raconté un jour, une « affaire » dans la famille, cent ou cent cinquante ans auparavant. Un baron austro-hongrois avait traversé l'existence apparemment paisible de cette grande famille et laissé en souvenir un enfant naturel.

Claude voulait me faire connaître de son entourage amical et professionnel. « La France, disait-il, protège l'amour. – Quelle chance ! » répondais-je sans l'ombre d'une conviction.

*
**

Un jour, à l'un de mes redoutables retours, par un vilain temps – une giboulée de mars martelait Bruxelles –, je sus que je devais affronter Georges. J'ai pris un taxi à la gare. Je n'avais qu'un grand sac à main, car mes affaires de Paris restaient dans la penderie de ma double vie. Je venais à Bruxelles comme si je rendais visite à mon passé. La petite boudait quand elle se trouvait seule avec Georges. À mon arrivée, j'ai à peine pu l'embrasser, elle est partie dans sa chambre, fâchée. « Qu'est-ce qu'elle a ? – Le mal de mère », a dit Georges. Il avait acheté une pizza, « pour le dîner », a-t-il répondu. La grande boîte plate était déposée à la cuisine. Nous étions dans la pièce du milieu. Je parlais en sourdine : la petite ne devait pas m'entendre.

— Je suis tout à fait navrée, j'ai quelque chose de désagréable à t'annoncer. Peut-être tu le prendras moins mal que je le crains.

— Quoi donc ?

Il cherchait son paquet de cigarettes.

— Je vais te quitter.

— Tu vas faire quoi ?

— Te quitter.

J'ai ajouté, plus émue que lui, tant je craignais de lui faire du mal :

— Je voudrais divorcer. Je te prépare un café ?

— Pourquoi voudrais-tu divorcer ? a-t-il demandé en me suivant à la cuisine.

J'étais malade d'angoisse. En baissant la tête, j'ai remarqué les défauts dans le carrelage de la cuisine. N'avais-je pas dit, il y avait des années-lumière, qu'au cas où je gagnerais le prix, je les ferais remplacer ? Ils resteraient cassés. Posée entre la cuisinière à gaz et un placard, la pizza allait refroidir. J'ai mis des tasses sur la table et pris un par un des petits gâteaux dans une longue boîte marquée « Délices pour le goûter ». Il fallait doser le café moulu, j'en ai mis partout.

— Fais attention, a-t-il dit.

Je regardais la cafetière italienne. L'eau montait lentement. Même l'odeur, il fallait l'attendre.

— Quel est ton problème ? a-t-il demandé d'un ton doctoral.

— J'aime quelqu'un. Je ne changerai pas d'avis. Je te quitte. Je suis navrée, mais c'est ainsi.

Laborieusement, il a pris deux morceaux de sucre dans un bol en faïence épaisse et les a jetés dans sa tasse. La cafetière râlait, enfin montait une odeur de café. Les joues de Georges étaient colorées. L'émotion, sans doute.

— Qui ?

— Un Français.

— Tu l'as connu quand ?

— Le 17 décembre 1954. Le jour du Prix Vérité.

Il réfléchit.

— Je t'avais bien dit que tu n'aurais pas dû y aller. Tant pis. Rien n'est définitif. C'est peut-être juste un caprice.

— Non. Pas un caprice. J'aime pour la première fois de ma vie. Je veux dire, d'amour.

Il s'est levé pour aller chercher une petite cuillère. Il avait l'habitude — devenue pour moi détestable — de remuer longtemps son café. Un jour, je lui avais dit qu'une tasse n'est pas le chaudron de Macbeth. Il n'avait pas trouvé ma remarque drôle.

— Pour la première fois ? Et moi dans tout cela ?

— Ne m'en veux pas. Je me suis mal exprimée. Nous nous aimions aussi, mais ce n'était qu'une aventure d'étudiants.

— Était ? Tu es ma femme.

Tomber dans un gouffre. Le jeune homme qui remue toujours son café utilise l'argument du papier signé dans une mairie.

— Ma femme. Ça veut dire quoi, « ma femme » ? Un acte de mariage n'est qu'un papier.

— Mais, pour le défaire, a-t-il dit, ça prend du temps. Tu en sais quelque chose.

Allusion au « mariage blanc ».

— J'aime quelqu'un, ai-je répété.

— Tu m'épates. Je n'ai jamais pensé que tu puisses tomber amoureuse de quelqu'un d'autre que moi, a-t-il dit.

Je faisais mon apprentissage. Le fils de l'ambassadeur, comme tant d'autres hommes, se croyait unique.

— Ce que je ressens pour lui est d'une force jusqu'ici inconnue de moi.

J'avais l'impression désorientante d'utiliser les répliques d'une pièce de théâtre. Je parlais comme une Eurydice animée par Anouilh. « Ressentir », « force de l'amour ». Pas mon style. Mais il fallait qu'il comprenne. Si j'avais dit : « Cette rencontre est une évidence absolue », il aurait posé sur moi un regard un peu perplexe.

— Je ne te comprends pas. On ne change pas d'amour comme ça. Tu m'as dit que tu m'aimais. J'ai des preuves. Tu m'as envoyé à Paris une photo, de Kufstein. Tu avais gommé les mots au crayon. Mais j'ai pu les lire en relief : « Je vous aime. » Tu vois, tu m'as aimé !

Je ne voulais pas aggraver mon cas. Lui dire que sur la photo, la phrase gommée était adressée à quelqu'un d'autre. À mon Amérindien, que Maman appelait le « Peau-Rouge ». Comme ces mots — « je vous aime » — représentaient peu pour moi à l'époque ! Je les avais trouvés romantiques. Et je me vengeais aussi du « mariage blanc », du fait que je ne pouvais pas partir avec Greg. Ces mots, je les avais gommés pour réutiliser la photo. Je n'avais pas pensé aux empreintes des lettres qu'on pourrait encore déchiffrer.

— Son nom ?

— Je te le dirai. Il est marié.

— De mieux en mieux. Sa femme connaît la nouvelle ?

— Pas officiellement.

Il était indigné.

— Un homme marié ose draguer une femme mariée ? Tu es tombée dans un piège vraiment français. Tous des coureurs.

Il a avalé une grande bouffée de fumée.

— Je peux te pardonner, si tu ne me parles plus jamais de lui. Considère l'affaire comme non existante et j'oublie tout. Paris me semblait louche. J'avais raison.

Pour lui, le « louche » englobait tout ce qui était en dehors des normes connues et admises.

— Je te le répète : je te quitte...

J'ai pris une bouchée de biscuits enduits d'abricot. J'ai mis des années ensuite à supporter le goût des abricots.

— Et qui est cette personne pour qui tu veux me quitter ?

Sa naïveté, feinte ou réelle, me faisait frémir. Il y avait une drôle de pente à remonter. Nous étions apparemment calmes, soudain presque inertes. Un peu comme les « chirurgiens » philippins qui opèrent sans anesthésie, les mains nues. Grâce à son éducation parfaite et à mon sang-froid, nous avons bientôt parlé de notre vie comme des qualités ou des avantages d'un produit exposé dans un rayon de supermarché. Un détachement glacé venait à notre aide.

— Claude Bellanger. Il est directeur général du *Parisien libéré*. Au cours de la délibération du jury du Prix Vérité, il a obtenu la majorité des voix grâce à Duhamel.

— Et toi en prime, a-t-il lancé.

Il cherchait son paquet pour allumer une autre cigarette. Je voulais lui donner du feu avec le briquet à quatre sous qui traînait sur la toile cirée de la table. Il l'a pris lui-même et l'a fait fonctionner.

— Je t'écoute, a-t-il dit.

— Coup de foudre.

— Sans blague. Tu me prends pour un idiot ?

J'ai protesté :

— Je t'assure, au moment où je l'ai rencontré, j'ai été saisie par son rayonnement, par sa personnalité.

— Garde ce genre de bobards pour tes romans. La vie est différente. Nous sommes mariés, nous avons un enfant et ma mère arrive bientôt. Alors, cette histoire, à d'autres !

J'étais d'une douceur parfaite. Je lui ai dit avoir vu, en passant devant un garage, une petite Morris d'occasion que je lui offrirais. Le moteur venait d'être révisé.

— Je n'en ai pas besoin, a-t-il dit. Tu l'as vue où ?

Jeune homme de famille aisée, il avait eu sa voiture à Budapest dès qu'il avait obtenu son permis. Je devais ménager son amour-propre.

— Ce ne serait pas mal, une voiture pour transporter Anne chez les R. Avec ses jouets.

— Pas mauvaise idée, a-t-il dit.

Je pensais aussi lui faire miroiter une raquette « superbe », mais j'avais peur d'aller trop loin en flattant son côté d'ancien enfant gâté. Il était plus intelligent que ça. Peu à peu, je l'ai amadoué. Je lui ai expliqué que, s'il me laissait partir, je reviendrais peut-être un jour.

— En attendant, nous serions amis. Dès que ma liberté me sera rendue, je te verrai plus souvent qu'avant. Je veux surtout partir, parce que je me sens emprisonnée par l'acte de mariage.

— Le nôtre, a-t-il dit, étonnamment lucide. J'imagine qu'un jour tu voudras épouser Claude Bellanger.

— C'est loin.

— Tu attendras. Pour la petite, ça va être terrible.

J'administrais mes intentions à petites doses.

— Je la prendrai avec moi à Paris.

— Notre fille ?

— Notre fille, tu l'auras pour les vacances. Petites et grandes. Les visites seront à mes frais. L'enfant te sera amenée, selon les dates que nous allons fixer nous-mêmes.

La petite avait dû nous entendre de l'autre pièce. Elle avait tourné la tête vers nous. Elle semblait inquiète. J'étais perplexe et me sentais coupable. À cette époque, le divorce n'était pas encore banalisé. Il apparaissait comme un drame, une rupture qui laisserait des traces indélébiles à un enfant. D'où les « doubles vies » érigées en institutions.

— Tu imagines la réaction des R. et de la famille d'A. ?

La famille d'A. nous avait accueillis lorsque nous arrivions, exsangues, de Paris. La comtesse d'A., fervente catholique, était la marraine d'Anne.

— Et ma mère ! a-t-il ajouté. Elle va tout essayer pour te dissuader de commettre un acte pareil.

Je commençais à me rebeller.

— Ce n'est quand même pas un crime...

— Presque, a-t-il dit.

Il tenta de me perturber en évoquant l'opinion désastreuse qu'exprimeraient les amis belges.

— Ils nous prendront en grippe. Ils seront indignés, offusqués.

Ce jeune homme de vingt-quatre ans avait un vocabulaire de vieux.

— Tu exagères, ai-je dit.

Je lui expliquai que nous étions tous les deux trop jeunes pour mesurer la promesse que représentait une union pour l'« éternité ».

— On ne peut pas être sûr à vingt ans qu'on ne s'ennuiera pas à quatre-vingts. Déjà, la routine a failli me tuer, ai-je dit.

— Quelle routine ?

— Les mêmes mots, les mêmes gestes, les mêmes programmes.

— Et notre mariage religieux ? a-t-il lancé, vindicatif.

— Il n'a aucune valeur, ce mariage religieux. Le prêtre ne l'était — mentalement — plus, prêtre. C'est lui qui l'a affirmé. Il est défroqué depuis. Il savait, au moment où il prononçait les mots jugés « éternels », que cette farce céleste était faite pour contenter ma mère.

— Tu veux faire avaler ça à nos amis belges ? Ce sont tous des chrétiens fervents.

— Je ne suis pas une chrétienne fervente. Je ne suis rien du tout, pourquoi devrais-je « expliquer » tant de choses ?

— Parce que nous allons construire notre vie ici et que la pression de l'opinion est importante.

— Nous n'allons rien construire.

J'ai toujours détesté les expressions de maçon lorsqu'on parle du mariage. « Construire sur des bases solides », « étape par étape », « cimenter l'union », etc.

— Je vais annoncer mon départ et je me chargerai de la responsabilité de ce naufrage !

Au moins, cette expression n'était pas encore usée. Je sortais du « bâtiment » pour aller vers la mer. Vers un bateau.

— Tu seras l'agneau sacrifié, ai-je continué. On va t'aimer davantage. Tu seras protégé. L'homme blessé. Ça te plaît ?

C'était la phrase de trop. Il a balayé d'un geste violent les tasses qui ont atterri sur le carrelage de la cuisine. La petite a commencé à pleurer. Elle avait compris qu'il se passait quelque chose. Je me suis précipitée et l'ai prise dans mes bras, traversée par un soudain pressentiment, une intuition. Cet enfant me ferait souffrir un jour. Si Georges voulait me l'enlever ? J'ai éprouvé une peur violente. Plus tard, j'ai appris à mes dépens que, si on veut se préserver de ce genre de douleur, il ne faut pas avoir d'enfant. Mais qu'est-ce qui fait le plus mal : en avoir ou pas ?

Georges, calmé, a demandé des renseignements, comme à un guichet de gare : « Quand ? » « Où ? »

— C.B., je l'ai rencontré pour la première fois lors du Prix Vérité. Il dirige ce journal... Oui, j'ai senti au moment même où je l'ai vu qu'il était l'homme...

Georges m'a coupée :

— Providentiel ?

— Sans doute.

J'ai essayé d'atténuer le choc en me dénigrant, en me présentant comme un être difficile à supporter, dont on doit se libérer avec plaisir. Ce n'était même pas inexact.

— Georges, tu es si jeune ! Tu pourrais avoir une vie agréable avec une femme paisible, d'autres enfants.

Ça y est, ai-je pensé. Je vulgarise. À ce rythme, ma fille va devenir un objet sur une étagère de supermarché. Des enfants en plus. Dans le chariot.

— Tu es un si bon père. Tu devrais avoir une famille nombreuse.

Tout cela était faux, sonnait faux. Mais j'insistais.

— Tu imagines : le bonheur de ne pas écouter mes projets, les histoires que j'écris ? Quel repos ce serait, une femme qui se consacrerait à toi. À toi seul.

— Tu es fatigante, mais intéressante, a-t-il dit en allumant une cigarette de plus. Inquiétante aussi. La preuve : tu m'annonces cette nouvelle si simplement, si...

— Ç'aurait sans doute été plus commode de te laisser une lettre, avant de partir avec ma fille...

Il se montra soudain hostile :

— Partir avec ma fille ? Tu plaisantes ? Je t'aurais rejointe à Paris et je l'aurais reprise. D'ailleurs, pour le moment, tu n'as aucun papier qui te permette une installation dans un autre pays que la Belgique. Il faut que je te donne une autorisation,

251

comme pour la location de ton appartement. Sinon c'est l'abandon du domicile conjugal et bye bye Anne.

Il n'était pas aussi indifférent que je l'avais espéré.

— Nous n'en sommes pas encore à ce stade. Procédons avec douceur.

Un détestable sentiment de responsabilité m'envahit, mais je ne demandais pas mieux que de payer pour me libérer. Je commençais à disposer de sommes importantes chez Fayard. Selon le service comptable de l'éditeur, j'avais intérêt à charger un fiscaliste de mes futures déclarations d'impôts. Une apatride qui gagnait de l'argent en France habitait encore, avec un permis de séjour provisoire, en Belgique. Elle venait d'obtenir un permis de résidence — provisoire toujours — en France. Des deux pays, quelles étaient les lois qui s'appliquaient à elle ? Georges devait être au courant de chaque centime que je gagnais parce que, lui, il payait selon son salaire et en proportion de nos gains additionnés. Ce sont les aspects étranges d'un papier qu'on appelle « acte de mariage » : à peine a-t-on quitté l'oreiller qu'on fait les comptes.

*
**

La période à traverser, transition entre la rupture et la vie nouvelle, s'annonçait pénible. Georges gardait une attitude réservée. Il m'a juste dit, après un dîner où nous faisions semblant d'être un couple calme pour apaiser les inquiétudes de l'enfant, que mon abstinence physique devait sans doute quelque chose à ma rencontre avec C.B. Et je lui ai dit que, en effet, c'était ainsi.

— J'aimerais savoir comment sa femme va accepter d'être abandonnée.

252

— Ce n'est pas ton problème.

— Si. On peut craindre une atmosphère de bagarre conjugale. Ma fille ne doit pas souffrir de ce déplacement, qui sera peut-être provisoire : ma mère va nous rejoindre bientôt.

— Nous rejoindre ?

— Oui. Habiter avec nous, ici. Si tu t'en vas, elle restera ici et prendra soin de la petite.

— Exclu, ai-je dit.

— Tu verras quand elle sera là. Son caractère. Moins commode que le mien.

En effet, j'ai vu.

*
**

En attendant, je survivais grâce à ma petite chambre. J'écrivais la suite de *J'ai quinze ans*, que j'intitulerais *Il n'est pas si facile de vivre.* C.B. intervenait à Paris pour obtenir mon permis d'installation. Tous les documents qu'il fallait réunir faisaient de moi une femme frivole qui change de pays et d'homme selon ses mouvements d'humeur.

En attendant l'occasion propice d'avouer au sénateur R. ma décision de partir, je comptais les jours que je devais encore passer à Bruxelles. Je dépérissais d'impatience. Enfin j'ai trouvé l'occasion de faire mes aveux ! R. m'a écoutée, il a froncé ses sourcils épais, plus blancs et plus fournis que jamais. Il m'a dit d'une manière presque distraite – sans doute pour ne pas alourdir l'atmosphère – que l'événement que je lui annonçais ne l'étonnait qu'à moitié. Il lui semblait, ajouta-t-il dit délicatement, que j'étais plus adulte que mon jeune mari. En dehors de cette réflexion, il n'a ajouté aucune leçon de morale. Il est resté pratique. Il m'a demandé si je souhaitais qu'il entre en contact avec Claude Bellanger, qui pourrait lui indiquer la nature des documents dont j'aurais besoin pour la transplantation d'un pays à l'autre. J'ai souhaité qu'il informe plutôt Mme R., avec les précautions d'usage. J'espérais qu'elle me garderait sa sympathie. Le sénateur a réussi cet exploit psychologique.

Ma fille allait passer les vacances de Pâques chez les R. Je projetais de partir avec C.B. au cap d'Antibes. Pour éviter les soupçons de Georges, malgré le fait que je me considérais – à tort – déjà libre, j'ai annoncé que je passerais les fêtes de Pâques à Paris.

Trois jours avant le départ, j'ai eu mal à la gorge. J'avais l'impression que l'intérieur de ma bouche rétrécissait et que ma langue gonflait. Avaler ma salive était une souffrance. Claude Bellanger s'inquiétait : « Je t'entends à peine. As-tu un médecin ? Tu as une angine carabinée, mon amour. Ne pense même plus à notre voyage. Je vais te soigner dans l'appartement de Paris. Viens ! J'ai annoncé chez moi mon départ pour une semaine. Je vais m'installer à Neuilly auprès de toi. » Je lui ai dit timidement que l'idée était merveilleuse, mais que je préférais le retrouver guérie.

À la veille de mon départ hypothétique – Anne était déjà chez les R. –, je me suis réveillée au petit matin avec l'impression que ma tête avait doublé de volume et que ma gorge n'était plus qu'un tuyau sec. Je me suis levée, précipitée à la salle de bains et, dans le miroir vieillot, tacheté, j'ai aperçu un monstre. Moi. J'étais sortie d'un méchant récit de science-fiction, d'un conte de fées vénéneux que Grimm aurait jeté à la poubelle plutôt que de le donner à son éditeur. Mon cou devait avoir le diamètre de celui d'un lutteur de sumo, mes yeux étaient minuscules, mes joues auraient fait envie aux hamsters les plus soucieux d'entasser des graines pour l'hiver. J'avais les oreillons.

C'était à peine un râle qui sortait de ma bouche. Georges était déjà parti à son bureau. J'ai eu peur : si Anne couvait les oreillons, elle allait contaminer la famille qui l'accueillait. J'ai appelé Mme R. pour lui annoncer ma maladie. Elle se montra étonnée, mais sans l'ombre d'une crainte. Ses fils étaient déjà partis en différents coins d'Europe pour leurs vacances de Pâques, elle était seule avec le sénateur qui avait déjà eu les oreillons, tout comme elle, il y avait longtemps.

J'ai appelé le médecin que nous connaissions. Il promit de passer avant midi. Ce qu'il fit. Il m'a examinée, m'assurant que lui-même avait déjà eu les oreillons. Je mesurais le danger de la contagion et m'attendais à une réaction affolée de Georges qui devait rentrer vers midi et demi. À la place d'un déjeuner, l'attendait une femme devenue un monstre difforme à partir des épaules. Il n'avait pas encore eu cette maladie, lui. Comme nous avions une vie sans contact physique – depuis longtemps il n'y avait même plus entre nous d'accolades –, peut-être y échapperait-il.

Quand il m'a aperçue, il s'est exclamé : « Quelle horreur ! Les oreillons ? » Il recula, resta sur le palier. Je lui ai dit que j'avais soif : « Il me faudrait un peu de lait et des pailles pour pouvoir siroter quelques gorgées de liquide. » Il y avait aussi des comprimés à acheter, à prendre dilués.

Ensuite, j'ai appelé Claude Bellanger sur sa ligne directe. Georges m'a apporté le téléphone, qu'il ne voulait plus toucher. Il y avait une cabine dans la rue, en cas de besoin il téléphonerait dehors.

Claude avait une réunion. Je lui ai demandé d'une voix rauque si je pouvais lui parler. « J'ai cinq personnes en face de moi. Est-ce que c'est urgent ? » J'ai répondu que pas forcément, mais qu'il faudrait m'appeler dès qu'il le pourrait. « Bien sûr, a-t-il dit. Il y a un problème ? – Oui. » Une demi-heure plus tard, il m'a appelée. Je lui ai dit que j'avais les oreillons. Il était sans doute étonnant que la femme de ses fantasmes, sa jeune maîtresse, celle qui ne posait jamais aucun autre problème que ses papiers d'identité ait une maladie dite de l'enfance. Dans l'élan de son grand amour, il m'a dit qu'il allait me rendre visite : « Maintenant que ton mari est au courant, peut-être... – Pour rien au monde, ai-je chuchoté. Pour rien au monde. Je t'en supplie, ne viens pas : tu ne peux pas me voir dans cet état-là. Je préférerais mourir. – En effet, a-t-il dit, soudain un peu distrait. Ça fait gonfler la gorge, je crois, et les joues aussi. Mais qu'importe : tu es toujours magnifique ! Tu es la plus belle, la plus merveilleuse... » J'ai juste pu articuler entre deux râles : « Merci, surtout ne te déplace pas. Je n'ai besoin de rien. »

Pendant cette semaine d'épreuve physique et de douleurs insoupçonnées – peut-être les enfants souffrent-ils moins –, Georges déposait devant ma porte du lait, des bouteilles d'eau et des verres. Je m'imaginais au Moyen Age, dans la situation d'une lépreuse. Il a demandé que je le prévienne quand je voudrais sortir. Il ne manquait plus que la clochette pour lui signaler que j'allais me rafraîchir à la salle de bains. Mme R. m'a fait envoyer par l'un de leurs employés des compotes et des aliments liquides faciles à avaler. En me regardant dans le miroir de la salle de bains, chaque matin après le départ de Georges, je constatais que le monstre était encore là. En 1955, il n'existait pas de médicaments puissants. Il a fallu une huitaine de jours pour que je retrouve mon visage. Je ressemblais à une revenante.

Claude me promit qu'à la place de notre escapade au cap d'Antibes, il m'emmènerait au congrès de la Fédération internationale des éditeurs de journaux à Alger. « Je parlerai avant à ma femme, a-t-il promis. Le congrès se tient au mois de mai. Ça compensera – pour moi aussi – notre excursion manquée à Pâques. Il y aura les représentants les plus importants des journaux du monde libre. Je te présenterai comme une journaliste indépendante, intégrée à la délégation française. » La perspective du congrès d'Alger me consolait.

Cette maladie d'enfance, attrapée à l'âge adulte, m'avait rendue laide pendant quelques jours. D'une laideur irréelle. Couchée sur le dos, je comptais les fissures du plafond tout en écoutant les bruits de la rue. La sonnerie agressive du tramway – qui parcourait le même itinéraire depuis qu'il existait – me blessait. Mon ouïe était devenue sensible comme celle d'un chat. Ce tramway ! Entre deux énergiques tintements de métal, je réfléchissais. La salive accumulée, il fallait l'avaler. Explosion de la tête.

Je pensais que ce qui nous arrivait, à C.B. et à moi, n'était pas l'histoire banale d'un homme et d'une femme, de leur désir intellectuel et physique, suivi de chocs, de plaisirs, de la résignation et de la rupture finale. Ce n'était pas que ça. Le jour où on m'avait décerné le Grand Prix Vérité, lorsque j'avais aperçu cet homme mince et élégant, quand nos regards s'étaient croisés, j'avais su que j'étais perdue. Ou sauvée ? J'ai appris plus tard qu'il avait eu exactement la même impression. Je me serais volontiers enfuie aux États-Unis, et lui aurait passé quelques heures de plus au journal. N'importe quel effort aurait été accepté pour aider à oublier. Pour effacer les traces de la collision. Quelle était l'origine psychologique, chez nous deux, de ce désir de renoncement ? Pourquoi

257

voulions-nous renforcer notre propre résistance ? Chacun contre l'autre ? Je l'ai compris. Il n'y a que les maniaques de leur propre ego qui ont des certitudes instantanées. Nous étions en face d'une évidence. L'évidence fait peur. Parce que, en dehors du pape, aucun être pensant ne peut se croire « infaillible ». Affirmer qu'on a rencontré l'Autre ? Son fantasme ? Il fallait éviter l'attitude imbécile qui consiste à croire avoir raison. D'ailleurs, de quel droit aurait-il imaginé que cette fille souriante mais énigmatique traverserait pour lui, pendant des années sinon des décennies, une jungle de procès et d'intrigues ? De quel droit aurait-elle prétendu qu'il casserait tout pour elle ? Devant ce fait — la rencontre avec l'amour foudroyant —, nous étions intimidés et préférions faire des hypothèses. Nous étions des êtres modestes et peu sûrs d'eux parce que nous ne revendiquions pas la connaissance de la vérité.

Puis nous avons décidé de refaire nos vies par petits morceaux d'existence grappillés ici et là. Il fallait du temps pour que chaque élément trouve sa place. Le temps de les trier. Comprendre que le miracle voulait que, par la vocation qui m'habitait depuis l'enfance — l'écriture —, par la soif d'apprendre, de découvrir et d'aller toujours plus loin à travers les livres, je sois submergée de projets, comme lui.

Notre chance était un peu notre inconscience acceptée. Tacitement acceptée. Surdimensionner le temps de vivre. Le temps qui nous restait pour accomplir les rêves de plusieurs vies. Aurait-on imaginé qu'il passerait une existence complète avec une femme qui l'attendrait, impatiente, et qui exigerait du temps libre pour elle ? Il n'y aurait pas de temps libre, pour aucun de nous deux. Je le voyais clairement. Qu'est-ce que c'était, du temps libre ? Un repas, un avion pris ensemble. J'ai pu arracher, au bout de six ans de « cohabitation » – le mot n'avait pas exactement le sens et parfois le ridicule de maintenant –, la promesse de passer deux jours en tête à tête avant un congrès. Résultat inespéré.

Il nourrissait le journal de sa sève, ensuite il se dirigeait vers les territoires qui le passionnaient aussi, toujours parallèles aux domaines des journaux, aux publications, à leur histoire. Un monde de documents, de projets, et le développement de la Fédération internationale des éditeurs de journaux, d'un congrès à un autre congrès. La liberté ? L'épanouissement qu'apporte un travail abouti. Nous nous offrions l'excitation continuelle de la création. Lui, les documents, les études de divers livres sur la presse, et moi le roman. Nous avancions sur ces territoires fascinants. Tout se rencontrait, se nouait au même niveau d'imagination, dans un bonheur commun. Nous étions sans doute exaspérants pour les autres de nous complaire dans cette félicité créée par des livres, des projets, des connaissances neuves. Quelle complicité entre nous, devant une table de travail, entourés de dictionnaires, de documents ramassés en vrac dans des classeurs qui débordaient ! N'avais-je pas souvent admiré les affiches révolutionnaires des « canards », extraites des trésors de sa collection de presse ? N'avais-je pas regardé avec attention le visage de Dreyfus qui, un jour banni et déshonoré, devint ensuite le symbole de la lutte contre le racisme et l'injustice ? J'aimais le côté révolutionnaire, rebelle, de ses travaux. Il me montrait ses documents avec un amour jaloux. Jaloux parce que je les regardais, jaloux parce qu'ils étaient vus.

La passion qui nous liait se nourrissait de cette entente fantastique entre nos deux natures semblables. Fallait-il une

259

étrange coïncidence – le destin, le hasard ou la chance – pour que la jeune fille de Hongrie et le mi-Angevin, mi-Lillois s'intéressent autant au monde de l'autre ? Je parlais de mes fictions et de mes personnages inventés, lui m'apprenait la France, l'histoire des journaux, la structure de la presse de la Résistance, avec des retours en arrière à l'époque où il faisait son premier journal d'étudiant au lycée. Moi, je l'amenais vers le monde de mes préoccupations. La lutte contre le racisme ? C'était le roman *Le Jardin noir*. L'histoire d'une amitié entre deux hommes, dont l'un était trahi dès le début ? *La Saison des Américains*. La politique-fiction ? *Le Cardinal prisonnier*. Nous étions deux sources jaillissantes, deux geysers. Nos heures nocturnes, intimes, nous appartenaient et nous enchantaient. Nos rencontres physiques atteignaient des sommets de plénitude, justement parce que se réalisait l'union des corps et des âmes, de l'esprit et de l'épiderme.

Ce que nous appelions passion était un arbre gigantesque. Un baobab dont les racines renfermaient des mondes, des pays, donc des frontières et des traversées de frontières. Nous remontions vers les ancêtres. Ces excursions pittoresques, sauvages, nobles, inattendues, mesquines parfois quand on évoquait tel ou tel personnage, nous permettaient peu à peu de combler la différence d'âge entre nous. Même dans les plus grandes difficultés dues à nos divorces, une harmonie dont le secret nous appartenait nous rendait luminescents de bonheur.

*
**

Enfin sortie d'une pénible convalescence, mon ancien visage récupéré, je suis partie pour Munich rendre visite à mes parents. Découvrant leur modeste appartement, j'ai constaté que Maman avait réussi à installer pour elle un coin subtil et délicat, elle avait même un flacon de parfum. « C'est Alain qui me l'a offert », a-t-elle dit avec la secrète satisfaction d'une femme qui mesure l'affection qu'on lui porte à ces signes de luxe.

Papa semblait plus mince et plus grand encore que depuis notre dernière rencontre. Ses cheveux n'étaient pas tout à fait blancs. Je les regardais avec tendresse : un père qui m'adorait, une mère qui m'aimait. Je n'étais pas orpheline, ils étaient mes racines. Pour Maman, j'incarnais la réussite, le succès de son travail, depuis ma naissance, de sape et de construction à la fois. Elle était rassurée, comblée par ma situation en France : j'étais donc définitivement détachée de la Hongrie. Je m'étais renseignée avant mon arrivée à Munich. J'aurais bientôt assez d'argent pour envisager l'achat d'un petit appartement confortable pour eux. Je voulais les installer dans des murs que j'aurais construits avec mes yeux, ma main et mon stylo. Lors d'un premier dîner dans un restaurant munichois, je leur ai annoncé ma future vie avec C.B.

Papa écoutait, pensif. Il n'avait pas une sympathie particulière pour Georges. Quand il leur arrivait – rarement – de se rencontrer, l'ennui le prenait, il allumait un cigare et, dans la fumée bleue, il s'évadait. Les définitions de Georges – assez primaires – sur le monde, la politique, les ethnies, les guerres, les paix, le consternaient. Lui, c'était l'homme du deuxième degré, un maître de l'ironie qui tue. Lorsqu'il n'avait pas d'adversaire à abattre avec les mots, il réfléchissait à ses théories sur l'être humain, dont il avait une piètre opinion. Depuis que Maman était devenue fervente chrétienne, la vie de Papa était un enfer sur terre. Au lieu d'entendre parler de politique, de littérature, de vie, il devait absorber des discours sur Dieu. Pour un laïc, ce harcèlement était intolérable.

À peine mon récit terminé, ma mère s'exclama : « Il quitte sa femme pour toi ? Exactement comme mon père a quitté ma mère en Hongrie pour une fille de vingt ans ? » J'étais incriminée. « Tu ne dois pas enlever un homme à sa femme. Il aurait dû résister, lui. Sur le plan religieux, ça se passe comment ? a-t-elle demandé. — Claude Bellanger est laïc et marié civilement », ai-je dit. Ma mère a soupiré : « Quel monde ! Partout des païens. »

J'ai saisi cette occasion pour poser des questions sur sa propre mère. Si elle était si parfaite chrétienne, pourquoi n'en parlait-elle jamais ? « Il ne faut pas chercher la vérité quand il n'y a pas de mensonge », a-t-elle dit. L'affaire était close.

J'ai eu de longues conversations en tête à tête avec Papa. Je lui ai parlé de l'appartement que j'allais acheter pour eux. « Tu te souviens ? Tu me disais de ne pas abîmer mes yeux quand j'écrivais mon journal. » Les souvenirs revenaient, vifs et voraces. J'ai évoqué l'image que j'avais aperçue une fois du salon, quelques jours avant que tombent les premiers obus. Les colonnes d'hommes, de femmes et d'enfants portant l'étoile jaune avançaient sur le quai du Danube, entourés de soldats qui les pressaient vers une destination atroce. Mon père, blême, tenait ma mère dans ses bras. Elle pleurait. La vision de ce couple soudé, peut-être aussi à cause de la proximité immédiate de la mort, me faisait soupçonner un secret gardé entre eux.

— Tu te souviens, Papa ? La frontière ? La lune, les barbelés...

— J'avais peur, dit Papa, et il but deux gorgées de bière. Nous sommes dans un restaurant où on sert aussi des boissons dans la journée.

— Tu sais ce qu'il me dit, Papa ? Il me dit souvent : « Je t'adore, ma Christine. »

Papa est heureux :

— Quand je ne serai plus là, quelqu'un continuera à te dire « Je t'adore ! » Si je pouvais te léguer toute la douceur du monde, l'amour fou que j'ai toujours eu pour toi, je serais comblé.

— Mais je crois qu'à travers lui, tu me lègues cet amour. Je n'ai jamais pensé, Papa, qu'en dehors de toi quelqu'un puisse m'aimer à ce point. Mais attends la surprise : je vais vous installer à Paris, avec son aide. Il va obtenir les papiers d'identité, les autorisations diverses, nous nous verrons tous les jours. Lui et moi devrions, nous aussi, emménager ensemble quelque part sur la rive droite. J'essaierai de trouver un appartement assez près.

— Petit, dit Papa. Modeste. Mais si je pouvais avoir une chambre pour moi, seul...

Il était attaché à son intimité, il voulait disposer d'un refuge avec ses livres et vivre librement sa vie intérieure. J'ai trouvé l'appartement quelques mois plus tard. L'immeuble était situé dans un parc. Il y avait deux chambres, dont une pour mon père. Je lui ai assuré ainsi, avant son départ de ce monde, sa liberté.

Revenons dans la *Bierhalle*. Il y avait peu de monde, nous pouvions parler. J'ai évoqué mes meilleurs souvenirs de Hongrie : en dehors de Noël, c'était en été. La grande maison et, pas loin, la rivière. Papa l'appelait la rivière blonde, « blonde comme toi ». Il avait pourtant peur de cette rivière. Je la descendais souvent en nageant, portée par des flots doux et par un courant léger comme une caresse. Puis je revenais à cheval, en maillot de bain. Je me séchais ainsi — enfant sauvage – au soleil et au vent. Papa m'attendait au point de départ.

Cet endroit pour joyeux Munichois et consommateurs de bière prenait, les après-midi où il n'y avait presque personne, les dimensions d'un palais, d'une cathédrale pour des âmes apaisées parce que réunies. Où il y a espace, il y a ombres. Ici, elles étaient clémentes.

— Tu te souviens, Papa, en été j'échappais au contrôle des gouvernantes en me réfugiant dans la nature.

Herbe sauvage, blé, orge ? Qu'importe. Je fonçais. Il me revient à l'esprit un champ de pavots. À l'occasion d'une invitation dans un autre domaine, riche aussi, qui appartenait à la « branche plus chic », je m'étais éclipsée seule dans un champ de pavots. Les coquilles, quand je les cassais, résonnaient – sèches et croquantes – comme des castagnettes. J'en déversai le contenu dans le creux de ma main. Gourmandise curieuse, remède contre la nostalgie d'un pays que Maman me promettait et qui semblait si loin : la France. Un peu amer, le pavot, mais d'un goût excellent. Libre, grisée à l'idée de devenir adulte, je me perdais dans cette forêt cassante.

... Tu te souviens, Papa ? Un jour, j'étais partie – sans prévenir. Tu es allé à ma recherche. Tout le monde m'avait oubliée, sauf toi. Tu te souviens ? Grâce à la complicité du palefrenier qui a fait semblant d'ignorer que j'avais sellé la douce jument, j'ai parcouru les quelques kilomètres qui nous séparaient de cette eau, de ce miel transparent. J'ai laissé le cheval la bride sur le cou, je voulais qu'il me suive sur la rive, pendant que je descendais la rivière à la nage, pour le reprendre après. Je voulais qu'il me suive librement. Il venait. Je nageais, portée par les flots, il allait son petit trot. Je me souviendrai toujours, Papa, du contact de cette eau. L'enfant dans le ventre de sa mère est proche de cette quiétude, paraît-il. Je nageais, l'eau complice me portait comme on imagine traverser un jour les frontières de l'existence. Le cheval suivait, parfois d'un pas de promenade. Il hochait la tête, gêné par les insectes. Nous nous sommes retrouvés plus loin. Je suis sortie de la rivière. J'ai repris le cheval et j'ai remonté la rivière vers l'endroit d'où j'étais partie. J'ai aperçu de loin une silhouette élégante, vêtue de foncé, discordante dans la campagne blonde, jaune, ici et là à peine verdoyante. Nous étions en plein été et tout était mûr, prêt à éclore. Je t'ai aperçu, Papa. Tu te tenais au bord de la rivière, aussi élégant qu'un prince recevant des invités. Tu étais venu, poussé par une folle inquiétude. Tu te souviens, Papa ? Tu ne m'as fait aucun reproche. J'ai juste vu ton regard bleu, affolé. Tu étais meurtri d'inquiétude. Je me suis approchée de toi, penaude, heureuse. La jeune jument devait se sentir coupable aussi : elle hennissait, secouait la tête, la rejetait parfois en arrière. Tu as dit : « Ne fais plus ça, jamais plus. Je mourrais de peur. » C'est ce que tu as fait pendant toute ta vie : mourir de peur pour moi.

Nous avons prolongé ce grand moment de tendresse ensemble.

— Ne m'abandonne pas quand je serai tout à fait vieux, dit-il.

— Je serai toujours là, Papa. Et vous, vous serez bientôt à Paris.

14

Comme un chat qui saute de sa corbeille installée au milieu d'une entrée et, après une seconde d'hésitation, disparaît par la première porte entrouverte, je partis visiter l'appartement que C.B. allait louer, « s'il te convient ». Je passai d'une pièce à l'autre. Sous la moquette neuve, le vieux parquet grinçait. Malgré le soleil, la lumière était verte : les branches feuillues des arbres qui entouraient la maison frôlaient les vitres des hautes fenêtres.

— Où es-tu, mon amour ?

À peine m'étais-je éloignée depuis quelques minutes que l'homme qui avait bouleversé son existence pour vivre avec moi me cherchait déjà.

— Je regarde... Il y a des arbres, si près... Un vrai bonheur.

L'atmosphère de la pièce où je me trouvais était accueillante. Le plafond avait dû être fraîchement peint, une des moulures était de guingois. Cet hôtel particulier transformé en appartements était bâti en retrait de l'avenue Victor-Hugo ; une cour pavée et quelques arbres sauvegardés le protégeaient des bruits de la circulation. J'écoutais le silence qu'égayait soudain le son grinçant d'un orgue de Barbarie : la machine égrenait *Le Beau Danube bleu*. Je m'installais déjà :

par ici, à gauche, sera placée une étroite bibliothèque et, devant la fenêtre, ma table de travail. Une porte communiquant avec une autre chambre me fit découvrir le futur univers de ma fille. Elle me manquait cruellement. J'avais un héritage d'amour à transmettre. Lionne, j'aurais porté mes petits — en les agrippant par la peau du cou — d'un abri à l'autre. J'aurais aimé être à l'origine d'une tribu. Depuis ma rencontre avec Claude je pensais à avoir encore des enfants. Les siens. La petite fille blonde serait l'aînée, la grande sœur qui n'est que tendresse. Si je n'avais pas été presque « enfant unique », si je ne m'étais pas sentie assez seule — mes frères étaient des adultes quand je suis née —, j'aurais sans doute moins eu besoin de me réchauffer à l'idée d'être entourée d'une petite foule affectueuse. Je m'étais trompée. Je croyais que l'existence se modelait à la mesure des rêves dès qu'il s'agit de sentiments familiaux. Oui, un jour, nous aurions une grande maison où, devenus adultes, les enfants nous rejoindraient pour les fêtes. Ils auraient eux aussi des enfants. Nous serions tous autour d'un arbre de Noël. Ce symbole m'était cher, cher à mon cœur. Ce qui me restait de mieux de mon enfance à moi, c'était la magie des fêtes de Noël. Maman les organisait admirablement. J'imaginais notre demeure peuplée d'anges. La mélodie frêle de « Douce nuit, sainte nuit » s'échappait d'une boîte à musique cachée dans les branches du sapin géant. À chaque bout de branche aux aiguilles blanchies de fausse neige, les bougies se consumaient. Les chaudes gouttes de cire coulaient dans de petits récipients couleur argent. C'était *ma fête* à moi, j'étais le personnage important de la soirée. Puis, lors d'un repas assez solennel, autour d'une table ovale décorée de guirlandes et de boules étincelantes, j'écoutais les conversations en sourdine, puis je m'éclipsais pour revenir vers l'Arbre.

Je n'étais pas hantée par ces souvenirs, mais agréablement accompagnée de ces rares éléments qui me restent du pays où je suis née, comme si ces éclats d'images venaient à mon aide pour m'imaginer en ces lieux neufs avec un homme que je connaissais à peine. Je ressentais d'une manière impérieuse le besoin d'attaches : mes parents. Je les imaginais déjà en visite ici. Je n'étais pas une maîtresse orpheline. Que mes parents soient âgés, saturés de références littéraires et riches d'enseignements dont plus personne ne tirait profit, m'était égal : je les voulais. À l'époque, j'avais peu d'expérience, je ne devinais même pas que la maternité est une loterie. Il me semblait normal qu'un enfant aime ses parents. Un jour, je placerais un berceau près de la table sur laquelle j'allais travailler. Mes fantasmes de bonheur galopaient comme jadis mon cheval. Je devais me raisonner et apprendre la patience. Je sentais l'arbre devant la fenêtre très proche. J'étais apaisée : si j'avais trouvé la place de ma table, il y aurait aussi de l'espace pour un berceau. Infiniment plus que l'instinct de la mère, j'avais le désir de donner et de recevoir de la tendresse. De la douceur. « Douce nuit, sainte nuit. » J'ai poussé un léger soupir. Mais bien sûr, nous allions vivre ici.

Sortie de mes lumières intérieures, revenue dans l'éclairage quotidien, je suis retournée dans l'entrée. L'agent immobilier était obséquieux. Je supportais mal son regard qui reflétait ses pensées. Il croyait tout savoir sur moi. « Je devine votre situation, ma petite dame... » Tout en débitant ses arguments en faveur des lieux, il réfléchissait. Il allait louer cher cet appartement à un patron de presse connu qui voulait s'y installer avec sa maîtresse. Étrange fille, qui ressemblait plus à une lycéenne des années 1955-60 qu'à une jeune femme capable de détourner un homme du droit chemin. Je lisais dans ses pensées : « Plutôt effacée, mais dans son attitude il y a quelque chose d'irritant. Elle a un sens pratique qui ne correspond pas à son rôle dans la vie du futur locataire. N'a-t-elle pas osé remarquer que la cuisine était mal équipée et que dans la salle de bains, le carrelage avait été changé, mais pas la baignoire ? Elle va lui donner du fil à retordre, celle-là. » Je sentais, agacée, sa compassion masculine envers C.B.

Je n'ai jamais supporté le manque de manières et les sous-entendus, les paravents de la vulgarité. La meilleure méthode de défense était la réserve. Le repousser très loin de moi, ce type. Je voulais aussi le malmener. Légèrement. Je n'étais ni une femme entretenue ni une aventure d'occasion. Je lui dis que je cherchais un appartement pour mes parents qui allaient me rejoindre à Paris. « Pour eux aussi, je voudrais un cadre de verdure comme ici et en tout cas deux chambres. » Désorienté, il constatait que je devais avoir des moyens. Il m'était antipathique. « À acheter... », lui ai-je assené. Les éditions de plus en plus nombreuses à l'étranger de *J'ai quinze ans,* suivies de celles de *Dieu est en retard* démarraient si fort que Fayard, dont le directeur savait que je voulais installer mes parents à Paris et que je cherchais à les loger, m'avait ouvert un crédit important. Je me suis retournée vers C.B. : « Je veux bien rester ici. J'en serais même ravie. Si tu veux, donc, si tu n'as pas changé d'avis, signe le bail. »

Dès sa première visite, C.B. avait décidé qu'il aménagerait le grand salon en bibliothèque. Il avait obtenu l'autorisation d'un juge de quitter le domicile conjugal avec ses livres, son bureau, ses vêtements et quelques objets personnels – inventoriés avec mention de leur valeur présumée. Notamment une peinture à l'huile signée d'un artiste renommé. Une danseuse, dans un moment de détente – assise –, contemple le monde qui l'entoure. « Elle est ma seule compagne depuis de très longues années, m'a expliqué C.B. Comme je rentrais tard le soir, que je travaillais souvent une partie de la nuit, elle me tenait compagnie. – Tu dormais où ? – Sur un lit étroit caché dans une paroi en chêne, comme mes bibliothèques. Je le dépliais déjà tout fait. – Et ton café, le matin ? – Je le réchauffais sans réveiller les enfants ni ma femme. – Réchauffer ? – Oui, je vivais en solitaire. » En l'écoutant, je savais que mon premier achat pour cet appartement serait une superbe cafetière, style machine à expresso.

J'avais pour mission de rendre l'appartement habitable. Je pouvais choisir, commander et faire envoyer la note à C.B. J'essayai de créer une ambiance agréable. Après avoir vécu dans un camp pour réfugiés en Autriche et entre les murs décorés d'anges de Bruxelles, j'allais acquérir ici un mobilier pratique et surtout livrable tout de suite. À la signature du bail, les affaires de C.B. se trouvaient déjà dans un garde-meubles. Avant les premières livraisons du mobilier, les menuisiers-ébénistes de C.B. avaient ajusté aux nouvelles mesures ses bibliothèques en bois massif. Il y avait jusqu'entre les portes-fenêtres de larges rayonnages, laissant à peine de chaque côté la place des futurs rideaux. Les cartons empilés formaient de petites tours carrées et chacun portait une étiquette.

J'appris de C.B. que sa mère était contente de ces événements. Elle se souvenait de moi : à la signature de *J'ai quinze ans,* à Angers, je lui avais été présentée. Elle avait si mal supporté la première femme de son fils qu'elle n'avait même pas assisté à leur mariage. Elle avait trouvé cette fois-ci le choix de son fils satisfaisant, peut-être seulement parce que j'étais une autre. Elle nous proposa un cadeau : une commode somptueuse qu'on pouvait faire prendre dans sa maison d'Angers dès qu'une date nous conviendrait.

En ces années 1955-60, l'avenue Victor-Hugo, avec ses trottoirs bordés d'arbres, était une adresse élégante. Il y avait toujours de la place pour les voitures en attente devant les rares magasins, dont la renommée dépassait les limites du quartier. Dans une boutique célèbre pour l'extrême luxe des vêtements destinés à de jeunes enfants, des vendeuses snobs dépliaient sur les comptoirs plaqués d'acajou des brassières brodées à la main et sortaient de leurs larges cartons des robes de baptême en dentelle de Calais. Elles proposaient des bavoirs où l'on brodait sur commande les prénoms des bébés choyés par le destin. Ici, seule la caissière souriait. J'ai acheté pour ma fille un chemisier au col bordé de dentelle et à boutons de nacre. C'était le premier vêtement neuf qu'elle allait porter. J'en éprouvais un vif plaisir.

Je m'habituais au quartier. Une petite allée serrée entre deux immeubles rejoignait la cour pavée où régnaient les arbres qui entouraient l'hôtel particulier. Dans la cage d'escalier flottait un mélange d'odeurs de cire et de naphtaline. Notre arrivée remuait beaucoup d'air. Aux yeux des copropriétaires du premier étage, nous devions être des nomades suivis par leur chargement de papiers et de livres. « Des gens bizarres. Pourtant, lui, il est français. »

*
**

Pendant des jours et des jours, je circulai parmi les caisses — il fallait attendre le week-end pour que C.B. trouve le temps de ranger ses livres. Dans cet univers de cartons entassés partout, bardés de scotch, j'avais l'impression d'être une créature issue du papier, échappée d'un chapitre. J'aurais traversé des reliures, des caisses, des emballages de déménageurs ; j'évoluais dans un univers à apprivoiser, où le seul port d'attache était mon manuscrit en cours d'écriture. J'allais terminer ici la dernière partie d'*Il n'est pas si facile de vivre*, que l'éditeur voulait publier à la fin de l'année 1957. Les prémices du futur succès américain de *J'ai quinze ans* suscitaient une légère excitation chez Fayard, plus habitué aux savants calmes et aux spécialistes émérites en histoire sous toutes ses formes qu'à l'étrange apparition que j'étais.

Les ennuis juridiques s'accumulaient. Les avocats des adversaires – en l'occurrence C.B. et sa femme – avaient délimité les rencontres du père avec ses fils. Le point essentiel de l'accord était l'interdiction de me trouver en leur présence. J'aurais troublé le psychisme des enfants du « premier lit ». Je détestais cette définition dégradante pour l'homme et pour la femme. S'ils avaient « produit » leurs descendants sur un drap légal, ceux-ci étaient conformes aux exigences de la société. Les définitions juridiques étaient celles du Code Napoléon, conçu en 1804, et à peine améliorées. Dans les papiers officiels qui balisaient ces premiers affrontements, je serais dénommée la « concubine ».

C.B. espérait qu'en acceptant de satisfaire à tous les souhaits matériels de sa femme, il arriverait à un armistice suivie d'une acceptation du divorce. Mais, malgré toutes ses tentatives pour l'amadouer, elle restait sur ses positions, nous allions donc vers la guerre.

Vivant sous le même toit, nous étions coupables d'adultère. « Je t'attendais depuis toujours, je ne veux plus perdre une seconde sans être avec toi », disait Claude. Comment aurais-je pu prévoir les dimensions que nos divorces allaient prendre ? Et même si je les avais prévues, je n'aurais pas changé d'attitude. Je considérais que je n'avais pas d'opinion à émettre. Les clauses qui définissaient les « droits de l'homme » ne comportaient aucune issue pour l'homme ou la femme désireux d'échapper à un mariage raté. Nos alliances venues de notre précédente existence étaient le signe extérieur de notre captivité juridique. Lorsque nous les avons enlevés, ces anneaux ont laissé à leur place une fine trace blanche. Il fallut attendre le premier soleil pour retrouver des mains bronzées, enfin libres.

L'appartement de Neuilly, la première étape de ma vie parisienne, s'est révélé indispensable. Cette adresse alibi servait aussi à recevoir la correspondance de Bruxelles. De ma boîte débordait chaque jour une masse de courrier. La concierge, complice et largement récompensée, me gardait les lettres en paquets ficelés.

Pendant cette période de crise aiguë, le chauffeur de C.B. venait nous chercher chaque matin, me déposait à l'hôtel particulier de l'avenue Victor-Hugo, puis conduisait C.B. au journal. Arrivée dans l'appartement partiellement meublé, je me préparais un café et je continuais à écrire les pages commencées tôt le matin à Neuilly. J'étais bien loin du confort — surtout moral — de la fameuse tour d'ivoire. Mais l'écriture faisait partie de mon existence biologique. Lorsqu'on me demandait si j'avais besoin d'une atmosphère spéciale pour écrire, je répondais, à la limite de l'insolence : « Oui, la certitude chaque matin de ne pas souffrir des yeux ni de la main. »

Dès que ma pièce fut installée, j'ai rangé les dictionnaires dans ma bibliothèque où étaient exposés en vedette le premier livre que C.B. m'avait offert : *Les Nourritures terrestres,* de Gide et, à côté, un recueil de poèmes de Francis Jammes. Grâce à mon téléphone dont le numéro était sur liste rouge, je restais en contact quotidien avec ma fille : dès que Georges la ramenait à la maison, de la garderie ou de chez les R., je l'appelais. Je parlais tous les jours avec elle : « Un peu de patience encore. Dès que Papa l'acceptera, tu me rejoindras. »

L'autre téléphone, aussi sur liste rouge mais communiqué à la précédente famille de Claude, représentait un danger permanent. Comme C.B. n'avait pas le droit de vivre avec l'objet du litige – moi –, je devais ouvrir la porte d'entrée avec précaution, ayant examiné d'abord le palier à travers le judas. Si l'adultère de C.B. avait été officiellement constaté, le divorce aurait été prononcé entièrement à ses torts, du moins probablement repoussé à des années-lumière. Quant à moi, j'aurais pu être condamnée sur le plan pénal, donc interdite de nationalité française et privée de la garde de ma fille.

*
**

— Dans quatorze à seize mois, je serai libre, me répétait C.B. Libre peut-être même avant toi. Selon le juge, ma demande de divorce est amplement justifiée par les documents que je lui ai fournis, même en mettant à l'écart – comme tu le sais – quelques éléments.

— Si tu avais des arguments suffisants, si tu étais si solitaire, si malheureux, pourquoi n'as-tu pas divorcé ?

— Qui parle de bonheur ? Avant toi, je ne connaissais même pas le mot. Divorcer pour trouver un autre vide ?

Ç'aurait été une perte de temps ! Tu n'étais pas là ! J'avais renoncé à ce qu'on appelle une vie privée. Selon le juge, je me comporte d'une manière digne de l'idée qu'il s'était faite de moi avant même de me rencontrer.

— Quelle idée ?

— Quelqu'un de correct, fidèle à ses engagements moraux et matériels. Je quitte un foyer en accordant tout ce qu'on me demande, même plus.

Sa façon d'être, élégant et distant lorsqu'il s'agissait d'intrigues, m'emplissait de craintes. « Je donne tout ce qu'elle demande, pourquoi voudrait-elle faire traîner la procédure en longueur ? » Le grand bourgeois du Nord était convaincu que son comportement généreux serait apprécié de l'autre côté. Que dire ? Je n'avais encore que de vagues notions juridiques sur le divorce. Pourtant, j'avais commencé tôt mon apprentissage. C.B. m'a dit un an plus tard — après une embuscade tendue par l'adversaire — que, lors de leur premier rendez-vous au tribunal, le juge avait conclu leur conversation par ces mots : « J'espère que vous ne regretterez pas de ne pas utiliser certains arguments, monsieur Bellanger. »

La loi obligeait C.B. à payer les frais d'avocat de sa femme, quel que soit le choix de celle-ci. Rien d'anormal ou de contestable. Sauf un fait, légèrement irritant : C.B. se contentait d'un représentant qu'il considérait comme un « bon » artisan de la loi, tandis que l'autre côté était défendu par un avocat-vedette génial.

Dès les premières semaines de la séparation, l'épouse rendit visite à toutes leurs relations pour leur raconter ses malheurs. Selon la formule classique, les « amis » s'étaient séparés en deux camps. Certains félicitaient l'« homme téméraire », mais la plupart de ceux qui le condamnaient entretenaient souvent eux-mêmes des maîtresses dans les beaux quartiers. Les épouses légitimes faisaient semblant d'ignorer ces « regrettables affaires de sexe », qu'elles espéraient passagères. Ainsi, leurs conditions sociales et surtout matérielles ne risquaient pas de changer.

Je devais m'habituer à vivre en décalage complet avec l'« extérieur ». J'aurais pu être sérieusement perturbée si je ne m'étais attachée à deux objectifs : me préserver un temps d'écriture et obtenir « à l'amiable » la garde provisoire de ma fille. Pour m'assurer des heures de travail paisibles où mon univers m'appartenait, je me levais à l'aube. Pour me mettre en condition de travail d'un jour à l'autre, j'avais un besoin vital d'ordre. Chaque soir — avant de sombrer dans un délire d'amour physique ou seulement dans un sommeil agité de cauchemars —, je préparais la cafetière. Je taillais mes crayons et je les posais près du manuscrit, le taille-crayon rangé à côté. Selon les circonstances et l'atmosphère de nos dîners, j'étais à tour de rôle Messaline ou la Belle au bois dormant. Lorsque la journée avait été chargée de trop de menaces, je choisissais l'abstinence. « Je te comprends », me disait C.B. en me serrant contre lui. « Je te comprends. » Les lettres recommandées lui arrivaient par paquets ainsi que le « papier bleu ». « Tu ne dois rien signer, mon amour. » Parfait, « mon amour » ne signerait dorénavant que ses livres. Lorsqu'on avait subi trop de grabuges juridiques, le soir — et c'était de la provocation —, j'accrochais sur ma lampe éteinte le petit carton qu'utilisent les hôtels : « Prière de ne pas déranger ».

En trois week-ends, C.B. avait rangé ses livres. Travail de titan. Je le réconfortais avec des bouteilles de Badoit et des cafés, puis je m'enfuyais pour lui laisser son intimité en compagnie des volumes dont chacun avait sa place assignée.

Mon ange gardien me protégeait. J'étais ravie d'être avec l'homme que j'aimais et je me sentais presque importante. Plusieurs éditeurs voulaient me connaître. En déjeunant avec eux, j'écoutais leurs propositions discrètes, mais plutôt pressantes. « Vous êtes la valeur qui monte. » Quelle belle musique à l'oreille de celle qui avait tant de sujets en tête et tant d'ambition ! Dans la vie qu'on osait appeler « privée », l'esprit empli d'histoires à écrire, je modérais mon orgueil, mon amour-propre. Nous avions nos procédures. Chaque jour, sinon chaque semaine, apportait sa moisson d'ennuis et de harcèlements. J'ai appris de Claude que ses fils – à force d'entendre incriminer leur père – m'étaient particulièrement hostiles. Je les comprenais. À leurs yeux, j'étais celle qui avait pris leur père à leur mère. Que savaient-ils des vraies relations ou absence de relations entre leurs parents, avant mon arrivée ? Rien ou peu de chose. C.B. avait agi selon sa volonté, moi aussi. Je ne me sentais ni flattée ni gênée. Un conquis m'avait conquise. Mais nous laissions derrière nous des familles révoltées et furieuses. Si nous étions restés avec eux, ils ne nous auraient pas appréciés davantage. Ce sont nos départs d'un cadre défini pour la vie qui avaient réveillé leur sens de la possession.

L'appartement de l'avenue Victor-Hugo enfin meublé, je me trouvai dans une situation assez difficile à supporter. Pour mieux me raisonner, pour me corriger des crises d'orgueil ou des blessures d'amour-propre, j'avais dressé l'inventaire de mes défauts. Venait en premier l'impatience. Il y a des gauchers contrariés, moi, j'étais une impatiente contrariée par ces attentes forcées dues à la lutte juridique. Mon humeur parfois négative et mon opinion sur le monde qui nous entourait, je les assumais, silencieuse. Quand on bouleverse sa vie pour un fantasme de douceur – c'est ainsi qu'il me voyait –, pour une intellectuelle de velours – il en était persuadé –, on ne désire pas trouver dans son lit une combattante, une militante, que la cause soit politique ou littéraire. À force de faire continuellement mon possible pour rendre la vie de C.B. telle qu'il l'attendait de moi, je m'améliorais. J'étais sans doute devenue pour lui agréable à vivre, sinon indispensable. Je sentais à chaque seconde cette responsabilité. Mais quel effort ! Son courage à « m'afficher » était considéré comme une provocation et ma jeunesse insolente comme un péché. Selon les gens que nous côtoyions, le succès de mes premiers livres améliorait ou aggravait ma situation. Si nous avions vécu dans un pays de bookmakers, on aurait sans doute parié sur nous. Las d'attendre, lequel quittera l'autre ? Ou encore, lequel sera libre avant l'autre ? Entre les dîners dans des restaurants chics et les réveils communs avant une journée de travail à affronter, il y avait des ténèbres. On s'endormait parfois dans un conte de fées pour se réveiller dans le palais des horreurs de la foire parisienne.

Mais bientôt, c'en fut fini de nos soirées conte de fées. C.B. m'apprit que nous étions menacés d'un constat. L'un des buts que se donnait l'avocat de l'épouse en titre était de me discréditer. J'étais une étrangère, divorcée d'un Français et remariée avec un jeune homme parfait que j'avais quitté à son tour. Celui-ci sombrait dans le désespoir à l'idée de perdre à la fois sa femme et sa fille ! Quel gâchis, n'est-ce pas ? Ne serais-je pas aussi un piège politique « venu de l'Est », qu'on aurait mis « à dessein » – c'était l'expression précise – sur le chemin du directeur d'un grand journal du matin ? Quelques-unes de mes phrases extraites d'interviews étaient citées dans les documents officiels. « Elle est venue de là-bas en traversant la frontière à pied ? Si on veut ! Mais ne serait-elle pas plutôt un agent communiste ? Demi-juive, ou juive, selon les rumeurs, donc de gauche. » C.B. trouvait ces arguments grotesques, il avait les reins solides, lui ; mais moi, en tant qu'« apatride », condamnée pour adultère sur le plan pénal, je courais des risques importants.

Un constat se déroulait à l'époque de la manière suivante : l'huissier, accompagné de gendarmes, se présentait dans la nuit ou à l'aube. Il exigeait d'entrer dans la chambre à coucher et avait le droit de tâter le lit du côté inoccupé. S'il était tiède des deux côtés, c'est que l'« ennemie » se cachait dans la salle de bains ou quelque part dans l'appartement.

L'alerte fut déclenchée un après-midi. C.B., averti d'une probable « descente » d'huissier, me prévint du danger. J'ai d'abord plaisanté en répétant qu'aux heures où la « justice » sévit, je suis déjà à ma table de travail, donc le lit ne serait tiède que d'un côté, celui de C.B. « Non, ma chérie, dit Claude. Nous devons prendre des précautions. »

Il y avait plusieurs solutions. Ou bien je restais dans l'appartement de Neuilly : là-bas, seule, j'étais intouchable. Sinon, il fallait pendant un certain temps adapter notre mode de vie à une migration quotidienne. L'adversaire espérait sans doute que le grand journaliste que tout le monde estimait et l'écrivain maintenant connu ne s'exposeraient pas aux consé-quences d'une persécution de ce genre.

C.B. me consulta par téléphone du journal et me proposa — si j'acceptais cette solution aussi inconfortable que gê-nante — de nous réfugier pour la nuit chez des amis. Depuis sa rupture avec son ancienne vie, il avait éloigné, dans une pièce contiguë à son bureau, sa secrétaire principale — celle qui ne m'aimait pas. Enfin seul, il pouvait parler librement.

Ce jour-là, il a continué au téléphone : « Au moins trois couples se proposent pour nous accueillir, ils nous offrent leur chambre d'invités. Il n'est pas question d'aller à l'hôtel : suivis, nous pourrions être "surpris". — Je vais où tu veux », ai-je dit.

Ayant raccroché, j'ai commencé à remplir presque machinalement une petite valise du strict nécessaire. J'avais de l'entraînement, je savais ce qu'il faut prendre pour survivre. En l'occurrence : les affaires de toilette, un pyjama, un livre. Soudain, je revoyais la valise préparée avant de descendre dans la cave de l'immeuble à Budapest : « Vous ne pourrez plus monter dans l'appartement. » Une autre valise avait été abandonnée dans la maison près du lac Balaton. Nous devions partir sans bagages vers la frontière. J'ai préparé à part une pochette en plastique, j'y ai glissé ma brosse à dents et de la pâte dentifrice. J'étais prête à partir, une fois de plus.

⁎⁎

Ce jour-là, en fin de soirée, de retour du journal, C.B. paraissait tendu. Il m'a embrassée, m'a demandé comment j'allais : « Parfaitement. Je suis prête. Ne t'inquiète pas, tout cela n'est rien. Il n'y a pas de miradors ni de fil de fer barbelé. — Merci, dit-il. Merci, mon amour. — Cause commune, ai-je continué. Ce danger aurait pu nous menacer de Bruxelles aussi. » Pendant cette période critique, le chauffeur du soir était chaque fois une personne différente et, par principe, ne connaissait pas l'adresse où nous allions. Ce n'était pas une question de confiance, juste la précaution de ne pas mêler autrui à nos problèmes. Nous descendions avant d'arriver devant l'immeuble des amis. J'assurais à C.B. qu'il était agréable de marcher un peu, de nous aérer, sur tous les plans.

L'un de ces hôtes d'une nuit était un ancien compagnon de détention de Claude Bellanger. Résistants, ils avaient été arrêtés ensemble et enfermés par les Allemands à Fresnes. Pas loin, paraît-il, l'un de l'autre. Pour ces deux patriotes, se retrouver en clandestinité à cause d'une affaire conjugale aurait pu constituer un gag presque amusant. Pourtant ni l'un ni l'autre ne souriait. J'ai dit à C.B., dans ce lit d'une nuit, qu'il fallait rapidement installer mes parents à Paris pour m'assurer un refuge et surtout une « garantie morale » par rapport à la garde de ma fille. « Je t'aiderai, je ferai tout pour eux. Les "papiers", je m'en charge. N'hésite pas, achète l'appartement que tu as vu. Je suis là, n'aie aucune inquiétude. » Pour signer la transaction, il aurait fallu l'autorisation de Georges, le mari. Donc une société fut constituée pour que je puisse m'installer chez moi, à mes frais. Comme je n'étais pas française, on devait − pour cent mètres carrés − prouver l'origine des fonds. Fayard était là pour fournir les certificats réclamés. Tout cela prenait un temps infini. Une double vie, il vaut mieux la commencer très jeune.

Pendant des semaines, chaque soir le départ rituel ponctua notre existence. J'admirais le courage de C.B., son amour pour moi le poussait à accepter ces « cavales ». Inquiet, il me consultait souvent. « On continue », disais-je. Il ne fallait pas céder à la pression. Dès que l'orgueil est placé du bon côté, on en tire avantage, on apprend à être souple par amour. J'ai transformé l'humiliation en duel. C'était le défi. Question de tempérament.

Nous étions des fugitifs de luxe. Parfois, des repas froids étaient préparés à notre intention dans les salles à manger, lorsque nous arrivions tard après une soirée. Fuite en robe longue et smoking devant un huissier ? Même Feydeau aurait hésité. Parfois, une gouvernante à moitié endormie ouvrait la porte : « Monsieur et Madame sont déjà couchés. Votre chambre est là, Monsieur, Madame. » Nos arrivées tardives étaient toujours assorties de pourboires plus que généreux pour ceux qui nous attendaient, les yeux souvent embués de sommeil. Le lendemain matin, nous revenions tôt avenue Victor-Hugo. C.B. prenait un bain, un café et partait au journal. Disciplinée depuis mon enfance, habituée aux exercices de survie, j'avais l'impression que nous nous enfoncions de plus en plus dans un grave conflit.

Le temps passait, notre attitude agaçait les adversaires qui étaient obligés de reconnaître en eux-mêmes que notre « affaire » n'était pas une simple embuscade dans le destin de C.B., mais un engagement pour la vie.

Claude me répétait : « Je t'aime. Écris. C'est la chose la plus importante pour moi, que tu écrives. » Il tentait de me soulager de ce harcèlement perpétuel.

Bientôt, une nouvelle épreuve s'annonça, C.B. avait obtenu l'autorisation que ses fils lui rendent visite à son domicile. Pas dans un restaurant mais chez lui, avenue Victor-Hugo. Il avait dû garantir, promettre sur l'honneur que sa maîtresse ne serait – en aucun cas – dans l'appartement. Le jour fatal de la première visite autorisée, je préparai le déjeuner – juste pour m'amuser, un poulet au paprika, bien épicé, un repas « étranger ». J'ai mis la table et je suis partie. Alors que *J'ai quinze ans* devenait un best-seller aux États-Unis et que la presse américaine avait déclaré, concernant ce premier livre, qu'il était un « *masterpeace* », je partais comme une employée de maison à la fin de son service. J'ai d'abord pris un taxi, ensuite une salade au *Fouquet's*, puis j'ai regardé un film — américain — dans l'un des cinémas des Champs-Élysées. À mon retour, vers 17 heures, une immense corbeille de fleurs, un arrangement soigneusement emballé, m'attendait devant la porte de l'appartement, sur le palier. Je la laissai là, entrai chez nous et appelai le concierge espagnol qui habitait dans l'immeuble voisin. Il vint. Je lui demandai d'emporter les fleurs dans l'église la plus proche et de les donner au sacristain.

Je tournai en rond dans l'appartement silencieux. J'avais agi sur un coup de tête, mais j'étais persuadée d'avoir eu raison. Lorsque C.B. m'a appelée et m'a demandé d'une voix douce si j'avais bien reçu des fleurs, j'ai répondu qu'elles étaient déjà dans l'église d'à côté, emportées par le concierge espagnol.

— Tu as son numéro de téléphone ? a demandé C.B. très calme.

Trop calme.

— Bien sûr.

— Donne-le-moi.

Je le lui ai dicté.

— Tu veux l'appeler ?

— Oui, et tout de suite. Il faut qu'il te rapporte les fleurs. Il y a un écrin à l'intérieur de l'arrangement.

Je ne savais pas si j'étais flattée, comblée ou agacée. En tout cas, je me sentais mal. L'Espagnol effectua un retour victorieux. Je l'ai fait attendre dehors et, dans l'entrée, j'ai extrait un écrin du fin fond de ces fleurs garnies à la base de petites plantes vertes et touffues. J'ai remballé et j'ai renvoyé une fois de plus le bouquet à l'église. J'ai mis l'écrin sur le bureau de C.B. et je l'ai appelé :

— Je l'ai, merci.

— Tu l'as vu ? a-t-il demandé.

— Non.

— Ouvre-le.

— Ça peut attendre.

Pour la première fois, aucun de nous n'a voulu céder. L'écrin est resté sur le bureau de C.B. pendant assez long-temps. Ensuite, il a pris la direction d'un coffre. Je ne l'ai pas regardé. Un jour, je l'ai retrouvé, cet écrin, sur ma table. Je l'ai ouvert. Il y avait à l'intérieur une bague injustement punie. C.B. m'a demandé ce jour-là :

— Tu n'as pas considéré ce cadeau comme une preuve d'amour ?

— Non. Je suis navrée. Je l'ai pris pour une faute de goût. J'ai sans doute été injuste.

Il a haussé les épaules et observé que chaque peuple a ses habitudes et ses manières de commettre des fautes de goût et de les réparer. De cette affaire, une seule personne avait tiré profit : le concierge espagnol. Il s'était estimé gâté, comblé par le pourboire, et persuadé qu'il servait de bons chrétiens, des gens pieux qui choyaient leur église.

Des années plus tard, au cours d'un voyage en avion, j'ai oublié le bijou sur le bord du lavabo. Et quand je me suis précipitée pour le retrouver, il n'y était plus. Le chef de cabine a fait un appel pour expliquer qu'une passagère avait perdu un souvenir de famille, si jamais quelqu'un le retrouvait, que ce quelqu'un se signale... Personne ne s'est manifesté.

Je comprenais et mesurais sans peine les difficultés de notre vie parisienne. C.B. mettait sa position sociale en jeu, il se prêtait aux ragots, aux curiosités du monde, à des intrigues qui ne pouvaient que s'épaissir autour de lui, aussi bien au journal qu'ailleurs. L'époque était féroce dès que quelqu'un occupant une position importante se heurtait délibérément aux règles imposées par l'Establishment. C.B. décida de m'emmener dès la première occasion à une réception à l'Élysée. Les hôtes étaient le charmant M. Coty et son épouse, trop timide pour manifester quelque sympathie ou aversion. « Bienvenue, madame. Vous êtes ravissante », a dit Coty. Il s'est tourné vers C.B. : « Une vraie beauté. » J'aimais soudain la vieille, la très vieille France.

*

Tout en me méfiant de chaque coup de sonnette, en ouvrant mon courrier prudemment, je faisais connaissance avec ce qu'on appelle le succès. Une sensation assez insolite, infiniment agréable. Le fait de gagner de l'argent grâce au travail de création qui constituait l'essentiel de ma vie suscitait en moi une curieuse impression d'étonnement. J'avais des sommes importantes à ma disposition. Je voyais s'ouvrir des horizons insoupçonnés. J'avais toujours gagné de l'argent, même peu. Mais jamais autant.

J'ai pu acheter l'appartement de mes parents dans un immeuble entouré d'arbres, près du Bois. À peine étaient-ils installés, j'annonçai à Bruxelles qu'ils étaient arrivés à Paris et je réclamai la présence de ma fille. Mon divorce était en veilleuse. Georges avait retardé la deuxième comparution devant un juge belge, lors de laquelle il aurait dû confirmer son accord pour se séparer de moi. Il attendait l'arrivée de sa mère de Hongrie.

Selon une logique mathématique, dans cette affaire compliquée qu'était la rencontre entre C.B. et moi, tout le monde avait raison. Sa future ex-femme, hors d'elle – c'était une réaction normale –, se révoltait : n'avais-je pas bouleversé sa vie ? Ma future ex-belle-mère se sentait blessée dans son amour-propre : j'abandonnais son fils ! Les avocats de confession catholique ne cessaient de retarder les procédures : le divorce heurtait leurs convictions religieuses. L'avocat-vedette, en face de nous, déployait son grand talent. Le patron de presse et l'écrivain d'origine étrangère étaient des sujets de rêve pour les attaques et les « effets de manche ». Ma fille boudait avec sérénité. Les deux fils de l'autre côté me haïssaient, ils défendaient leur mère. Claude et moi, nous nous aimions. Plus on nous massacrait, plus nous étions sûrs de nos sentiments. « Question de mois », répétait-il.

Mes parents écoutaient, désorientés, ces péripéties dont je leur administrais le récit à petites doses. Mais, malgré leur réserve, je sentais que le côté aristocratique de Papa était choqué, et la logique germanique de ma mère prise à rebrousse-poil. Je leur expliquais que C.B. et moi nous ne nous quitterions plus jamais. Nous avions perdu trop de temps en nous rencontrant si tard. Papa a dit, d'une manière presque distraite – il était toujours infiniment distingué lorsqu'il prononçait une phrase trempée dans le vitriol : « Lui, ma chérie, lui, il a perdu beaucoup de temps. Pas toi. La vie est devant toi. Pas devant lui. » Ma mère parlait de religion, de morale, de l'aspect déplaisant de l'« homme mûr » accompagné d'une fille très jeune. Sa fille ! Maman était juvénile, sans une ride, le regard éclatant, piquante, fine, mince, agressive. Personne n'aurait pu deviner son âge réel. Lorsque j'ai commencé à écrire ce livre et que j'ai ouvert des classeurs, fermés depuis des décennies, au hasard de papiers d'identité, j'ai découvert que ma mère avait dix-sept ans à la naissance de mon frère aîné, mon père douze ans de plus qu'elle. Maman n'était guère en état de faire des reproches. D'où leur mariage sans doute « forcé » aussi.

Il y eut aussi des éclaircies. La mère de Georges n'ayant pas reçu de visa de sortie était restée en Hongrie. Georges, libéré de la pression maternelle, allait donc – selon sa promesse – comparaître une deuxième fois devant le juge.

Il acceptait aussi le départ de ma fille pour Paris. Mais, si jamais il ne se présentait pas au deuxième rendez-vous chez le juge, la procédure serait à recommencer de A à Z. Son absence à cette indispensable confrontation aurait conduit le juge à nous renvoyer à nos foyers. Nous n'aurions eu le droit de présenter la même demande que deux ou trois ans plus tard.

J'ai pu aller à Bruxelles chercher ma fille, la ramener à Paris et l'installer dans la chambre prévue pour elle, à côté de mon bureau. C.B. lui avait réservé une place dans une petite école, genre jardin d'enfants chic, près de l'avenue Victor-Hugo. Pour obtenir ces autorisations juridiques, même provisoires, j'avais un atout majeur : la présence de mes parents à Paris. En cas d'attaque sur l'immoralité de ma situation sociale, ma fille pouvait habiter chez eux. Mais c'était une arme à double tranchant. Si jamais la mère de Georges quittait un jour la Hongrie, en tant que grand-mère elle pourrait elle aussi réclamer la garde d'Anne.

**

Un jour après l'autre, j'apprenais les côtés « pratiques » d'une vie commune. Il était plus facile de murmurer « Je t'adore, ma Christine » et de répondre « Je t'adore, mon Claude », que d'organiser l'existence quotidienne : emballer et déballer livres et vêtements, acheter, faire livrer, trouver comment descendre – dans un environnement aussi élégant – des cartons, des emballages, des poubelles dont le maniement dans ce cadre de vie était aussi hasardeux que de cacher un cadavre coupé en tronçons. C.B. m'a demandé de chercher une employée de maison : « Il faut d'abord que nous ayons l'air un peu plus conventionnels », ai-je dit. J'ai aussitôt parlé de mes recherches au sympathique boulanger du quartier.

Dans l'immeuble de trois étages, il n'y avait pas d'ascenseur. Le troisième niveau, au plafond bas, était réservé aux parents pauvres ou économes en visite à Paris, ou à des étudiants égarés dans ce quartier. Il pouvait même servir de grenier. Les distingués occupants du premier étage, très « vieille France », étaient gênés d'être surpris avec une poubelle à la main. Ils se croyaient en sécurité, à certaines heures de la journée pour effectuer les tâches considérées par eux comme peu compatibles avec leur situation sociale. Si nous nous rencontrions, ils s'arrêtaient sur les marches, dont le tapis rouge était fixé par des barres en cuivre, et engageaient la conversation d'un air de faire comprendre que la poubelle qu'ils transportaient était un accessoire ramassé par hasard. Moi, souvent vêtue d'un jean et d'une chemise en coton, on me prenait d'abord pour une baby-sitter – mais aucun pleur intempestif ne signalait la présence d'un enfant en bas âge –, ensuite pour une étrangère au service du nouveau locataire et, plus tard, en tant que son « amie », j'ai été moins bien accueillie durant les promenades de poubelles. Les « jeunes maîtresses avec qui on vit » n'étaient pas à la mode. On trouvait notre différence d'âge choquante. Nous étions encombrants, aussi. Nos cartons s'entassaient dans le local, ainsi que des tas de papiers qui partaient par sacs entiers, des vieux journaux, des emballages divers. Le concierge « volant », l'Espagnol — on le désignait ainsi parce qu'il s'occupait de plusieurs immeubles —, fut rapidement amadoué par quelques pourboires et faisait, dès que l'envie l'en prenait, le nettoyage par le vide en portant les emballages sur le trottoir très chic de l'avenue Victor-Hugo ; c'est lui aussi qui vidait nos poubelles distinguées dans un container.

*
**

Dans les grands récits romantiques, on ne parle ni de poubelles, ni d'huissiers, ni de constats. On meurt d'amour aux dernières pages. On circule comme les images virtuelles d'aujourd'hui. Anna Karenine monte sans bagages dans son fameux train. Juliette, allongée sur la pierre tombale, ne se colle pas sur la poitrine un post-it : « Attention : je ne suis pas morte. » La rage jalouse d'Othello ne se nourrit d'aucune information fournie par un détective privé, son instinct meurtrier n'est pas déclenché par la visite d'un huissier. Notre amour était aux dimensions de ces épopées, mais la vie pratique le réduisait à la mesure du quotidien.

Notre nouvelle existence ressemblait à un poème de Prévert : il y avait le journal, l'éditeur, l'agent littéraire, le facteur, le gardien espagnol, le musicien et son orgue de Barbarie. Les clefs à ne pas perdre ni confondre. La carte de séjour (valable six mois, renouvelable) à ne pas oublier dans l'un des sacs à main. Les francs belges, les francs français, les marks allemands, les schillings autrichiens. Les crayons Staetler numéro deux, le taille-crayon et la gomme. Et l'amour en prime. Il y avait l'avenue Victor-Hugo et ses arbres, le boucher et ses opinions politiques, le boulanger, quelques boutiques de luxe. Il y avait aussi, pour les occasions exceptionnelles, la haute couture (je rentrais dans n'importe quel modèle de défilé, il fallait juste le raccourcir) et les ciseaux d'Alexandre pour ce qu'il appelait mes « cheveux d'ange ». Une collision permanente entre l'amour fou, la générosité sans limites de C.B., la vie à deux – sublime –, et le bal des exécuteurs qui exécutaient les ordres. L'actualité trépidante du journal et mes éditions étrangères qui commençaient à arriver. C'était un marathon amoureux.

Le boulanger dont je suis devenue la fidèle cliente me recommanda une Espagnole de passage à Paris. Elle avait vécu une aventure étonnante. Ses patrons, en récompense de ses fidèles services, l'avaient emmenée en pèlerinage à Rome. Sur le chemin du retour, traversant Paris, Pilar avait découvert que la liberté existait et qu'en travaillant en France elle pourrait gagner plus d'argent qu'en Espagne. Elle était restée. Elle a emménagé dans la petite chambre de service, sous les toits, et a commencé à s'occuper de tout. Elle savait que ma fille était d'un premier mariage. Elle ferma avec condescendance ses lourdes paupières sur notre vie illégitime devant Dieu et les hommes. Elle devint bientôt indispensable. Mais, un jour, elle déclara qu'elle ne resterait pas chez nous, car la langue française lui provoquait des maux de tête. « Tout le monde me parle en français, ça me fatigue. » De peur de la perdre, je me suis inscrite chez Berlitz au cours d'espagnol. Pilar était contente de mes progrès, j'aimais la sonorité mauve de cette nouvelle langue. J'ai persisté jusqu'au moment où j'ai pu lire en version originale García Lorca. Pilar, souriante, continua donc à repasser admirablement les chemises de C.B.

*
*

Quelque temps, dans l'œil du cyclone – pendant que les avocats se battaient à coups de chiffres –, nous avons connu une esquisse de vie de famille. Anne était conduite chaque matin à sa petite école, toute proche. Elle déjeunait à la maison et repartait avec Pilar, qui lui enseignait l'espagnol. Toute petite, intelligente et prudente, Anne s'intégrait à notre vie parisienne avec une docilité étonnante. Cette souplesse, cette apparente absence de curiosité me désorientaient. Impossible de deviner ce qu'elle pensait. Elle levait parfois sur moi son regard bleu et me demandait quand elle reverrait Papa. « Chaque fois que les vacances dépasseront deux ou trois jours. Mais si tu as envie d'aller passer un long week-end avec lui, je t'emmènerai un vendredi et je te reprendrai le dimanche. » Pilar dormait dans l'appartement lorsque nous sortions le soir. Anne commençait à inviter de petites camarades. Le calme régnait à Bruxelles. Les R. nous aidaient. Je reçus même un message d'amitié de Mme R., aussi courageuse que réconfortante.

Mes parents vivaient dans une atmosphère de quiétude que je maintenais artificiellement. Leur petit appartement ensoleillé à Boulogne, près du Bois, était agréable. Dès l'achat, j'avais préparé avec un soin particulier la chambre de mon père. Il avait sa bibliothèque et une boîte de cigares sur sa table. Pour ma mère, j'ai trouvé chez un antiquaire une petite coiffeuse Louis XVI, dans un état convenable. J'y ai posé un flacon de son parfum préféré, *L'Heure Bleue* de Guerlain, que j'avais toujours vu à Budapest. C'était la touche raffinée qui aiderait ma mère à se sentir chez elle. J'amenais souvent Anne chez eux. Ils l'aimaient tendrement.

Parfois, j'avais des nouvelles de mon plus jeune frère qui réussissait une belle carrière de compositeur. Après un séjour au Brésil, il se dirigeait vers les États-Unis. « Peut-être que je ferai un tour en Europe aussi », avait-il écrit sur une carte. Nos liens se relâchaient à cause des distances qui nous séparaient, de nos tempéraments aussi.

L'appartement de mon frère aîné à Vienne était devenu un vrai centre d'accueil. La plupart des intellectuels arrivant clandestinement de Hongrie trouvaient refuge et aide chez lui. Tout ce que je lui envoyais, il le distribuait. Une fois, je fus franchement agacée. Alors que je lui avais expédié en cadeau de Noël une garde-robe d'hiver complète − il fait froid, à Vienne −, il avait donné l'« équipement » réuni si soigneusement à un écrivain débarqué chez lui avec sa seule chemise. Que dire ? De son point de vue, il avait raison.

Mon frère Alain, il fallait l'accepter tel qu'il était. Généreux sur tous les plans. Hongrois fanatique, il passait une partie de son existence d'intellectuel à camoufler, à maquiller, à « arranger » comme il le pouvait les racines germaniques qui apparaissaient ici et là dans notre famille. Un jour, j'ai sauvé de justesse le superbe portrait d'un général autrichien au visage distingué et sévère, qui portait un uniforme bardé de décorations. « Je ne te le donne pas, c'est un traître. » Je croyais rêver. J'ai sauvé de sa vindicte cet arrière-arrière-grand-oncle, le général. Alain avait une passion pour la branche hongroise « pur-sang », il la cultivait et eût aimé gommer les autres, les germaniques. Il cherchait dans les archives de Vienne les reproductions des armoiries des différentes familles nobles dont nous étions issus, ou les parentés directes ou indirectes du « bon » côté. Il avait trouvé un généalogiste qui l'avait orienté vers un peintre spécialisé. Celui-ci avait accepté de copier les armoiries dans des documents autrichiens. J'avais, à un moment donné, tout un mur couvert de ces blasons. L'un d'eux, le plus proche de la famille maternelle de mon père, était dominé par un héron. Le digne oiseau tenait une pierre dans sa patte droite. C'était le gardien de la forteresse, chargé d'annoncer l'arrivée de l'ennemi. S'il s'endormait, la pierre tombait et le réveillait. Il ne pouvait donc pas manquer de donner l'alerte.

La grand-mère camouflée, polonaise ou juive, ou les deux, n'avait pas de place dans ce déploiement de documents. Lorsque le secret ne l'écrasait pas, le chagrin d'Alain pour cette grand-mère transparaissait dans des fragments de phrases dont l'écho me parvenait encore de Hongrie. Je n'ai jamais obtenu d'informations précises. Cette grand-mère bannie me préoccupait. N'était-elle pas la preuve que la maternité est pafois une immense escroquerie morale ? Ne l'avait-on pas écartée de la famille parce qu'on la supposait juive, en tout cas étrangère ? Étrangère par rapport à qui ? Par rapport à quoi ? Ses deux filles, dont ma mère, ne souffraient-elles pas dans leur conscience ? J'aurais dû m'apercevoir — en les écoutant — que les enfants n'aiment pas forcément leurs parents. J'avais écarté ce mystère au profit d'une image idyllique dont j'avais besoin pour tenir.

En dehors de ses problèmes de nationalisme exacerbé qui lui faisaient tant de mal et qui ne m'intéressaient pas du tout, nous entretenions, Alain et moi, une superbe correspondance. J'ai eu, il y a quelque temps, ses lettres sous les yeux. J'en ai relu certaines pages : ses affinités intellectuelles ou génétiques ressortaient à chaque ligne. Dès qu'il découvrait un personnage juif dans mes romans, il m'écrivait, heureux, il l'analysait. Il s'enthousiasmait pour ces rencontres dictées par une loi intérieure que moi-même je n'ai jamais pu définir avec précision. C'était ainsi. Même dans ses lettres brûlantes d'amour fraternel pour sa petite sœur, il réussissait à maintenir le silence.

Alain avait toujours une pensée aimable pour C.B. et un mot doux pour ma fille. Lors d'une visite éclair à Bruxelles, il avait consolé Georges qui – légende ou réalité ? – avait avalé un léger barbiturique tant il était désespéré de mon départ. Conséquence des médicaments ou de sa dépression passagère, il ne s'était pas rendu chez le juge. La deuxième comparution manquée, nous avons été renvoyés à la case départ. Il fallait tout recommencer.

En bon républicain, secrètement admiratif, envieux, méprisant ou critique à l'égard des aristocrates, Claude découvrait la collection de blasons envoyée par Alain, y compris l'arbre généalogique qui, déplié, occupait la moitié du sol du salon. L'autre moitié était couverte par les branches des familles de Claude, originaires du Nord, et qu'il me présentait lorsqu'un dimanche après-midi le permettait. Je savais qui avait donné et en quelle année – vers 1600 –, un hôpital et à quelle ville.

Mais moi, je n'avais toujours que ma carte de séjour provisoire. « Patiente, mon amour. Dès que nous serons mariés, ce sera automatique. Bientôt... »

✳︎✳︎

La parution d'*Il n'est pas si facile de vivre* ne remua pas la vie littéraire parisienne. J'étais déjà classée : auteur de langue française venue de l'Europe centrale, forcément cantonnée aux biographies et aux histoires de mon pays d'origine. J'aurais dû devenir, pour assurer le confort de certains qui cherchaient toujours à retrouver le même sujet, une spécialiste de la

Hongrie. Ce pays, hélas, n'avait pas la taille de la Chine pour que je me transforme en Pearl Buck et, de toute façon, mon centre d'intérêt était ailleurs. J'ai eu plusieurs occasions d'expliquer que mon domaine, c'était le roman, la fiction. On m'observait, légèrement goguenard, et j'entendais répéter la phrase – si connue depuis : « On écrit ce qu'on a vécu. » Point de vue purement français. Je songeais alors aux vastes horizons américains, anglo-saxons, où l'imagination ne constitue pas un élément douteux, presque suspect, au détriment de la qualité purement littéraire d'une œuvre. L'aventure humaine, en France, c'était la naissance, l'enfance, l'adolescence, l'amour la « première fois », des émotions secrètes. Les crimes à la manière de Thérèse Desqueyroux étaient admis – mais pas les meurtres soupçonnés d'influence anglo-saxonne ? Ensuite arrivaient en bonne place aussi les guerres et les souvenirs de guerre.

Il n'est pas si facile de vivre suivit la carrière de *J'ai quinze ans*. J'ai lu, dans le *New York Times* du 4 mars 1960 : « Christine Arnothy, une belle émigrée hongroise, est un membre talentueux de la plus jeune génération des écrivains européens. Admirée par la critique en France et en Angleterre, elle n'a pas encore reçu l'attention qu'elle mérite dans ce pays. » (« *Christine Arnothy, a beautiful Hungarian émigrée, is a talented member of the younger generation of European writers. Critically admired in France and in England, she has not yet received the attention she deserves in this country.* ») Ces lignes et celles qui les suivaient m'emplissaient d'une satisfaction grisante et je m'interrogeais : aurais-je été plus à ma place là-bas ? Auraient-ils décelé, ceux qui me lisaient en Amérique ou en Angleterre, la vraie nature d'aventurière de la fiction que j'étais ? Je recevais des appels de cinéastes juifs hongrois qui régnaient encore à Hollywood en ces années-là : « Votre place est ici, que faites-vous en France ? »

*
* *

C.B., pour me faire plaisir, tenait à conserver les articles sur mes écrits. Sans lui, ces extraits de presse auraient disparu dans un sain désordre. Il avait engagé une secrétaire pour dactylographier mes manuscrits et constituer des dossiers avec les articles envoyés par les bons soins de mes éditeurs, accompagnés de lettres chargées de compliments. Un article paru dans le *Chicago Tribune* du 28 février 1960 m'enchantait. « Les victoires et tragédies des réfugiés ont été racontées de nombreuses fois dans les livres et journaux ces quinze dernières années, mais peu d'écrivains ont décrit les conséquences de la guerre mieux que Christine Arnothy. (...) Avec humour et amertume, avec honnêteté et perspicacité, avec un don pour les détails naturel à l'écrivain-né, le livre évoque les jours à Vienne sans documents, la vie dans un camp allié pour réfugiés et les événements mémorables qui suivent lorsqu'elle quitte ses parents et part seule à Paris. » (« *The triumphs and tragedies of refugees have been told many times in books and newspapers in the last 15 years, but few writers have described this aftermath of war better than has Christine Arnothy. (...) With humor and bitterness, with honesty and perception, with a flair for detail that is natural to the born writer, the book tells of the days in Vienna without documents, of life in the Allied refugee camp, and the momentous events that followed when she left her parents and went to Paris alone.* »)

On me lisait même à Charleston, ville dont je connaissais le nom grâce à *Autant en emporte le vent* : « De tous les livres écrits

297

sur l'incertitude et la misère de la vie des réfugiés, celui-ci doit être considéré parmi les meilleurs. » *("Of all the books written about the suspense and misery of the refugee's life, this one must be rated among the best")* (13 mars 1960).

Ainsi, d'une semaine à l'autre, je faisais la connaissance des publications américaines, des plus grandes aux plus petites. J'ai eu récemment entre les mains, en regardant les classeurs, quelques lignes de la *Cedars Rapids Gazette* du 27 mars 1960 : « Écrivain-né, elle décrit avec une extrême perception et des détails pénétrants sa vie avec ses parents à Vienne et les événements quand elle partit seule pour Paris. (...) Possédant le même charme que son précédent roman à succès, *Il n'est pas si facile de vivre*, traduit du français, devrait devenir un best-seller. » (« *A born novelist, she describes with intense feeling and clear detail her life with her parents in Vienna and events when she went to Paris alone. (...) Possessing the same appeal as her earlier popular novel,* It Is Not So Easy To Live*, translated from the French, should have a best-selling future.* ») » J'adorais la *Cedars Rapids Gazette*, modeste publication sans doute, mais qui m'avait donné de la place.

J'appréciais, étonnée, le fait que je commençais à intéresser aussi de jeunes lecteurs. Ils s'exprimaient dans *Teens Today* (mai 1960) : « Malgré le fait que l'histoire soit la vie d'une fille, les gars peuvent partager ses sentiments », tandis que pour les filles : « Tendre et tragique et drôle à la fois. Nous avons été aussi émues par le livre de Christine Arnothy que par le journal d'Anne Frank ». (« *The boy's verdict: "Even though the story is about a girl's life, fellows can share her feelings." The girl's: "Tender and tragic and funny combined. We were as moved by Christine Arnothy's book as we were by Anne Frank's diary."* »)

Mais il fallait que je trouve ma place en France aussi. Mon identité d'écrivain de langue française venu de l'Est. Ce que j'appréciais le plus dans cette existence, dont le fondement était l'écriture, c'était ma liberté absolue, ma liberté d'expression, sans frein. Aucun éditeur n'a essayé de m'influencer ni de me censurer. Jamais C.B. ne s'est penché sur mes manuscrits. J'étais libre, totalement libre. Pourtant, que d'écrits, plus tard, qui auraient pu le gêner vis-à-vis du monde qui nous entourait. Pour ne pas le déranger, même indirectement, avec mes opinions politiques qui auraient pu être exprimées avec violence, j'essayais d'éviter les sujets qui concernaient la vie française et l'actualité. Je me cantonnais dans des préoccupations universelles. J'exprimais mon désir profond de lutter contre l'antisémitisme et toute autre discrimination raciale. Je me demandais si le sentiment de culpabilité pouvait être héréditaire. D'où, des années plus tard, l'écriture du *Jardin noir* : la fille d'un criminel de guerre nazi fuit le passé, écrasée par l'inhumanité de son père. J'étais fascinée par la notion même de la fidélité dans l'amitié. Qu'est-ce qui est plus grave : trahir un ami ou un amant ? Je me donnai la réponse dans *La Saison des Américains*, sujet né en moi lors d'une visite à un cimetière américain de Normandie. J'y avais vu une pierre tombale sans nom. Mon héros de roman s'y trouvait : je l'avais décidé ainsi. Le portrait d'un terroriste amateur qui veut venger Auschwitz et finit par renoncer pour ne pas devenir comme ceux qui ont massacré tant d'innocents : c'était *Le Bonheur d'une manière ou d'une autre*.

Ces sujets que je gardais dans mon subconscient et qui avaient pris forme en France étaient nés des persécutions dont j'avais été témoin. Les misères et la haine des peuples entre eux attendaient le moment d'éclore dans mes romans. Un savant juif ne se fait-il pas passer pour mort dans *Une affaire d'héritage*, ne supportant plus l'imbécillité des humains ? Je portais en moi des quantités d'histoires. Dans les films *Alien 1, 2* et *3*, les monstres sortent des cages thoraciques ou des ventres. J'avais les miens. Mes « monstres » à moi étaient des justiciers. Mais, par orgueil, par défi, je voulais démontrer que je pouvais me couler aussi dans le moule purement français. Devenir quelqu'un « bien de chez nous ». Mais c'était où, mon « chez moi » ? J'étais comme une fleur ramassée au hasard dans la forêt vierge des peuples. En France, depuis ma vie avec C.B., des filaments de racines commençaient à pousser. Tout cela était fragile.

Je lui ai reparlé de ma tante aux États-Unis. Elle n'avait jamais répondu à ma demande d'aide.

— Peut-être qu'elle n'a jamais reçu ta lettre.

— Mes lettres ! Elle les a reçues. J'en suis sûre.

— Tu serais partie ?

— Oh oui !

— Après m'avoir connu ?

— Peut-être tout à fait au début de notre histoire.

— Tu aurais fait ça ?

— Oui. Souviens-toi, nous avons rompu quinze jours après notre première rencontre. Tu m'as appelée à temps.

J'y songeais pourtant à l'Amérique, lorsque, pour le plaisir de faire du mal à C.B., on me démolissait dans une publication ou dans une émission dont l'écho me parvenait par des lecteurs indignés — le traitement que je subissais étant pour eux incompréhensible. Je sentais en moi l'accélération d'un compteur. Le compteur des années. Un compteur qui fonctionnait comme un taximètre. Les chiffres défilaient, les chiffres des années. Le temps nécessaire pour m'installer dans une autre langue rétrécissait de jour en jour. Ma jeunesse, mon capital de reconversion en anglais diminuaient d'année en année. Partir à dix-sept ans avec un Américain et vivre dans sa langue aurait été un lavage de cerveau volontaire, promis à la réussite : j'avais une manière impitoyable de m'attaquer aux études. Depuis toujours, je me serais plus facilement massacrée sur une page qu'avouée vaincue. Question de nature. Une locution entendue en Belgique me revenait parfois à l'esprit : « Il vaut mieux avoir des remords que des regrets. »

J'essayais d'écarter ces pensées. Je devais rester avec l'homme que j'aimais, il fallait juste que j'essaye de modeler mon tempérament sur la France. Ma carrière littéraire française, malgré les entraves considérables qu'on m'infligeait, s'ouvrait brillamment : n'importe qui s'en serait contenté, éperdu de reconnaissance envers le destin. Pourtant, le compteur fou qui projetait les chiffres dans ma conscience me pressait presque de réfléchir à un ultime choix. Si ce choix s'était présenté à temps, qu'aurais-je fait ? Je ne le sais pas. Mais, pendant cette période de persécutions juridiques, il me fallait toute la force de mon amour pour supporter le tic-tac assourdissant de ce compteur.

15

Je me pliais jour après jour à ma nouvelle existence. Auprès de C.B., j'étais à la source de l'actualité, mais je sentais aussi le poids des traditions, celles de tout un pays. Je comprenais rapidement – il ne fallait pas être pour cela d'une intelligence lumineuse, juste attentive – ce que je pouvais dire ou ne pas dire pour ne pas blesser ou heurter. Peu à peu, j'apprenais à distinguer un pays de sa littérature, qu'on m'avait inculquée dès l'enfance. Ce qui était le plus difficile, c'était de me trouver parfois chez Roger Martin du Gard, ou même dans les grands classiques – Balzac, par exemple –, surtout quand il s'agissait d'avocats.

Je constatais aussi avec étonnement un immense orgueil national que ne freinait aucune humilité, même feinte. Pour moi, étrangère, en dehors des remarques aigres-douces que je me permettais à propos du traité de Trianon, la France, où j'habitais avec un Français, devenait une sorte de mausolée tout confort où, heureusement, des bouffées d'oxygène me parvenaient au rythme du grand quotidien que C.B. dirigeait. Je découvris, à l'occasion de notre périple juridique, que nous subissions de très vieilles lois, mais que celles-ci convenaient à ce peuple. Si j'avais dit un mot contre certaines absurdités, j'aurais été l'étrangère qui ne comprend rien au mythe de la France – et même, tout simplement, une gauchiste.

Avec C.B., je vivais dans l'actualité et dans le futur, mais toujours dans un environnement où le passé enchantait ou oppressait. Entre les grottes de Lascaux et le monde des typographes, j'avais un lien : lui, l'homme de ma vie. Parfois, les chats se couchent près des radiateurs. La féline d'Europe centrale voulait bien ronronner à la source d'une chaleur humaine. Mais c'était infiniment difficile. L'environnement de C.B. était fait de grands professionnels, de savants, de journalistes, de chercheurs de son âge. Moi, avec mes vingt ans à peine dépassés, j'aurais pu avoir des camarades de ma génération, rencontrés par exemple à la radio. Mais s'ils venaient en visite chez nous, ils s'enfuyaient sitôt que C.B. rentrait à la maison. On n'était pas du même milieu – ni d'âge ni d'esprit. J'éprouvais un immense besoin d'amitié, quelque chose qui aurait pu m'enraciner à la terre d'ici et m'y attacher plus que les racines-filaments que laissait pousser l'hypothétique fleur dans son tube de verre.

Chez les libraires et auprès des lecteurs rencontrés au hasard des signatures, je me détendais un peu. Mes écrits me servaient de liens entre les inconnus souriants et moi, avec ceux qui se penchaient vers moi et me disaient doucement : « Écrivez, c'est si intéressant. Et ce siège de Budapest ? Que s'est-il passé ensuite ? Vous avez une petite fille, n'est-ce pas ? Elle a dû grandir. Et vos parents, comment vont-ils ? » Je m'approchais pas à pas de ma France à moi, plus dans les librairies que dans les dîners en ville. Le monde de Claude était à part. Par ses yeux, je ne voyais qu'un pays héroïque. Il était issu d'une de ces familles modèles qu'on cite dans les livres d'histoire. Même sa carrière de grand journaliste était partie de province. Je vivais auprès de lui le côté sublime de ce pays, mais il ne fallait pas trop me plonger dans ce qu'on appelait la « vie parisienne », où j'allais de surprise en surprise. Pourtant, c'est ainsi qu'un pays se découvre et que la vie passe.

**
*

Refrain : « Dès que nous serons mariés, tu obtiendras la nationalité française, c'est automatique. On ne t'ennuiera plus en t'interrogeant sans cesse sur la Hongrie, l'Autriche, la guerre », disait C.B.

Je le regardais avec tendresse. Mon grand Français libéral et généreux imaginait qu'il suffisait d'obtenir une nationalité pour être considéré comme appartenant au pays qui accorde ce privilège. J'aimais ces illusions sur l'accueil réservé aux étrangers. Il projetait ses idées sur tout son pays. Il me disait que sa mère pensait à moi avec sympathie. « Elle me sait heureux. » J'existais donc en fonction du bonheur d'un fils. Mieux que rien. Du côté de Bruxelles, une autre mère me détestait parce que je quittais son fils. Et moi, dans tout cela ? Je ne me sentais en sécurité que chez mes éditeurs. Eux, ils attendaient tant de choses de moi.

Je n'écrivais que tôt le matin. Il fallait subir dans la journée la guérilla des divorces. Nous étions submergés par les assignations. Le moindre coup de sonnette était une menace. Pilar avait appris que, si quelqu'un demandait Mme Bellanger, elle devait répondre : « Il n'y a pas de Mme Bellanger ici. » Elle levait de temps en temps sur moi un lourd regard noir. Je n'ai jamais su si c'était de la compassion ou un reproche discret. Préoccupée par tant de complications à affronter et à comprendre, elle laissait planer autour d'elle une atmosphère de procession de Pâques.

Comme je montrais quelque impatience, C.B. souhaita que je rencontre son avocat. L'homme au visage rubicond était de taille moyenne. J'ai gardé de lui une impression désagréable. Il déclarait qu'il agirait de son mieux pour que M. Bellanger obtienne rapidement son divorce. Ses propos sonnaient faux. Ayant senti ma réticence, C.B. m'assura que l'avocat était « brave ». Le divorce s'annonçait assez simple, malgré la résistance violente de l'épouse en titre. Selon C.B., cette affaire ne nécessitait pas un génie, loin de là. J'écoutais, espérant qu'il ne se trompait pas.

Quitter l'appartement avant que n'arrivent les fils du « premier lit », pour ne pas corrompre leur vision d'un monde moral. Aller dormir chez des amis, de crainte d'un constat qui aurait provoqué ma condamnation pénale. Attendre un divorce hypothétique qui serait prononcé, selon C.B., l'année suivante. Écrire de quatre heures du matin jusque vers neuf heures, dix heures selon les possibilités, puis se consacrer à l'organisation de la maison. Rendre visite à mes parents et essayer de ne pas trop expliquer, sinon se taire, sinon mentir, sinon sourire. Subir la guerre avec Bruxelles d'où la mère de Georges, arrivée de Budapest, nous menaçait ouvertement. Recevoir à Neuilly des lettres d'injures anonymes : il était évident que l'appartement qui servait d'alibi n'était plus une adresse secrète. Expliquer aux éditeurs que mon nom d'écrivain n'était pas le mien, mais que je devais le garder à cause du succès de *J'ai quinze ans*. Complications à n'en plus finir.

N'importe quel être raisonnable aurait pu se demander pourquoi deux personnes, en l'occurrence C.B. et moi, acceptaient d'affronter tant d'obstacles. La réponse était d'une simplicité biblique : nous étions nés l'un pour l'autre. C'était la fameuse évidence que nous avions éprouvée et fuie dès le prix Vérité, lors de notre première rencontre. Nous étions l'invention d'un savant fou ou d'un Dieu qui, dans une crise aiguë de néo-romantisme, aurait voulu créer une rencontre particulière. Dès que nous étions en tête à tête, la magie opérait. Le temps d'un déjeuner, d'un trajet en voiture, d'un dîner intime, d'un après-midi de week-end passé dans l'appartement, lui dans sa bibliothèque et moi près de mon manuscrit en cours, notre entente était plus proche de la fiction que d'un récit rationnel. Nous n'avions rien de rationnel. Nous aurions pu nous trouver aussi bien dans une bulle de bande dessinée pour adultes qu'être, avant la lettre, des personnages virtuels. Malgré tout ce qui pouvait m'agacer de sa part, je l'aimais. Malgré les complications infinies que je représentais pour lui, il m'aimait. Chacun de nous avait des défauts qui alourdissaient la vie de l'autre. Chacun de nous avait des qualités qui prêtaient des ailes à l'autre. C'était comme ça. Parfois, il venait jusqu'à la pièce où je travaillais juste pour constater à mi-voix : « Tu es là, mon amour. » Pendant ces week-ends où, l'après-midi, ma fille était au Jardin d'acclimatation avec mes parents, je surgissais au milieu des papiers, j'apparaissais à l'entrée de son bureau : « Je ne veux pas te déranger, je viens juste te dire que je t'aime. » Il levait alors la tête d'un de ses écrits sur la presse, me souriait. Je découvrais ainsi que les anges pouvaient être myopes et porter des lunettes.

Caméléon, je l'étais : un caméléon amoureux. Il me fallut peu de temps pour m'habituer au rythme de vie d'un directeur de journal totalement lié à sa publication. Dans ces années-là, les machines avaient moins d'importance que les personnes qui les faisaient marcher. L'informatique n'existait pas, ou presque pas. Tout dépendait du travail artisanal des journalistes. Il ne fallait pas avancer l'heure où « tombe » le journal, pour ne pas manquer les toutes dernières nouvelles. Ni technique surdéveloppée ni appareils sophistiqués. De petites notes manuscrites partaient vers les secteurs intéressés.

Aimer, cependant, ça prend du temps. Parfois, nos déjeuners rapides, improvisés parce que répondant à l'impérieux besoin de se voir dans une journée trop longue, obligeaient à déplacer un repas avec tel ou tel professeur d'histoire qui travaillait sur la reconstitution du passé des Legrand, les ancêtres lillois. J'ai quelquefois privé les chercheurs avec qui C.B. élaborait l'*Histoire générale de la presse française* d'une réunion, ou bien je mécontentais ses interlocuteurs, intermédiaires dans sa lutte pour dégager l'Agence France-Presse de la tutelle de l'État. Les travaux de C.B. étaient toujours voilés d'une extrême discrétion. Je détestais cette modestie presque maladive, cette surface qu'il offrait à ceux qui souvent l'assistaient au cours d'une lutte, puis « engrangeaient » la gloire, sinon les bénéfices, d'une opération politique ou journalistique.

Parfois, lors de paisibles dimanches, Claude me montrait certains documents. J'ai vu la première page recto verso du *Parisien libéré,* cette page qu'il avait conçue et imprimée avec les typographes résistants dans un atelier clandestin. J'ai regardé la grande feuille jaunie couverte de texte et j'ai demandé :

— Qui a écrit ça ?

— À quatre-vingts pour cent, moi. Quelle importance ?

— Mais pourquoi tu n'as pas signé ?

– Qu'importe la personne lorsqu'il s'agit d'une cause commune !

Juste un rappel ici, une anecdote. Lorsque nous avons eu une grande maison en Normandie, j'ai équipé toute la famille de vélos. « Jamais, a-t-il dit. Jamais pour moi. – Tu détestes le vélo ? – Pendant l'Occupation, je traversais souvent Paris avec des sacoches remplies de documents pour l'imprimerie clandestine. Plus de vélo, plus jamais. » C'était ainsi. Il marchait sur les immenses plages désertes, l'hiver, en me parlant. « Plus de vélo. »

Où que nous passions la nuit, à l'époque des persécutions aiguës, les amis posaient un téléphone à côté de notre lit d'hébergement. On pouvait l'appeler, le rédacteur en chef avait chaque soir connaissance du numéro secret. Je garde le souvenir de réveils brutaux. Le téléphone. La sonnerie. J'ouvre les yeux. Non, je ne suis pas dans la cave à Budapest. Non, ce n'est pas un bombardement. Je tâte. L'homme à côté de moi dit : « Dors, ce n'est rien. » Une fois, j'ai entendu : « Titre sur cinq col à la une. » « Il y a une guerre ? – Non. On a enlevé Mme X. » Et il a prononcé le nom de la femme d'un industriel très connu.

Jusqu'en 1966, où s'annoncèrent les futurs orages concernant son travail, il a été le poumon d'acier de ce journal. Ses adversaires auraient aimé le voir s'affaiblir. Mais, auprès de moi, il rajeunissait. Ça arrangeait peu de gens. Sauf lui et moi.

Nous vivions, chacun à cause de ses origines et de ses préoccupations nationales ou internationales, dans le vent de l'histoire, tout en étant exposés aux intempéries juridiques. *Le Parisien libéré*, dont les titres à la une pouvaient sensiblement influencer l'opinion publique, était à cette époque, comme l'est redevenu *Le Parisien-Aujourd'hui*, la « voie populaire » aussi convoitée que déterminante, particulièrement en période d'élections ou de crises politiques diverses.

Au début de 1956, la guerre couvait déjà en Algérie. Les incidents relatés à mi-voix entre Français étaient dissimulés aux étrangers. Lors d'un congrès sur cette terre magnifique, devant la blancheur des villes et le bleu de la mer, je ne fus qu'une spectatrice discrète, camouflant sa mésentente avec la France de l'époque. Je n'avais pas à juger. Je n'avais ni l'expérience ni le droit. Mes opinions, mes impressions, je les gardais pour moi. Mais une question lancinante me traversait souvent : « Pourquoi dit-on l'"Algérie française " ? L'Algérie est algérienne. » Ayant quitté la Hongrie d'abord occupée par les Allemands, ensuite libérée des Allemands par l'armée soviétique qui y avait installé une autre forme d'occupation, toute prise de pouvoir d'un peuple sur un autre me révoltait. Même si la France avait tout bâti là-bas, comme on me l'avait expliqué. La définition de l'Algérie « française » me déboussolait. Je rejetais le colonialisme sous toutes ses formes. Il fallait que cela cesse à un moment donné. Au cours de ce voyage, confrontée à l'environnement proche de C.B., j'ai senti le regard d'abord critique, puis sympathique, du président de la Ligue de l'enseignement, l'un des combattants, comme C.B., pour le maintien et la sauvegarde de la laïcité dans les écoles publiques. On m'observait avec un intérêt modéré. Il était normal que C.B., toujours solitaire, ait enfin rencontré une jolie fille. Je n'étais rien de plus. On croyait que j'allais « durer » le temps de ce voyage.

Ne pouvant rien dire, je n'attendais que le moment de quitter cette ville blanche qui n'était pas plus française que moi. Mentalement, je me propulsais ailleurs pour mieux me taire.

Nous étions souvent invités – C.B. par intérêt et pour l'estime qu'on lui portait, moi avec lui, par curiosité et pour son plaisir. Un soir, je m'en souviens comme si c'était hier, nous participions à un dîner chez un industriel dont la femme avait créé une pâle imitation des salons littéraires de jadis et donc, en dehors de mes liens avec C.B., je représentais aussi – par moi-même – quelque intérêt à ses yeux. Au repas, pour bien souligner que ma situation de compagne « irrégulière » n'était pas prise en compte – par prudence vis-à-vis de C.B. –, je fus assise à la droite du maître de maison. Je constatai aussitôt le regard désapprobateur de certaines dames qui auraient pu revendiquer cette place privilégiée. L'homme qui recevait était robuste, il portait à son doigt épais une chevalière. Nous avions commencé par échanger des propos anodins, et lui constatait, tel un médecin appelé en consultation, que j'avais un accent indéfinissable, comme s'il s'était agi d'une maladie à dépister. Je lui ai expliqué que j'avais appris l'allemand, le français et le hongrois en même temps. L'hôte a absorbé l'information puis, après un temps de réflexion, il s'est retourné vers moi : « Que je vous regarde un peu mieux, chère madame. Vous permettez ? C'est étonnant ! Vous n'êtes pas jaune ! » J'ai esquissé un sourire mondain stéréotypé et j'ai déposé ma fourchette près de l'assiette en fine porcelaine. Le porte-couteau était en forme de chien, un teckel allongé.

— Jaune ? Pourquoi donc ?

— Parce les Hongrois sont les descendants des Huns. Les Huns sont des Mongols et les Mongols sont jaunes. D'ailleurs, selon mes souvenirs, vous avez eu des histoires avec les Turcs aussi. Mais, bien avant, vos ancêtres avaient répandu la terreur en Europe.

Je n'étais pas l'unique personne au monde, loin de là, à être ainsi élevée au rang de symbole de tout un pays. Lorsqu'on s'attaquait à quelqu'un d'étranger, c'était : « Vous, les Belges, avec votre accent. Vous, les Anglais, avec votre sauce à la menthe. » Moi, c'était : « Vous, les Hongrois. » Je trouvais pourtant étrange d'entendre dire que mes ancêtres étaient des sauvages. Si j'avais pris cette définition au premier degré, j'aurais dû répondre : « Et vous, les Français, vous croyez être quoi en Algérie ? Vous n'êtes pas des sauvages ? On parle de plus en plus – certes, en sourdine – de tortures. » Je me gardai bien de ce genre d'explosion verbale : vivant avec C.B., j'étais responsable de chaque mot prononcé. Je devais m'effacer, me taire ou partir. J'ai gardé un triste souvenir d'une remarque prononcée par un jeune journaliste algérien, que j'avais connu à la radio. Nous avions des relations amicales. Nous parlions des peuples, de la politique, de la « condition humaine » – expression très à la mode à l'époque. Un jour, il m'a dit : « Je ne pourrai pas te revoir, hélas. À cause du journal de ton mari. – Je n'en suis pas responsable. – Tu vis avec lui, ça revient au même. » Et ce n'était que le début du désengagement des jeunes intellectuels qui préféraient n'avoir plus de contact avec moi. Je pense à toutes les contradictions dans lesquelles je vivais. Si j'avais eu des années en plus et une œuvre littéraire accomplie, j'aurais pu exister en tant que « voix » ; mais pas à mon âge, dans un pays à la fois vieux et neuf. Je préférais engranger les expériences et me taire. Ce soir, chez ces relations très mondaines, il fallait rester une fois de plus la « femme délicieuse ». La pasionaria pouvait aller se coucher.

Notre hôte, ce jour-là, je le taquinai un peu, d'une manière raisonnable, dans les limites que je m'autorisais.

— À propos de sauvages, l'un de mes grands-pères était allemand et la plupart de mes ancêtres sont autrichiens. D'ailleurs, ils sont tous venus à tour de rôle en France pour apprendre la langue et connaître le peuple.

— Comme les Russes avant la révolution, dit-il, satisfait de ses connaissances.

Il ajouta, après réflexion :

— Si je vous ai bien comprise, madame, vous n'êtes pas une vraie Hongroise ?

— Une partie de mon arbre généalogique – qui remonte à 1620 – est constituée – comme vous les définissez – de « purs Hongrois ». L'authenticité est garantie par des documents trouvés et retrouvés dans des archives à Vienne. De l'autre côté, le mélange peut être étonnant. Surtout pour vous, j'imagine.

Je lui ai expliqué avec douceur qu'en Europe centrale, la population est diverse, mélangée. Les talents, les animosités et les haines héréditaires s'entrechoquent.

— En effet, s'est-il exclamé, c'est une poudrière. Une vraie poudrière ! Si l'impératrice n'avait pas été sauvagement poignardée et l'archiduc Ferdinand de Habsbourg assassiné à Sarajevo, nous n'aurions pas eu la Première Guerre mondiale. Vous, les gens des Balkans, vous êtes des semeurs de troubles.

Une fois de plus, j'étais devenue un concentré de poison politique. J'ai répondu avec beaucoup de douceur :

— Balkans ? Pas exactement. Je suis née en Europe centrale.

— Ça revient au même. Vous êtes issue de familles vivant dans ce coin si dangereux pour l'équilibre du monde civilisé.

Il s'emballait, sa salive s'accumulait en petite mousse sur sa lèvre inférieure. Je réfléchissais. Ce genre de personnage réveillait en moi cent diables. L'idée perverse aurait été de mentionner ma grand-mère polonaise. C'était risqué. Déjà, pour un certain nombre de Hongrois qui se hasardaient dans des définitions, hélas, parfois aussi vulgaires que primaires, les Polonais se rangeaient en trois catégories : des princes, des alcooliques et des Juifs. Je me méfiais : si jamais son cœur n'était pas assez solide, son malaise nous priverait de dessert, lequel, exposé sur une table dans un coin, paraissait fort sympathique. J'ai choisi une exquise politesse, évoquant une fois de plus la branche noble, les hectares et ma grand-mère paternelle victorieuse régnant sur ses quatre fils. Poussé par un instinct qui le mettait en danger tant ses émotions étaient fortes, il revint à mon grand-père allemand.

— Qu'est-ce qu'il faisait en Hongrie ?

— De l'argent. Il a été à l'origine de la fondation d'une banque privée au Liechtenstein et avait le projet d'installer des boutiques de luxe à Budapest.

— Dans votre pays, dit-il, décontenancé par le mot « boutique », le commerce était entre les mains des Juifs. Là-bas, les Juifs sont partout.

— Il y a eu une foule de martyrs, des morts en déportation. Connaissez-vous les chiffres approximatifs des survivants du ghetto de Varsovie ?

— Qu'importe.

— Qu'importe ? C'est atroce.

— Ne vous en faites pas à ce point, il en reste, a-t-il dit.

J'ai bu une gorgée d'eau gazeuse. J'ai toujours respecté les invités et le fait d'être invitée, mais là, j'avais l'impression d'être devenue la négresse blanche devant laquelle on injurie les nègres. Je devais détourner la conversation pour éviter de prononcer une phrase cinglante qui aurait provoqué la gêne, en tout cas un choc verbal.

— Des pur-sang garantis, on en avait en Hongrie : des chevaux.

Son visage s'éclaira.

— Bien sûr, la Puszta est faite pour ça. Votre steppe ! Vous devriez écrire quelque chose sur votre steppe.

— On trouvait aussi des demi-sang arabes. Je suis un demi-sang. Dressé pour les courses. Surtout les courses d'obstacles.

— Vous parlez bien le français, dit-il. Vous savez même plaisanter. C'est amusant.

De l'autre côté de la table, C.B. me regardait. Il n'était pas inquiet, mais sans avoir entendu la conversation, il sentait la tension. L'hôte s'adressa à lui en hésitant : « Votre charmante... » Dire : « Votre charmante femme » ? Une vraie injure à l'égard de celles qui étaient « légales ». Trop gêné pour dire « amie », il se rattrapa :

— Ma très charmante voisine me donne une leçon d'histoire et de géographie.

C.B. répliqua :

— Le pays d'origine de Christine est magnifique.

— J'ai appris qu'en Hongrie il y a encore des Autrichiens, observa l'hôte. L'opéra de Vienne est d'une extrême qualité.

— Vienne n'est pas loin de Budapest, ajouta l'épouse.

Elle évoqua aussitôt un voyage en Autriche fait avant la guerre. Elle se souvenait des cafés servis avec de la crème chantilly. Pour eux, Vienne était loin de Paris, et la Hongrie à des années-lumière.

Au fur et à mesure que le temps s'écoulait, à chacun de ces étranges examens de passage, je pris l'habitude d'évoquer, en bonne élève, les racines finno-ougriennes du hongrois. On me regardait alors avec compassion. La France avait le privilège de pratiquer une langue universelle, la sienne. Le reste du monde, les langues qu'on y parlait et surtout ce qu'on exprimait ne semblait pas avoir beaucoup d'importance. Ma connaissance du français désorientait. Si j'avais parlé par signes, monosyllabes ou, selon l'expression colonialiste, en « petit nègre », j'aurais reçu plus de témoignages de sympathie. Issue d'une aristocratie « mal branchée », d'un côté sans pedigree et de l'autre avec trop de pedigree, ma place était mal définie. J'étais énervante, je ne correspondais à aucune idée préconçue.

Un Français égaré à Budapest aurait risqué d'encaisser des injures à cause du traité de Trianon. Ne parlons même pas de Yalta où le général de Gaulle ne fut qu'un illustre figurant. La vérité est qu'il faut payer partout pour ses origines, sauf en Amérique où il suffit d'être blanc et rentable, ou peut-être noir et un mythe du sport. D'avoir du succès, donc de l'argent. Je découvrais de plus en plus que les peuples se détestent. Ceux qui proclament la fraternité sont des enfants de chœur qu'on transforme en boucs émissaires en cas de troubles, en martyrs en cas de révolution et, après leur mort, qu'on traite d'idéalistes et de fous.

*
**

316

De Gaulle, élu président de la République en 1959, avait donné à cette date une réception pour le tout-Paris. C.B. voulait m'y emmener. J'avais choisi une robe de haute couture, une mousseline couleur parme dont la pâleur était assortie à la mienne. Il m'était facile d'être presque « transparente ». Notre amour tellement malmené par les avocats me rendait presque anorexique. Cette réception était un problème pour C.B. Il y tenait, mais voulait s'y rendre avec moi. L'attitude sévère de Mme de Gaulle à l'égard des divorcés ou de ceux qui avaient l'intention de se séparer était connue. Pour qu'une jeune étrangère puisse venir avec le puissant directeur de journal qui avait quitté sa famille pour elle, le chef du protocole à qui C.B. s'était adressé avait dû demander l'autorisation de Mme de Gaulle. *Le Parisien libéré* était un journal puissant qui avait sans doute aidé de Gaulle à conquérir l'Élysée. C.B. obtint la permission d'amener la jeune femme écrivain dont on parlait aussi dans les salons. Paraître ensemble, en ces lieux où l'hypocrisie morale revêtait une importance prédominante, était pour moi un événement. Une fois de plus, je circulais dans les pages d'un livre d'histoire.

Dans l'immense salon étincelant, sous les lustres lourds et brillants, la foule des invités formait une file. L'huissier bardé de chaînes et de médailles annonçait d'une voix forte les noms des couples qui s'avançaient devant le Président et son épouse. « Monsieur Claude Bellanger, directeur général du *Parisien libéré*... » L'huissier se tut et, après une seconde de silence, ajouta : « ... et Madame ».

Arrivée devant le Général, je tendis la main. En Hongrie, j'en avais vu des généraux, des officiers de toutes sortes, des décorations : le monde issu de la branche très chic était assez militarisé. Je n'éprouvais donc aucune émotion devant un uniforme. J'ai esquissé un vague sourire. Le Général a levé ma main presque à la hauteur de son visage – moi, un mètre soixante-deux, même le bras tendu, j'étais petite auprès de lui. Il a eu un léger mouvement étrange, presque une simulation d'inclinaison. Ensuite, je fis deux pas pour saluer son épouse, et C.B. arriva devant le Général. Entre ces deux hommes, complices depuis la Résistance, combattants pour leur cause commune, il y eut aussitôt un échange de regards pleins de sous-entendus. Alors, au bout de quelques phrases anodines, le Général-Président prononça d'une voix assez forte : « Vous avez raison, Bellanger. »

Nous étions dorénavant, en tant que faux couple, estampillés par la reconnaissance élyséenne. S'agissait-il d'un hommage de plus rendu au résistant qui avait tellement servi le Général ? Ou bien juste un signe de solidarité entre hommes ? Qu'importe. Leur passé commun soutenait ma présence ici. Presque émue par cet hommage indirect rendu à C.B., je fus pendant quelques secondes dans l'aura de la grandeur de la France. Je me suis dégrisée rapidement, je me méfiais des moments « sublimes ». Lors de la réception qui se déroula ensuite, le président de l'Assemblée nationale, un homme sportif, élégant, passa à côté de nous au pas de course. Il me fut présenté et, après un semblant de baisemain, dit à C.B. : « Ne vous découragez pas, cher ami, c'est long, mais on en sort. » Le divorce entamé de C.B. était maintenant sur la voie publique. L'autre parlait en connaisseur.

**
**

318

Après cette réception, j'ai voulu mieux connaître le passé de résistant de l'homme avec qui je vivais. Il m'en parlait quand j'insistais. Puis, un jour, il laissa une pile de livres en évidence sur une table roulante – normalement, les personnes se servaient de ce genre d'engins pour prendre le thé, nous pour prendre de la littérature. « Si tu veux jeter un coup d'œil. » Ce jour-là, il était parti pour Angers ou pour Rennes. J'avais une journée à passer sans lui, Pilar était de sortie, ma fille au lit avec une angine. Je me suis organisée pour pouvoir lire. J'ai ouvert un volume modeste, *Écrivains en prison*, paru en 1945. L'un des textes, « Méditation sur des souvenirs », était signé Claude Bellanger.

*_{**}

J'ai là, écrit-il, *sous les yeux, de médiocres carrés de papier. Ils ont été cachés dans des doublures. Les mots écrits avec une pointe minuscule de plomb sont plus qu'à demi effacés. Mais les souvenirs ne s'effacent pas.*

Durant cinq mois, j'ai vécu dans cette cellule de Fresnes.

L'homme d'aujourd'hui est-il toujours l'homme de ce temps-là ?

Je relis ces phrases. Il faut que je fasse retour sur moi-même. Je veux me retrouver tel qu'alors. Ce n'est pas un jeu. C'est une épreuve.

Le silence se fait. Je suis seul...

Ah ! cette solitude du « secret », ce retranchement des vivants, cette torture de l'impuissance, ne sont-ils pas peuplés des années vécues, des rêves à venir ?

Je distingue deux principaux aspects de cette vie recluse : le combat qu'il faut livrer dans les interrogatoires qui se succèdent, la volonté tendue – terriblement – pour gagner du temps, pour tromper avec l'accent du vrai, pour convaincre avec des mensonges ; et l'immense pureté des heures magnifiquement et cruellement nues, où tout n'est plus que regard intérieur.

J'avais compris qu'« ils » ne savaient pas. J'étais resté, blême et droit, sous les menaces. Mais ils n'ignoraient pas tout. Il y avait des témoignages, des fiches, des dossiers. Il fallait nier. Il fallait aussi que j'explique ces « preuves » dont on m'accablait.

J'entrais ainsi dans un monde vaguement évoqué en Hongrie. À cause de la chape de plomb imposée par la censure allemande, les nouvelles sur la France circulaient transformées en propagande nazie. Les résistants étaient des « terroristes ». Aurais-je pu imaginer, rêver, prévoir qu'au moment où j'écrivais mes notes sur le siège de Budapest, C.B. griffonnait des mots cassés alors qu'il découvrait dans sa prison « la condition d'un homme dans sa cellule » ?

J'ai appris par ces « chroniques » que la veille d'un interrogatoire, on accroche un panneau à la porte de la cellule pour signaler que demain... Demain ? C'était quoi, demain ?

Dans la pile préparée pour moi, j'ai pris un volume, *Les Bannis*, un recueil de poèmes (paru aux Éditions de Minuit en 1944). Claude Bellanger y avait réuni les textes des poètes juifs dont les livres étaient brûlés par les nazis. Dans sa préface, signée Mauges, il analyse le rôle essentiel, dans la vie littéraire allemande, des écrivains juifs-allemands expulsés, persécutés, dont l'œuvre avait été détruite. Il écrit :

Il appartenait à des Français, sans doute, de leur rendre ici la parole, de leur donner audience.

Et ne désespérons pas de voir, en Allemagne même, leur message entendu.

320

Je lis, dans un autre texte de Mauges, ses notes de prison :

Allons ! Je vais marcher un peu. De la fenêtre à la porte, il y a huit pas : quelquefois, en biais, neuf...

J'ai marqué chaque jour d'un trait sur le mur. Une croix me rappelle ce matin où je fus appelé pour l'interrogatoire. Je frissonne à ce souvenir. Quelles menaces ! Il fallait tenir tête. Comme ils savaient bien torturer et meurtrir et tout faire craindre, ces deux hommes au visage fermé, qui voulaient me forcer à avouer, qui n'avaient que la mort à la bouche !

En déposant ce livre et les autres, je m'interrogeais sur mon destin. Comment ne pas devenir Française, intégrée et intégrale, à côté de ce patriote ?

⁂

Je continuai de feuilleter les pages jaunies, de les lire. Je ne savais plus si c'était l'imprimé qui était abîmé par le temps ou mes larmes qui voilaient mes yeux. J'aimais l'homme et son pays. Je les aimais.

⁂

Un samedi, C.B. et moi étions seuls au salon. Ma fille passait la journée chez mes parents et Pilar préparait un gâteau à la cuisine. C'était le moment de lui poser une question qui me brûlait les lèvres depuis longtemps.

— Qu'est-ce qui aurait pu nous séparer ? Quel obstacle majeur t'aurait empêché de bouleverser ta vie à cause de moi ?

Je commençai à énumérer :

— Si tu avais eu une femme qui avait été la perfection sur terre...

— J'aurais quitté n'importe qui pour toi.

J'étais heureuse. Je devais être sûre qu'il n'y avait que moi. Rien avant, rien après. Je continuai :

— Si tu avais été convaincu que tes fils ne pouvaient pas être élevés et éduqués sans ta présence ?

— Non, a-t-il dit. La jeunesse et l'adolescence passent. D'ailleurs, avec l'âge, ils me comprendront et je prends grand soin d'eux. Tu le sais.

On avait connu cette semaine-là tant de harcèlements que j'avais besoin de mots tendres. Encore de la tendresse, s'il vous plaît. Je cherchais aussi les compliments. Je repris :

— Tu n'as jamais eu peur que je puisse dire des choses qui auraient pu te gêner dans ta situation ?

— Tu sens les êtres et les moments. J'ai toujours eu confiance en toi, a-t-il dit.

— Cherche encore une raison qui aurait pu nous séparer.

Il réfléchit et, soudain, lui qui avait édité, traduit en français les poètes juifs, qui m'avait cité en exemple Rainer Maria Rilke comme poète écrivain allemand pouvant s'exprimer en français a prononcé une phrase plus que surprenante :

— Si tu avais eu un accent allemand.

Évidemment, ai-je pensé. Il a été emprisonné par les Allemands, il a vécu clandestinement depuis 1940 — je crois —, aurait-il pu supporter qu'on lui susurre à l'oreille « che fous aime » ? Non. Je pensai à mon grand-père allemand dont je ne connaissais que le portrait. Il avait une belle tête, ce grand-père, et portait des lunettes à monture en métal. Ni écrivain, ni penseur, ni poète, mais homme d'affaires, homme d'argent. Il était parti de Hongrie avec une fille de vingt ans... Avait-il eu le coup de foudre ou bien s'était-il séparé de sa femme parce que celle-ci était présumée juive ? Je n'aurais jamais la réponse.

— Christine, dit C.B., tu es loin dans tes pensées.

— C'est évident. Nous avons des vies compliquées par l'Histoire.

Il fallait alléger l'atmosphère et chasser le spectre aimable qui me hantait.

— Claude, il est probable que ma grand-mère maternelle, née en Pologne, était juive. En tout cas, elle a fait ses études en France. Elle a appris le français à Maman. Mais personne ne veut accepter dans la famille cette probabilité ou cette vérité. Même rétrospectivement, ils la nient.

— Mais c'est absurde. Il s'agit de ta grand-mère. Elle a légué le français à ta mère, donc à toi, presque comme un héritage génétique. Ton frère Alain a fait ses études aussi à la Sorbonne, n'est-ce pas ? Tu sembles émue. Pour quelle raison ? Je ne comprends pas...

Ce n'était pas une porte, mais une voie royale qui était offerte à cette grand-mère que je n'avais jamais connue. Pour la première fois de ma courte existence, j'étais en présence de quelqu'un, Claude, sur qui le mot juif n'avait exercé aucun effet – ni bon ni mauvais. Rien. Je le regardai, étonnée.

— Si tu pouvais t'expliquer, dit-il. Tu sembles troublée.

— Elle était polonaise et, paraît-il, fille d'un peintre célèbre. Juive du côté maternel. C'est ce qu'on présume et qu'on cache, désespérément, depuis des décennies. Je ne l'ai deviné que par des rumeurs, des petites phrases, des sous-entendus.

— Tu l'as connue ?

— Non.

Je continuai :

— Je ne sais rien d'elle. Sauf ce que je viens de te dire.

— Et ton grand-père ?

— Un homme d'affaires allemand de Constance.

— Ils se sont rencontrés où ?

— Paraît-il à Strasbourg, alors qu'elle était de retour de Paris. Il l'a épousée, puis est venu avec elle et leurs deux filles en voyage d'affaires en Hongrie. Puis, lui, il a quitté tout le monde et ma grand-mère est retournée en Pologne. J'ai entendu parler de Cracovie. Comme ça, en passant.

« Cracovie », « Cracovie »... Comment Cracovie se prononce en allemand ? Comment Cracovie se forme ou se déforme en hongrois ?

Il y eut un silence, et je prêtai aussitôt des visages à ma grand-mère. Surgie dans le salon de l'avenue Victor-Hugo, elle apparaissait dans le halo tamisé des lumières, parmi les livres, les documents, les dictionnaires. C.B. reprit, pensif :

— À l'époque, elle devait déjà être en danger.

J'étais éperdue de reconnaissance. La femme bannie était invitée chez nous. Elle arrivait par une longue route, puis s'arrêtait, pétrifiée, dans la lumière des phares de voitures noires. Juive fugitive, elle fuit ou bien une famille qui l'a abandonnée, ou bien ceux qui la persécutent, elle fuit – à découvert – le siècle. Le moment était sacré, païens ou chrétiens fervents, amateurs ou savants chercheurs, tous ceux qui étaient là, fantômes impalpables mais animés, échappés de cryptes, se tenaient en alerte. C.B. avait en partie traduit en

324

français et aidé à publier des poètes juifs allemands – il leur avait redonné la vie. La vie imprimée. Étions-nous sous l'influence de ces morts qui jubilaient ? Qui nous récompensaient ? Avions-nous vraiment aperçu une femme assise dans l'un de nos fauteuils ? Les genoux serrés, la jupe longue, un ruban autour du cou, un camée attaché à la hauteur de la poitrine. Le bijou ancien est posé sur un chemisier dont le col monte presque jusqu'au menton. De grands yeux, clairs. Des cheveux, blancs ou blonds, ramenés en un léger chignon sur la nuque. Dans un moment fragile comme celui-là, notre passion pour la justice humaine se confondait avec notre passion amoureuse. « Cracovie ». Avais-je prononcé « Cracovie » ?

Un léger bruit fit disparaître l'impression d'une présence. Claude venait de refermer un livre pris dans la bibliothèque. Il voulait toujours tout vérifier, tout et tout de suite.

— Dès qu'on peut, je t'emmène là-bas. À Cracovie. On ira consulter les registres ou ce qu'il en reste. Quel était son nom ?

Je le lui dis.

— Son prénom ?

— Il ne me reste que l'écho d'un écho. Claude, pour quelques instants, ma grand-mère a été ressuscitée, ce soir.

— C'est parfait, dit-il. Si on allait dîner ?

16

Notre vie commune était si chargée d'événements qu'il serait vain de vouloir respecter leur ordre chronologique. Peut-on chronométrer avec exactitude les minutes et les heures d'une course d'obstacles ?

Nous connaissions aussi des périodes d'armistice lorsque nos adversaires se trouvaient démunis d'idées immédiates pour nous harceler. Étions-nous si haïssables ? Peut-être. Pour certains, notre bonheur était presque indécent. Tirer à vue sur deux adultes – C.B. et moi –, c'était la loi de la guerre. Mais utiliser les enfants pour exercer sur nous une pression plus puissante, c'était plutôt méprisable.

La mère de Georges obtint son visa de sortie de Hongrie. Arrivée à Bruxelles, elle analysa la situation de son fils, qu'elle trouvait « trop faible », « trop bon », et prit le train pour Paris. Sans s'être annoncée, elle fit une visite éclair chez C.B. qui, malgré son emploi du temps minuté, la reçut et l'écouta. Ce jour-là, C.B. revint à la maison soucieux. Il me raconta de quelle manière la dame avait tenté de dicter ses conditions. « C'est de moi que votre chère Christine va divorcer, pas de mon fils. Il faut encore que nous acceptions ce divorce. La première étape pour gagner ce qu'elle appelle sa liberté, votre chère Christine, est le retour de ma petite-fille à Bruxelles. En cas de refus, nous arrêtons la procédure du divorce et en tout cas nous reprenons Anne. » Nous avons appris peu de temps après cette intrusion – parce que tout se sait – qu'elle avait rencontré l'épouse de C.B. et que ces deux femmes s'étaient alliées pour nous empoisonner l'existence. L'arme fatale ? L'enfant. Les enfants. Imparable ! Les fils de C.B. étaient de plus en plus hostiles, et moi, menacée de l'enlèvement de ma fille, je courais chaque jour à l'école pour la chercher, de crainte qu'on me devance, que la grand-mère bruxelloise l'enlève et la mette dans un train. Si elles passaient la frontière, la bataille était perdue d'avance.

Claude me proposa de rendre visite à sa mère à Angers et de passer ensuite un week-end sur la Côte d'Azur. Il fallait nous dégager de l'étau de la vie quotidienne. La veille du départ, j'ai amené Anne chez mes parents, que j'ai mis en garde : pour le moment, il ne fallait pas sortir avec elle ailleurs que dans le parc de l'immeuble et surtout se méfier des pièges, des appels, des visites. Tout refuser.

Ma fille observait – apparemment détachée – ces incidents. Je lui appris que sa grand-mère était venue à Paris et avait décidé de l'installer à Bruxelles. Elle écouta attentivement et me demanda : « Je vais quand là-bas, Maman ? » Je fus aussitôt en larmes. « Je ne te lâcherai jamais... » Elle m'observait, perplexe. Sans doute ne comprenait-elle pas pourquoi c'était si important d'être avec sa mère. Il y avait son père. Elle ne manifestait à cette époque aucune préférence. Elle était seule à savoir ce qu'elle ressentait vraiment. Elle était plutôt curieuse de connaître la dame venue de Hongrie. Quant aux fils de C.B., ils avaient « choisi » leur mère. Les rencontres au restaurant étaient de plus en plus espacées. On nous faisait payer chaque minute de notre existence commune.

***

Nous sommes partis pour Angers le vendredi après-midi. Les paysages défilaient et l'histoire de cette famille exemplaire aussi. À cause du baron hongrois qui, en route pour l'Amérique, avait « laissé » un enfant quelque part dans la famille du Nord, la Hongrie n'avait pas la cote à Angers.

Ma future belle-mère nous reçut d'une manière assez solennelle dans son salon chargé de meubles rares. Elle était courtoise et son sourire, neutre. Elle demanda des nouvelles de mes parents. « Sont-ils heureux d'être à Paris ? – Bien sûr. Ils seront ravis de vous connaître un jour. – Moi de même », dit-elle. J'étais assez crispée. Je n'aimais pas ce genre d'examen de passage. Il était préférable de ne pas évoquer mes souches germaniques. Elle avait perdu un fils à Colmar. L'autre, le plus jeune, combattant actif dans la Résistance, avait été fait prisonnier par les Allemands, condamné à mort et sauvé de justesse grâce à la Libération. Si j'avais été lapone, esquimaude, membre d'une tribu d'Amazonie, ou femme-girafe, j'aurais eu sans doute plus de chances d'être accueillie sans réserve.

L'élégante vieille dame portait un chemisier à jabot de dentelle. Ses vêtements étaient dans les nuances de gris et de mauve. Elle n'avait pas quitté les couleurs du deuil depuis la mort de son mari, un ingénieur angevin qui avait dû transmettre à son fils Claude sa douceur, sa tendresse.

Je me trouvais dans la France profonde. Sur les murs, les portraits des Legrand me contemplaient. Plus tard, j'ai fait connaissance aussi du quatrième frère, ingénieur, qui vivait avec sa famille à Angers.

Nous avons déposé nos bagages au premier étage. C.B. me montra la chambre de ses jeunes années. J'allais passer la nuit dans une pièce contiguë où j'aperçus un lit-bateau d'époque. Je signalai timidement à Mme Bellanger mère que j'aimais, tôt le matin, me préparer un café. Elle me répondit que nous prendrions le petit déjeuner ensemble à neuf heures. Nous sommes restés longtemps à regarder les meubles dont chacun avait son histoire.

Nous avons dîné dans un restaurant accueillant. Bavardage en sourdine. C.B.. fier de moi, évoquait mes écrits et les prémices d'un succès international. Sa mère écoutait, polie, et parla rapidement d'autre chose. « Le prix de ta liberté va être élevé, remarqua-t-elle. — Pour avoir Christine, aucun sacrifice n'est de trop », dit C.B. Je sentais sur moi le regard de sa mère. En rentrant, elle me montra la cuisine, le café en poudre et la cafetière.

Je dus dormir seule dans mon lit-bateau, C.B. dans la pièce d'à côté. Il n'y avait qu'un seul lit pour deux personnes, celui de sa mère. Malgré l'entraînement que j'avais subi par la force des choses, un lit inconnu me rebutait toujours. Ici, à Angers, les draps étaient en coton épais. Ils sentaient le moisi et un lointain parfum de lavande. Ayant lutté avec le dur oreiller, je décidai d'allumer la lampe de chevet, dont l'abat-jour en soie plissée était brûlé à deux endroits. Je me levai et partis à la recherche d'une bouteille d'eau. Je craignais le bruit de mes pas sur le parquet et les marches qui descendaient vers le rez-de-chaussée. Comment me comporter pour plaire à cette digne dame, mère de quatre fils héroïques, dont un mort pour la France ? Dans la nuit noire, laissant couler prudemment l'eau du robinet dans un grand verre sorti d'un placard au-dessus de l'évier, je me sentais plus que jamais personne déplacée. J'évoquai les débordements d'amour de ma mère, sa chaleur lorsqu'elle me serrait dans ses bras, mon père qui avait inventé des adjectifs insolites pour me combler de mots doux, mon frère à Vienne qui n'était que ferveur et sentiments. J'étais inquiète : ici l'atmosphère me semblait froide. Était-ce dû au tempérament du Nord ou à ma présence ? Je me consolai à l'idée de notre départ le lendemain pour la Côte d'Azur.

Vers six heures du matin, dans la salle de bains de l'étage, j'ai pris une douche, debout dans la baignoire. Je me suis habillée et je suis descendue à la cuisine. Je n'avais pas envie de café en poudre. Je me suis sauvée par la porte qui s'ouvrait sur le jardin à l'arrière de la maison, à la recherche d'un café. Trouver un bistrot ouvert à Angers à six heures et demie du matin ? Dans un quartier résidentiel ? J'ai dû marcher longtemps et je suis arrivée à la gare où un café venait d'ouvrir. Derrière le comptoir, un garçon nettoyait les verres avec un torchon. J'ai demandé un double expresso. Le breuvage était convenable, parce que brûlant. J'étais presque soulagée : les spectres de la nuit étaient chassés, j'allais retourner vers l'homme que j'aimais et bientôt nous partirions pour la Côte. Après avoir déambulé dans la belle ville encore endormie, je rentrai à la maison par la petite porte de la cuisine et remontai au premier étage. C.B. venait de sortir de la salle de bains.

— Je t'ai cherchée partout, s'exclama-t-il. Tu m'as manqué ! Le lit ! Tu n'as pas dû bien dormir...

Lui, il pouvait critiquer, pas moi.

— Tu viens d'où ?

— J'ai trouvé un bistrot. On peut y retourner. À cette heure-ci, ils auront des croissants.

— Non, dit-il sombrement. Il faut que nous buvions le café avec Maman.

Elle nous accueillit, parfaitement habillée et coiffée, dans la salle à manger du rez-de-chaussée. Sacrifiés sur l'autel de l'amour filial, nous avons absorbé un liquide au goût de métal, versé d'une cafetière Louis XV d'époque. Le sucrier, Louis XV aussi, était noirci. Les petites cuillères en argent massif avaient dû être sorties de leurs écrins à l'occasion de notre visite. Nous avons eu droit aux biscuits ronds, durs, conservés dans une boîte en argent ciselé. Nous avons tout laissé sur la table, la femme de ménage s'en chargerait.

Avant notre départ, nous avons dû admirer les vitrines chargées de trésors. « Tu peux prendre une commode "transition", dit Mme Bellanger mère, en avance sur ta part. J'ai prévenu tes frères. » Elle ouvrit ici et là des tiroirs remplis d'objets : petites boîtes précieuses, collection d'éventails d'époque Napoléon III, boîtes à musique aussi. Dès qu'on entrouvrait les couvercles, elles égrenaient de brèves mélodies. Des cartes de visite anciennes étaient rangées en paquets et, entre les pages jaunies d'un agenda à la couverture en nacre, se cachait un crayon. J'ai vu des jouets d'autrefois, des casse-tête chinois en bois précieux, de minuscules soldats de plomb couchés sur des supports en velours. Mme Bellanger mère sortit d'une pochette en soie un carnet de bal de 1700. Des prénoms calligraphiés couvraient les pages éprouvées par le temps.

Au moment des adieux, la mère de C.B. eut la vague tentation de se pencher vers moi. Une accolade, peut-être ? Son fils semblait heureux. Mais elle changea d'avis, me sourit et dit : « Je suis contente de vous avoir connue. » C.B. était persuadé que sa mère était ravie de ma présence. Il l'aimait sa mère, dont il avait été privé pendant son mariage. Il venait lui rendre visite quand il avait un conseil d'administration à Angers ou lorsqu'il pouvait ménager une journée pour faire un aller-retour. Juste pour l'embrasser.

*
**

Au revoir ! Adieu ! Bye bye, Ciao. Auf wiedersehen... Partir d'ici.

Avant de quitter la maison, j'avais appelé mes parents. Maman m'avait demandé si elle pouvait emmener Anne voir un dessin animé. J'avais hésité un peu, mais peut-être que ce samedi ne représentait pas un danger. Je ne voulais pas non plus tomber dans un état de peur obsessionnelle.

Enfin, nous étions dans la voiture. Claude au volant, moi à côté. Le temps devant nous. La conversation. Je n'ai pas manqué de faire quelques compliments d'usage concernant sa mère, puis de raconter les nouvelles de la semaine. Lorsqu'il revenait du journal le soir, j'essayais de lui épargner les problèmes. Fayard me pressait pour que je quitte Gallimard. Mon contrat avec Claude Gallimard pour dix ouvrages allait être annulé d'office par une loi qui interdisait dorénavant les contrats engageant plus de trois livres. Julliard insistait pour que je rejoigne « ses » auteurs. « Vous êtes un atout majeur pour un éditeur, ma chère Christine. Je tiens beaucoup à votre projet, à "votre" *Cardinal prisonnier*. – Depuis la révolution hongroise, je ne cesse d'y penser. – En attendant ce roman, que je sens important, donnez-moi un petit livre qui serait le symbole de votre "installation" chez moi. – J'ai un projet avancé. Une sorte de hors-d'œuvre littéraire. L'histoire d'un week-end. D'un couple. Je l'ai intitulé *Pique-Nique en Sologne*. »

– Tu voudrais donner un roman à Fayard aussi ?

— Oui. *Le Guérisseur.* L'histoire d'une femme obsédée par le temps. Elle cherche un dérivatif. Elle s'éprend d'un guérisseur, une sorte de gourou. Les tourments d'une femme vieillissante face à un escroc qui lui promet la jeunesse.

— Ce sujet ? Pour Fayard ?

— Oui. J'appelle cela une « anecdote » conjugale. Je veux prouver que je peux écrire des histoires bien françaises. Je veux quitter l'histoire et tenter d'entrer dans l'intimité des couples.

— Ne change pas ta manière d'être ! Tu n'as rien à prouver.

— Ça m'amuse aussi. Je vais essayer d'oublier les problèmes du monde.

— Et le cardinal ?

— Je l'ai promis à Julliard. Le roman commence après vingt ans passés par Mindszenty à l'ambassade américaine de Budapest. Évidemment, s'il quittait la Hongrie avant que mon roman paraisse, j'aurais fait un effort pour rien. Un risque à courir. Mais, selon moi, il ne cédera à aucun pouvoir. Je voudrais entrer dans l'esprit de ce personnage, devenu réfugié dans son propre pays. Je veux décrire l'ambiance à l'ambassade, le comportement de son serviteur fidèle, les efforts diplomatiques des Américains pour se débarrasser de cette présence encombrante. Il faudra que j'aie une entrevue avec un prêtre catholique qui m'expliquera le déroulement d'une messe. Je devrai suivre le rituel et saisir l'éventuel état émotionnel suscité par cette célébration. Le cardinal aura dans l'ambassade une pièce à lui, à part, transformée en chapelle. À l'une de ses messes assistera un jour le frère de l'ambassadeur, qui arrive à Budapest pour connaître le cardinal et le sauver. Mais lui, il ne veut pas être sauvé. Il ne veut pas quitter son pays.

— Vaste sujet, dit Claude.

— Je veux imaginer et bâtir un échange, une série de dialogues entre deux vieillards. Un Américain athée qui ne comprend pas les motivations d'un croyant, c'est ce qui m'intéresse le plus. Passer d'une logique à l'autre et créer le dialogue : passionnant exercice.

— Je vais demander à Monseigneur X de te donner les informations dont tu as besoin. Il sera étonné, mais il ne te refusera pas ses conseils. Parfois, il me demande un coup de main pour son association caritative. Je l'aide toujours.

Ce précieux samedi était déjà bien entamé, car nous étions partis assez tard d'Angers.

**
**

Nous sommes arrivés vers 17 heures à l'hôtel en bordure de mer. Le directeur est venu à notre rencontre, nous a conduit lui-même vers la plus belle suite de l'établissement. Nos bagages déposés, nous sommes descendus sur la terrasse, C.B. a pris une bière, moi un thé. Nous n'avons pas raté le coucher du soleil. Je dis quelques mots aimables sur la visite à Angers. C.B. en était satisfait, lui aussi. Tout allait bien. Ensuite, je remontai à l'étage et m'enfermai dans la salle de bains. Quelle quiétude après la longue route, quelle détente, ce bain ! C.B. est venu me rejoindre et nous nous sommes retrouvés bientôt au lit. Nous avons connu des moments extrêmes. Puis intervint l'habituelle séance de téléphone. C.B. a appelé chez lui pour être sûr que ses fils allaient bien. Moi, de mon côté, j'ai parlé avec Papa. Maman venait de rentrer du cinéma. J'ai entendu la voix de ma fille aussi. « C'était bien, le dessin animé ? – Oui, fit-elle. Oui. Tu reviens quand ? – Je suis à peine partie. Demain soir. » Nous devions descendre dîner vers 9 heures moins le quart. J'avais une petite robe bleu marine d'une simplicité coûteuse. Tout le chic de la célèbre griffe était dans le décolleté provocant. Mes sandales à lanières étaient bleu marine aussi.

Quelques allusions de C.B. à un bijou qu'il faisait dessiner pour moi, et que j'allais bientôt recevoir, des baisers à l'endroit où le clip serait placé – une flambée d'envie nous a renvoyés sur le lit. Nous sommes entrés à 9 heures 30 dans la salle à manger. Bientôt, une délicate salade – feuilles finement coupées, égayées par des lamelles de saumon fumé – fut déposée devant nous. Il y avait du monde dans cette salle à manger où les lumières des bougies sur les tables apportaient un charme intime. « Luxe, calme et volupté » – cette ambiance captivante n'allait pas tarder à être bouleversée.

Pendant qu'un serveur préparait des soles en filets, un employé de la réception est venu susurrer un message à l'oreille de C.B.

— Tu permets ? On m'appelle au téléphone.

Il est parti, est revenu quelques minutes plus tard. Les filets de sole étaient déjà sur les assiettes.

— Qu'est-ce qui se passe ?

Un personnel nombreux se pressait autour de notre table, on versait du vin blanc à C.B., je voulais de l'eau. Les haricots verts étaient présentés sur un plat en argent. Claude me dit doucement :

— Nous devons partir d'ici après le dîner. Mais ne te presse pas. Nous avons tout notre temps. Enfin, en vérité, quelques minutes.

— Partir ?

— Nous ne pouvons pas passer la nuit ici.

— Quel est le problème ?

— Je te l'expliquerai.

— Maintenant, s'il te plaît.

Il fit semblant de piquer quelques haricots verts avec sa fourchette. Puis il ne joua plus et prononça :

— Je suis navré, il vaut mieux quitter l'hôtel. Sans attendre.

Il a repoussé sa chaise. Nous sommes remontés dans notre chambre.

— Je suis profondément désolé, expliqua-t-il pendant que je jetais mes affaires dans ma valise. Apparemment, quelqu'un de l'hôtel a signalé à l'avocat adverse, qui est client ici, que nous serions là ce soir. Un constat se prépare.

La fine robe bleue et les sandales du bottier se retrouvèrent aussitôt dans la valise. J'enfilai un jean et un blouson. Lunettes fumées. La note était déjà préparée à la réception. J'attendis dans le hall. Heureusement, il n'y avait personne à cette heure-ci. Juste le jeune homme qui allait porter nos valises à la voiture. J'entends encore le claquement de la portière. Je l'entends. Devant l'hôtel, le bord de mer était éclairé. C.B. m'avait rejointe.

— En arrivant, j'ai demandé qu'on vérifie l'état des pneus. Le plein d'essence a été fait. Ne t'inquiète pas.

— M'inquiéter ?

Les voitures ne m'ont jamais intéressée. Il faut qu'elles roulent, c'est tout. Nous nous sommes retrouvés sur la route, dans le noir. En fuite.

— Tu as sommeil ? m'a-t-il demandé, les mains crispées sur le volant.

— Non, je n'ai pas sommeil.

— Tu es hors de toi ?

— Je suis hors de moi.

— Dis quelque chose... Manifeste ta colère.

— Tu souffres autant que moi.

— C'est tout ? Ne sois pas si généreuse.

— Je suis persuadée que ton avocat sabote ton divorce. Il se fiche de toi, de moi. D'ailleurs, comment ont-ils su, à l'hôtel, que notre présence ensemble n'était pas « normale » ?

— L'avocat de ma femme est client de cet hôtel. Je viens de l'apprendre. Quant à mon divorce, il est devenu un fait divers parisien. Quelqu'un qui travaille ici a dû lui signaler notre présence pour le week-end. Occasion en or de rendre service à un célèbre avocat.

— Et le secret professionnel ?

— Il concerne seulement les avocats. Quelqu'un qui apprend quelque chose, par hasard ou non, le raconte s'il le veut. L'avocat adverse a cueilli au vol une information qu'il n'a même pas sollicitée. L'indiscrétion vient de l'hôtel.

— Le directeur ?

— Ça peut être n'importe qui...

— Tu vas faire quelque chose ?

— Je n'ai pas de preuve tangible.

— Mais alors, pourquoi nous partons ?

— Parce que la menace est réelle.

— Et si c'était une blague ?

— Je ne crois pas. Mais nous ne pouvons prendre aucun risque.

La route était noire. J'étais à côté d'un journaliste qui avait beaucoup de pouvoir, j'étais une femme connue, nous nous aimions, nous n'avions tué personne et nous fuyions comme des criminels. Nous n'étions pas dans une dictature, nous n'essayions pas de franchir une frontière à pied ! Pas de mirador en vue. Nous étions juste un couple persécuté.

Vers 23 heures, C.B. a trouvé un hôtel dans une petite ville maussade. Nous nous sommes arrêtés devant le bâtiment éclairé d'un néon bleu violent. J'appelle ça le « bleu morgue ». La porte était ouverte. Il y avait une sonnette sur le comptoir. Un objet rond. Il fallait taper sur cette surface sonore. « Dring - dring ! » Assez longtemps après, un homme est arrivé en manches de chemise. Il devait sortir de son lit. Il n'a pas présenté de registre à signer. Il a décroché une clef d'un tableau en bois.

— Vingt-sept. Deuxième porte à droite, deuxième étage. L'ascenseur ne marche pas. Il faut payer en espèces et à l'avance.

Il a eu son argent et marmonné qu'il pouvait préparer un café le matin si nous y tenions. « Non, merci. » Nous nous sommes retrouvés dans une chambre beige. Le plafond, la lumière, les draps, la bien triste couverture sur le lit, tout était beige. Je détestai les oreillers qui semblaient porter encore l'empreinte d'autres têtes. J'ai couvert la taie qui sentait la Javel avec un foulard venu d'une boutique dont le nom était une référence de luxe et d'élégance. Le motif de cette année représentait des chevaux. En liberté.

— Tu m'en veux ? demanda C.B.

— Oui, ai-je dit. Si nous sommes dans cette situation, c'est parce que tu es trop bon, trop gentil, trop aimable, trop soucieux de ne faire de mal à personne. Plus tu es élégant, plus tu reçois de sales coups en retour.

Couchée, je lui ai tourné le dos. Nous avons très peu dormi. Le lendemain, nous avons traversé la ville lugubre où déferlaient les camions. Nous avons pris un café dans un bistrot pour routiers. Il n'y avait pas encore de croissants à cette heure. En rentrant à Paris, je voulais qu'on passe à Neuilly où, depuis trois jours, je n'avais pas pris le courrier. La concierge m'avait gardé un tout petit carton plein de lettres. J'ai aussitôt aperçu une enveloppe « Air mail ». Rentrés avenue Victor-Hugo, à peine arrivée dans l'appartement, je me suis sauvée dans mon bureau où j'ai déposé le courrier.

— Je vais au journal, a dit C.B. J'ai quelques dossiers en attente. Je gagne une journée de travail grâce ou à cause de ce retour malheureux. Mais si tu veux que je reste, je reste. Veux-tu voir un film ?

— Combien de temps tout cela va durer ? ai-je demandé. Ils réussiront à nous ronger. D'huissier en huissier, de fuite en fuite.

— Dans un an, je suis libre, a-t-il affirmé. Au grand maximum dans seize mois si elle fait appel.

— Elle fera appel.

— Toi aussi, tu dois attendre, Christine. Ce n'est pas si facile que ça, Bruxelles.

— On ne nous persécute pas.

— Pas encore. Mais ça ne saurait tarder. Tu vas chercher ta fille ?

— En fin d'après-midi.

— Je t'appellerai du journal.

— Merci.

Quand il s'agissait de moi, il avait de l'instinct.

*
**

Malgré mon impatience, j'ai ouvert l'enveloppe « Air mail » avec précaution. Il fallait protéger l'adresse de l'expéditeur. État de New York. La lettre était dactylographiée sur une feuille bleue assez fine aux lignes serrées.

Mademoiselle,

Votre tante, Ella X., nous a transmis — il y a quelques mois — votre dossier. Elle nous a demandé d'examiner votre demande d'immigration aux USA. Nous avons eu votre curriculum vitae et vos différents certificats d'études délivrés par les établissements scolaires de Kufstein, d'Innsbruck et de Paris et les lettres que vous lui avez adressées. Vous souhaitiez vous installer avec votre enfant aux États-Unis pour vous consacrer au perfectionnement de la langue anglaise et vous diriger ensuite vers des études de psychologie. Vous vous proposiez aussi pour un emploi de gouvernante qui vous permettrait d'être hébergée avec votre enfant.

Notre Fondation est réservée aux rescapés juifs qui désirent gagner les USA. Mais nous avons aussi un secteur pour les réfugiés d'origines diverses. J'ai des raisons personnelles de vous aider de mon mieux. J'ai pu dégager une place pour vous dans l'un de nos foyers. Vous y serez accueillie avec votre fille. Vous pourrez perfectionner votre connaissance de l'anglais. Vous serez orientée ensuite vers une université. Si votre première année d'études se termine sur un résultat satisfaisant, votre carte de séjour provisoire pourra être prolongée. Après cinq ans de résidence, vous commencerez avec notre aide, si c'est votre souhait, les démarches pour obtenir la nationalité américaine. Adressez-vous à notre ambassade de Bruxelles que nous allons informer de notre accord. Les services concernés auront la copie de cette lettre. Pour obtenir votre visa, il faut compter pourtant un délai de trois à six mois.

J'ai communiqué ce résultat à Ella X. Elle ne souhaite pas que vous lui écriviez une lettre de remerciement. Elle désire éviter tout contact, la rupture avec sa famille est irrévocable.

Veuillez recevoir, Mademoiselle, mes pensées très sincères.

Signé : Joanna Smith.

Je restai immobile. Puis je relus la lettre, encore et encore. J'aurais préféré ne pas la recevoir. Elle m'offrait l'Amérique — trop tard.

Le téléphone sonna. Ma mère m'appelait. « Anne pleure et vomit. » Il valait mieux aller la chercher. J'ai laissé la lettre américaine sur la table, j'ai pris mon sac. Au pas de course, je suis descendue et, dans l'avenue Victor-Hugo, j'ai attrapé un taxi et retrouvé ma fille chez mes parents. Tendue, je les embrassai.

— Je suis pressée, ai-je dit. Qu'est-ce qu'elle a ?

Je ne voulais pas rester. La moindre question m'aurait agacée.

— Tu es si pâle, dit Maman. Un peu de thé ?

— Pour quelle raison es-tu si pâle ? insista mon père.

Il me prit à part :

— Chaque jour, je pense à ce que la vie m'a réservé grâce à toi et à Claude : le bonheur de te voir.

— Heureusement, vous êtes revenus plus tôt que prévu de votre excursion, intervint ma mère. Je ne sais pas ce qu'elle a, la petite.

— Je veux rentrer à la maison, Maman, répétait Anne.

Dans quelle maison voulait-elle rentrer ? J'étais prise d'un vif remords. N'aurais-je pas dû rester à Bruxelles et y attendre que la petite fille grandisse ? Ou aurais-je dû l'emmener à Paris dès que je m'y étais installée ? Aurait-il fallu l'« enlever » à son père ? Non. Selon mes très restreintes possibilités, j'avais agi à peu près correctement. Quel soulagement sublime ce serait de vivre sans un seul sentiment ! Ne pas aimer un homme au-delà de tous les obstacles, ne pas aimer un enfant qui ne comprend peut-être pas cette passion maternelle — passion qui, plus tard, se révèle inutile. Vivre avec des menottes conjugales ou avec les larmes aux yeux...

Le taxi m'attendait devant l'immeuble. Papa est descendu avec nous. Je savais qu'il aurait aimé nous accompagner, mais je faisais semblant d'ignorer son envie. Je lui aurais parlé forcément du message américain. Il aurait été désespéré à l'idée que je puisse partir.

Nous avons quitté le taxi pas loin de la maison. Il y avait du soleil. Je voulais marcher un peu avec Anne. Sa petite main était froide. Et une fois de plus la question lancinante : aurais-je dû végéter à Bruxelles, prisonnière d'un mariage voué à l'échec, juste pour ne pas déséquilibrer ma fille ? Et si elle-même avait été déstabilisée par la mésentente visible entre son père et sa mère... ? Que le sacrifice aurait semblé ridicule ! Bientôt, l'odeur chaude et familiale de la boulangerie-pâtisserie, ouverte le dimanche, nous parvint. « Tu veux un pain au chocolat ? – Oui. – Tu n'as plus mal au ventre ? – Non. » Nous sommes entrées, côté vente à emporter. Il y avait quelques personnes dans le petit salon de thé. L'atmosphère était accueillante et sentait le pain frais. Anne grignotait son pain au chocolat. J'ai pris une baguette pour en manger le bout. Nous sommes ressorties sur l'avenue. Je n'avais pas envie de bavarder, ma fille le sentait. J'étais obsédée par la lettre reçue, assaillie d'images-clichés. Je nous voyais, elle et moi, débarquer aux États-Unis. La statue de la Liberté et sa torche. Un cargo. Nous aurions voyagé en cargo. Accostage, débarquement, contrôle. Une jeune femme avec une petite fille. Leur solitude. Personne ne les attend. Elle a une lettre portant une adresse. Le foyer. En marchant, en me réconfortant avec la baguette, je m'efforçais de démystifier ces images en noir et blanc.

Anne a trébuché pour attirer mon attention, elle n'aimait pas quand mes pensées m'éloignaient d'elle. « Avance, avance », lui ai-je dit. Nous étions proches de la petite allée qui montait vers la cour. Elle est partie en courant. Les enfants sont comme ça : ils vous font peur, vous emplissent de remords, cassent parfois votre cœur en morceaux et, sans recoller les débris, soudain gais, s'en vont jouer. Mais c'est bien ainsi. Il faut apprendre à être parent. Mère. Pas une petite chose, la maternité. La césarienne est sans douleur. La douleur vient après, en prime. Au moins, je n'ai pas accouché haletante, en sueur. Rien. Anesthésiée. Sur tous les plans.

Je me résumai mon existence. Un : je suis une femme choyée, je vis un amour exalté et exaltant. Deux : mes prochains récits, très « style français » me brûlent déjà les doigts. Trois : il faut balayer de mon esprit un chagrin imbécile d'un romantisme de pacotille le désir de l'Amérique. Je ne me trouverais jamais au milieu d'une foule d'étudiants qui traversent la cour du campus d'une université américaine. Et alors ? Mais si je me sentais condamnée à l'Europe, est-ce que ce serait un drame ?

Rentrée à l'appartement, et apercevant le téléphone, j'ai voulu appeler C.B. Il fallait le soulager avec des mots doux. Faire en quelque sorte contrepoids à notre détestable départ de la Côte. Devais-je lui raconter la lettre ? J'hésitai. Que faire pour apaiser et s'apaiser ? Vers six heures, je préparai le bain d'Anne. Elle voulait jouer dans l'eau avec un gros canard jaune au bec rouge. Chaque fois enfoncé, le canard revenait à la surface. « Tu n'es plus malade ? – Non. » Je lavai son petit corps de poupée, poupée de porcelaine. « Ça va, Maman ? » a-t-elle demandé soudain. Je devais avoir mauvaise mine pour qu'elle s'inquiète de la sorte. Pilar avait préparé un dîner froid

– « si jamais vous rentrez plus tôt ». Ma fille construisait un train dans sa chambre en ajustant des morceaux de bois multicolores. Elle était belle et rappelait parfois la transparence d'une stalactite au soleil. Si nous avions pu avoir une vie moins harcelée, une atmosphère familiale aurait pu se créer. C.B. aimait beaucoup la petite fille. Elle avait appris à se montrer polie et restait en général placide. Elle était peut-être tendre avec son père, je ne savais pas. À Paris, comblée de cadeaux, souvent son regard d'un bleu d'acier restait impénétrable.

Je ne pouvais pas résister à la tentation de revenir sans cesse, mentalement, aux hypothèses qui m'auraient éventuellement permis de passer une année en Amérique. Confier ma fille à son père ? Me mettre en congé filial de mes parents ? Avant même que j'arrive à Claude, des « non, non, non » surgissaient en moi. Dans le crépuscule de l'appartement, dans ce milieu confortable et élégant de livres et de papiers, j'ai reconnu avoir perdu ma liberté de disposer de moi-même. Pour quelle raison ? Claude se serait retrouvé seul. Je n'aurais pas pu supporter qu'il souffre. J'ai éprouvé une bizarre colère, une sorte de trac. Je comprenais enfin ce que représentait la notion d'aimer. Sentiment complexe, riche, difficile : il prend possession de vous et on reste désarmé. Mais la folle tendresse qui m'envahit alors était plus puissante que l'amour, au sens conventionnel du mot. Je voulais le protéger d'une douleur dont j'aurais pu être la cause. Je l'aimais avec son génie de journaliste et ses maladresses d'homme, avec sa modestie exacerbée et si agaçante. Je l'aimais quand il présidait une réunion internationale, quand il dominait ceux qui l'écoutaient. Je lui ai appris le rire. Il souriait maintenant en rentrant parce que j'étais là. J'ai dû accepter l'évidence. L'engagement était pour la vie. L'imaginer entrer dans un appartement vide ? Impossible. Je serais de retour au bout d'une semaine.

Je me mis à ranger. Des draps, des serviettes, même des factures. Question de nature. Organiser en s'organisant. Je pliai les affaires de ma fille. Elle ajustait dans sa chambre avec une patience presque exagérée les éléments de son train. Les images défilaient pendant que, devant l'armoire, je pliais de petites choses blanches. Linges d'enfant. En posant une chemisette sur une autre – la pile devait être d'une régularité exaspérante –, je perdais les plaines et les montagnes de la Californie, l'avancée sanglante des conquérants de l'Ouest. Je perdais les traces des pionniers, je ne pleurais plus le destin des Indiens sacrifiés ni des ouvriers qui consacraient leur existence à installer des conduites d'eau dans le désert. Toutes mes lectures déferlaient sur moi, et que d'images ! Je perdais les éléments kitsch de Hollywood, connus par le cinéma. Je quittais la foule hétéroclite et multiraciale des rues de New York où je m'étais imaginée tant de fois : je ne ferais pas de courses dans les épiceries tenues par des Hindous. Je perdais Thornton Wilder et sa « Petite ville », Steinbeck, ses souris et ses hommes, je me séparais de James Jones et de son roman *From here to Eternity*, que j'avais traversé trois fois. Je perdais Saul Bellow, cet émigré juif russe qui parlait lui aussi quatre langues dès son enfance et qui passait sa vie d'écrivain à vouloir prouver que Freud avait « remplacé » Marx. Je ne ferais pas partie des héritiers intellectuels, des rescapés de l'obscure Europe centrale installés à Brooklyn. Ils étaient devenus américains. Eux.

Dans cet appartement de l'avenue Victor-Hugo à la lumière teintée de vert par les feuilles des arbres, devant les fenêtres, j'ai enfin pu mesurer la force de la passion qui me liait à C.B. Comme quelqu'un qui se noie, je revoyais pêle-mêle, presque

346

affolée : enfance, arbre de Noël, ma mère, la neige aussi, la course avec mes chiens vers la rivière et Papa vêtu de noir près d'un champ de blé. La frontière, les barbelés, les miradors, le camp, et j'entendais, comme jadis dans la boîte de Vienne, la musique de Glenn Miller. Cheval sauvage de l'imagination, cavalière chevauchant des idées de science-fiction, frêle auteur des sagas démesurées que je voulais écrire pour mieux définir le monde, je cherchais ma place. Jusqu'ici en vain. Conquérir le monde ? Ridicule.

Je me traitai d'imbécile et d'ingrate. Mais ce n'était ni la femme, ni la mère, ni la maîtresse, ni l'ancien enfant, c'était l'écrivain qui pleurait en moi. Je renonçai cet après-midi-là au dernier espoir de tenter la maîtrise de l'anglais, donc à la carrière américaine. Écouter, dévorer, réagir, répondre, provoquer, absorber. Je ne ferais pas partie de ces ethnies, nouveaux pionniers des pensées importées aussi bien de Russie, de Pologne que d'Autriche. D'abord, ils avaient fui les persécutions et, de nos jours, ils fuyaient la vieille Europe, ses ruines et le souvenir des ghettos. En suivant leurs traces, mêlée à cette foule slave, douée à mort, je serais devenue une machine à apprendre. Je n'en aurais jamais eu assez, des cours. Je n'habiterais jamais dans un immeuble minable et aimable de Brooklyn. Pour moi, la vraie Terre promise était à la fois l'idée et la réalité d'une communauté, qui me resterait inconnue.

Du calme. Où est la boîte de mouchoirs en papier ? Là. Se moucher. La feuille mouillée a rejoint la corbeille à papier une page de manuscrit déchirée. Je me redresse. Crise terminée. Idiote, tu te trouves avenue Victor-Hugo, au fond d'une cour, dans un petit hôtel particulier, tu es chez Balzac. Et tu oses ne pas en être reconnaissante au destin ?

Le téléphone se mit à sonner. C.B. Quand il s'agissait de moi, il sentait tout, et au bon moment.

— Je voudrais de tes nouvelles, dit-il. J'espère que tu ne m'en veux pas trop pour l'incident de la Côte d'Azur.

Ce n'était pas une heure à téléphoner : le journal était sans doute déjà comme un chaudron sur le feu. C.B. m'appelait exactement de la même manière qu'il m'avait cherchée à Bruxelles pour m'annoncer : « Je ne peux pas vivre sans toi. »

Je me sentis tout affaiblie par sa voix.

— Ça va, ma Christine ? Si tu voulais sortir ce soir...

— Nous venons de rentrer. Tous ces kilomètres, cette nuit ! Non, merci. Pas de sortie.

— Est-ce qu'il y a quelque chose de particulier ? Dans le courrier que nous avons pris à Neuilly, pas de nouvelles désagréables de Bruxelles ? Tu sembles préoccupée.

— Juste traversée par un sujet qui m'intéresse soudain plus que les autres, ai-je dit.

— Tu viens de terminer *Il n'est pas si facile de vivre.* Accorde-toi un peu de vacances. Il me semble que tu m'en veux.

— Non, mais la vie est terriblement courte. J'ai mille histoires à raconter. Je n'aurai pas le temps...

— Qu'est-ce que je devrais dire, moi ? Tu oublies...

Oui, j'oubliais : j'oubliais les années qui nous séparaient. J'avais eu la maladresse de parler de temps.

— Je ne pensais pas à la durée d'une vie. Non. Je pensais au temps d'écrire.

— Tu me caches quelque chose.

Alors, le barrage se rompit.

— J'ai reçu une lettre des États-Unis. J'aurais la possibilité d'obtenir une bourse, de m'installer là-bas avec ma fille.

— Quand en as-tu fait la demande ?

348

— Bien avant le Prix Vérité.

— Tu voulais y aller pour combien de temps ?

— Si je réussissais mes études, pour toujours.

— Pourquoi, Christine ?

— Je voulais en finir avec l'Europe. Oublier les monuments, les musées, les cultures et la vénération du passé. Le passé qui rend intolérant. Je voulais oublier l'antisémitisme latent, caché. Je ne supporte plus les traditions, les ruines et les commémorations.

— Et tu aurais fait quoi de ta langue française ?

— Problème secondaire. J'aurais pu naître à Brooklyn, baragouiner le yiddish et conquérir l'Amérique et ses plaines...

— De quoi tu parles ?

— J'étais dans mes pensées, avec les écrivains américains qui ont eu la chance de ne pas être piégés par un lieu de naissance, parce que leurs parents, arrivés de Pologne ou de Russie, ont créé des souches humaines, même dans les souterrains.

— Tu rejettes la France ?

— J'adore la France, ta France.

— Qu'est-ce qui te manque, ma Christine ?

— L'oxygène.

— Tu vas connaître l'Amérique ! Je te le promets. Et bien la connaître. Nous irons bientôt, lors du prochain congrès. Tu es déjà un auteur à succès là-bas. Résultat inespéré en si peu de temps ! Miraculeux.

— Traduite, ai-je dit. Je ne suis que traduite en anglais.

Il s'exclama :

— Tu ne peux pas tout vouloir ! Tu ne peux pas posséder deux langues écrites. Grâce à ta mère qui t'a inculqué cette langue et par la force de ta volonté, tu as réorganisé ton esprit pour le français. En dormant, tu prononces des mots français.

349

Tes cauchemars de Budapest sont en français. Ton âme, ton esprit, tes cellules grises, tu les as transmutés. Tu l'as voulu ainsi, tu me l'as dit. Depuis l'adolescence. Tu ne vas pas maintenant renier ou rejeter le résultat de cet effort. Tu ne vas pas détruire tout ce que ta mère a voulu, tout ce que tu as fait toi-même pour absorber cette langue, ton instrument. Christine, patience. Je serai à la maison dans une heure. Nous en parlerons.

Il n'a pas exprimé une seule fois ce qu'il ressentirait si je partais. Pas un mot pour m'influencer. Il respectait ma liberté. La nuit, dans ses bras, épuisée par tant de secousses morales, je lui dis :

— Si on avait un enfant à nous ? À qui personne n'interdirait de venir ici, que personne ne pourrait nous enlever. Commencer à bâtir notre famille à nous...

— Ta fille est là.

— Je voudrais ton enfant aussi. Le tien. Ce n'est pas l'enfant en soi que je désire, c'est ton enfant.

— Impossible, a-t-il dit. Aucun de nous n'est divorcé. Et puis je te veux, toi, mon amour ! Je ne veux pas qu'un enfant me prive de toi. Tu nous vois prisonniers d'un nourrisson ? Recommencer tout ? Quelle horreur ! Le réveil, les biberons, les premiers pas. Je n'ai pas de contact avec un nouveau-né. Ni la patience. Je te veux, toi. Te voir écrire. Et je te promets que tu auras ton Amérique, Christine.

— On écrit bien, à côté d'un berceau.

*
**

Dans la nuit il continua tout haut :

— Un enfant ? Oui, si tu acceptais que j'engage une nurse. Si tu me promettais de ne jamais manquer un voyage, de ne jamais te laisser perturber dans l'écriture. De ne pas nous priver de notre intimité.

— Vivement la nurse.

— Alors, dit-il, dès que nos divorces seront prononcés.

— Tout de suite. Le temps que tes avocats discutent notre affaire, l'enfant grandira. J'aimerais exister comme s'il n'y avait pas de guerre conjugale autour de nous. L'enfant serait aussi notre défi à cette société imbécile...

Comment aurais-je pu deviner qu'en insistant pour avoir cet enfant, je m'assurais à l'avance des doses de souffrance, de déceptions, de tourments à peine imaginables ? Quelle blague, n'est-ce pas ? Lutter pour ça ? Il y a tant d'autres choses à arracher à la vie.

Cette nuit-là, je ne cessais de réfléchir, de vouloir éloigner certaines préoccupations qui revenaient par vagues.

Cette nuit, pour quelle raison inexpliquée ressentais-je une fois de plus une affinité presque douloureuse avec certains écrivains américains et leurs personnages ? Je cherchais désespérément l'origine de cette attirance. L'atmosphère des descriptions de la Grande Dépression m'envahissait. Ici, en Europe, en France ou ailleurs, je me sentais enfermée dans un huis-clos, cherchant ceux qui voulaient – comme moi – sortir de nos tunnels. Oui, j'aurais aimé faire partie d'une communauté où chacun aide l'autre à se frayer un passage vers les plaines. En tête à tête avec un homme que j'aimais au-delà de tout, je dépérissais d'un sentiment de solitude. J'ai trop lu, j'ai trop absorbé. Quelles obscures appartenances me tenaient prisonnière ? Ces appartenances non prouvées, sinon niées, m'emportaient vers les rives noires d'un subconscient qui se permettait le luxe de me tourmenter dans le confort physique où je vivais. Bernard Malamud ? J'aimais ses tourments. Lui aussi, il avait vaincu le barrage des langues. Écrivain américain, ancien Russe immigré, il se débattait avec l'héritage que Dostoïevski avait jeté au monde – *Crime et Châtiment.* Pour s'exprimer, il se réfugiait dans les dialogues. Ne voulait-il pas convertir un épicier juif au christianisme ? N'ai-je pas voulu rendre un cardinal athée ? Affinités ? Électives ou héréditaires ? Ces dialogues entre le « juif » et le « goy », ne les avais-je pas reproduits en dualité entre l'Américain et le cardinal prisonnier à Budapest ? Je me tourne, me retourne. Je me dégage : cette fois-ci, l'étreinte m'étouffe. Respirer.

— Tu dors, Christine ?

— Non.

— Tu m'aimes ?

— Je reste là.

— Tu ne me réponds pas ?

— C'est ma réponse. Je reste, donc je t'aime au-delà de mes rêves.

Le lendemain, j'ai appelé Maman. « Est-ce que j'ai pu entendre dans mon enfance l'expression *kleine Menchele* ? C'est en quelle langue exactement, Maman ? Est-ce que ça veut dire vraiment "petites gens", "miséreux" ? – *Dummheit* », s'exclama-t-elle en allemand, puis elle ajouta dans un français chatoyant : « Tu ne pourrais pas t'occuper d'autre chose que de ce genre de réminiscences ? Laisse tomber. Tout cela pourrait te faire du mal un jour. Laisse tomber. Oublie. »

17

Mon arrivée en Amérique dans le rôle d'« écrivain à succès » avait été soigneusement préparée par l'agent littéraire Alex L., qui m'avait envoyé le programme détaillé de tous les rendez-vous deux mois à l'avance. Il avait réussi à faire coïncider ma visite avec les dates du congrès annuel de la Fédération internationale des éditeurs de journaux, dont C.B. était – avant d'en devenir président – le secrétaire général. En tant que fondateur de cette institution qui, sans lui, n'aurait jamais vu le jour, il était attendu et reçu avec des égards à la mesure des services qu'il avait rendus à la presse libre.

Mes parents suivaient avec enthousiasme le récit du succès aux États-Unis de *J'ai quinze ans*. « Comme j'aimerais vivre encore des années pour connaître ton destin d'écrivain ! » disait mon père. Je lui avais raconté la manière dont tante Ella avait transmis mon dossier à une fondation pour l'aide à l'immigration des réfugiés, et demandé si je devais faire une tentative de rapprochement.

— Non. Elle a dû trouver une sorte de sérénité. Il ne faut pas la bouleverser. Toi aussi, quitte l'atmosphère oppressante du passé. Respire ton air à toi à New York. Sens-toi libre vis-à-vis de nous.

J'appris qu'un passeport français flambant neuf, délivré au nom de Mme C. Bellanger, me serait prêté pour le voyage américain. Un haut fonctionnaire – qui suivait avec amitié et compassion les péripéties de nos divorces – était à l'origine de cette aide. Poète dans sa vie privée, « la rose » était pour lui « plus importante » que le strict respect de la loi. Ce document me rendait perplexe. L'apparence d'une vie normale, l'illusion de droits normaux et un nom m'étaient prêtés pour quinze jours. Je ne pouvais qu'être reconnaissante. Pourtant, je me sentais gênée, ce faux-semblant dérangeait mon amour-propre, m'humiliait. J'avais l'impression d'être un animal à qui on attache une belle laisse pour le sortir. Mais les règlements américains étaient sévères. Sans ce vrai-faux passeport, nous n'aurions pas pu partager la même chambre et l'ex-petite Hongroise, « l'un des écrivains européens les plus prometteurs » selon le *New York Times*, aurait pu apparaître comme un personnage à la vie privée immorale.

Durant la traversée en paquebot, la vie parut légère. Notre cabine double avait un large lit et la vue sur la mer. Dans ce palais flottant, nous nous sommes crus protégés pendant un temps des harcèlements habituels. Nous ne pouvions pas deviner que nos adversaires préparaient une surprise, un sale coup réservé pour notre retour.

Il y eut l'installation à bord, les premiers repas et les promenades élégantes sur le pont réservé à cet effet, après des bains dans une piscine dont l'eau basculait soudain d'un côté à l'autre, selon la force des vagues extérieures. Puis j'ai découvert le traditionnel « dîner du commandant », auquel participaient des passagers choisis selon un protocole bien défini. Imprégnée de l'air de la mer et de notre liberté, même provisoire, C.B. me trouva ce soir-là « éclatante ». Il me parla de

354

notre arrivée, car il tenait à me préparer pour le moment où j'allais apercevoir New York. « Il faut rencontrer New York en arrivant par mer, ensuite par air. La prochaine fois, nous prendrons l'avion. » Il y aurait donc une prochaine fois... « Pour un créateur, quel que soit son domaine, continua-t-il, l'expérience américaine est indispensable. C'est l'horizon, l'espace dans tous les sens du mot, le futur ! – Merci, ai-je dit. Merci de m'offrir ce nouveau monde. » Lors de courtes échappées, nous avions déjà parcouru en voiture l'Italie et l'Allemagne, où mes papiers d'identité provisoires me permettaient d'entrer sans difficultés. J'engrangeais, éblouie et reconnaissante à l'homme qui ouvrait devant moi les pays comme on feuillette un livre d'images. Il m'offrait ce continent qui aurait pu représenter le plus grand danger pour lui. Selon une idée conventionnelle, dans un couple, l'un des deux aime plus que l'autre. Chez nous, il n'y avait aucun rapport de force de ce genre. Nous nous aimions doux, hargneux, tendres et cruels parfois, selon les influences juridiques extérieures. Nous vivions dans une bataille où intervenaient en ordre dispersé ce qu'on appelle gentiment le choc des cultures, les opinions politiques souvent différentes, mes silences et ses silences, l'extraordinaire plénitude des corps quand les âmes étaient en paix. Nous nous coûtions très cher l'un à l'autre : il fallait encaisser avec patience, entendre des choses insolites, se bagarrer et se fondre. Se fondre l'un dans l'autre. Tout cela était clair pour moi et certain pour lui.

Nous regardions la mer. Bientôt, ce serait New York.

Lors de la fameuse soirée de fête à bord, avant l'arrivée, je fus placée à droite du commandant, sans doute à cause du rôle international de C.B. J'ai apprécié cet honneur, ainsi que la séduction à la française du « maître après Dieu » sur le bateau. Il me combla de compliments d'usage, avec une pratique remarquable pour rafraîchir les clichés. Ensuite, dans l'un des salons, s'ouvrit le bal. Mon premier bal. Sur l'Océan. Le commandant vint m'inviter à danser. J'allais me lever de mon fauteuil lorsque C.B. posa sa main sur mon bras : « Je suis navré, dit-il au commandant, mais ma femme ne danse qu'avec moi. » J'acquiesçai avec le sourire. Le commandant s'inclina : « Je regrette, mais je vous comprends. À votre place, moi aussi... » Le reste de la phrase fut couvert par la musique. J'ai dansé avec C.B., des slows qui nous allaient bien. Le commandant, passant à côté de nous au bras d'une passagère, nous adressa un signe aimable. J'ai un peu regretté la danse avec lui.

Le jour de l'arrivée, nous étions très tôt sur le pont principal. « Regarde, dit Claude. Regarde, mon amour. » La ville émergeait d'une brume rose et grise, comme une femme sublime qui, dans un vêtement flou, quitte un lit à baldaquin. Les silhouettes des gratte-ciel se dégageaient, Manhattan semblait bouger, s'étirer, ici et là des éclats de lumière surgissaient des façades en acier. Le ciel était gris et rose aussi. L'instant était électrisé par l'émotion.

Au débarquement, une foule de journalistes attendait à la fois le secrétaire général de la puissante association de presse internationale et « sa femme », l'écrivain. L'agent littéraire et un émissaire de l'éditeur m'accueillirent. Je reçus une brassée de fleurs, il y eut quelques photos, des flashes ici et là. Je croyais rêver.

Assorti à cet univers des gratte-ciel, l'agent littéraire, Alex L., devait mesurer au moins un mètre quatre-vingts. Il avait des cheveux roux et les yeux bleus. Je m'habituai en peu de temps à son humour particulier. « Tout est possible à New

York, me dit-il, à condition que vous ayez du succès, qu'on gagne de l'argent avec vous. Vous pouvez tout faire ici, sauf échapper au fisc et à la mort. »

Il m'annonça qu'en plus de la maison de mon éditeur où nous étions attendus, on s'intéressait beaucoup à moi et j'étais invitée dans les restaurants les plus chers de New York. Il était content : au luxe de ces établissements se mesurait ma cote. Alex parlait l'américain, l'allemand et le français. Il avait peu ou pas d'attirance pour les femmes, mais à son avis j'étais *attractive* et c'était utile pour nos affaires. « Les éditeurs sont contents de publier une jolie femme. Le système n'est pas le même qu'en France, m'expliqua-t-il, où les intellectuelles sont souvent photographiées avec une certaine cruauté : comme si la rudesse apparente et le contraste devaient prouver la valeur de leurs écrits. »

Alex se montra désagréablement surpris par le nom de l'hôtel où le congrès allait avoir lieu. « Vous ne pouvez pas descendre là-bas », dit-il d'un ton presque brutal. Il précisa pour C.B. que l'hôtel était excellent pour des réunions, mais désastreux pour moi : impossible de convoquer les journalistes dans un centre d'affaires. C.B. ne s'énerva pas. Nos bagages étaient encore à la réception.

— À New York, vous êtes classé selon l'hôtel où vous habitez. Il faut en changer, monsieur Bellanger.

— Je vous donne carte blanche : trouvez ce qu'il y a de mieux pour ma femme. En attendant, nous allons boire un café.

— Si vous devez prendre un taxi chaque matin pour vous rendre à vos réunions, vous ne me maudirez pas ?

— Non. Christine passe avant tout.

En une heure, Alex nous trouva une chambre à l'hôtel *Pierre*, l'un des établissements les plus célèbres au monde. Un écrin gris pâle, or et bordeaux. « Là-bas, dit Alex, elle peut recevoir la presse. » Les confrères américains de C.B. ne posèrent aucune question, n'ajoutèrent aucun commentaire. Ce problème privé ne les concernait pas.

Bientôt installée dans une suite plutôt petite mais confortable, j'ai retrouvé Alex au salon. En attendant un journaliste qui avait déjà rendez-vous, il commença à me révéler les règles du milieu :

— Si l'un de vos livres est acheté pour le cinéma, vous ferez ce que vous voudrez des éditeurs. Ils adorent vendre leurs titres au cinéma. Pour votre avenir d'auteur de best-sellers, il vaudrait mieux vivre ici. Enfin, il faut espérer que vos livres seront des best-sellers, sinon on ne voudra plus de vous. Pour le moment, on est au sommet. Il faut en profiter. Êtes-vous obligée de rentrer à Paris ? Si vous restiez ici ?

— Combien de temps ?

— Toute la vie...

Je crus qu'il plaisantait.

— On ne transplante pas quelqu'un aussi facilement ! J'aime mon mari et je suis heureuse en France.

Il a légèrement plissé les yeux en entendant le mot « mari ». Il devait savoir que nous n'avions qu'une liaison, mais il jouait le jeu.

— C'est ainsi pour le moment, Christine. Réfléchissez. D'après ce que je sais de vos futurs sujets, vous êtes un auteur fait pour ce pays. D'ailleurs, si vous écriviez en anglais, ce serait encore mieux.

Une seule phrase venait de balayer tous mes efforts, un travail inlassable, harassant. Ses mots arrivaient comme des boules sur une piste de bowling. Il renversait les quilles, et moi au milieu. Il parlait de l'anglais comme d'une robe à mettre à la place d'une autre. « Si vous écriviez en anglais. » Il ne savait pas que l'écriture d'une langue est une vie de travail ?

— J'aurais dû être élevée dans la langue anglaise, n'est-ce pas ? Mais ce n'est pas le cas.

— Vos histoires sont passionnantes, dit-il. *Dieu est en retard* est un roman, mais aussi un document. Intéressant à chaque page. Raison pour laquelle il est acheté. Il faut regarder la vérité en face. La traduction d'un roman du français en anglais est chère. De plus, il faut deux traducteurs : un pour la publication en Angleterre, un autre pour l'Amérique. Les deux langues de même souche se différencient de plus en plus. Le marché du livre français va se restreindre, les maisons d'édition auront de moins en moins de lecteurs francophones. Mais avec vous, je n'ai pas de craintes : l'intérêt de vos histoires mérite une mise de fonds. Vous coûtez cher à mes éditeurs, mais vous rapportez aussi. Surtout, parlez pendant les repas. Les grands patrons qui vont vous recevoir lisent peu. Il faut leur raconter. Beaucoup de choses dépendent de vous. »

Je constatais, étonnée, que j'existais en tant que « moi ». J'étais devenue une personne qu'on imaginait changeant de continent et de langue. Comme ça, d'un mois à l'autre. Jusqu'à ce voyage aux États-Unis, je n'existais que par rapport à ceux qui m'entouraient. Je me sentais responsable de ma fille, de mes parents, de Georges, je faisais tout pour épargner à C.B. les ennuis provoqués par mon irruption dans sa vie. Je culpabilisais. Avais-je vu suffisamment mes parents ? Avais-je écrit assez souvent à mon frère Alain ? Avais-je consacré assez de temps à ma fille ? Ce premier voyage m'apprenait que je pouvais plaire et, en cas de besoin, décider de ma vie. Changer de pays. Quel luxe ! Je me suis même permis de prétendre – à l'occasion d'une interview – que j'avais des caprices. Moi, des caprices ! Jamais je ne me suis « amusée », et jamais je n'ai fait de caprices.

Dans les salons de l'hôtel Pierre, je répondais à des questions étranges mais revigorantes. Grâce au succès, je n'étais plus une réfugiée, la Hongrie s'éloignait à la vitesse de la lumière.

— Que prenez-vous pour votre petit déjeuner ?

— Du café ou du thé..., ai-je répondu à une journaliste jolie comme une photo en couverture de magazine de mode. C'est selon.

— Selon quoi ?

— Le sujet du livre que je suis en train d'écrire. Quand c'est très difficile, le café me rassure. Je le prends plus fort que celui d'ici.

— Vous avez un enfant ?

— Oui, une petite fille.

— Vous auriez dû l'amener.

— Bien sûr. Une autre fois...

— Quel est votre sport préféré ?

« Glisser sous des barbelés, éviter le regard d'un soldat qui guette du haut d'un mirador. » Mais j'évitai toute provocation et répondis, mondaine :

— Le vélo.

Alex hocha la tête et intervint pour corriger ma maladresse. Je n'étais pas dans la note.

— Christine, vous oubliez le cheval ? Votre passion pour les chevaux.

— En effet, j'ai une passion pour les chevaux.

— Vous jouez au golf ?

— Non. L'intérêt de ces petites balles...

Le regard d'Alex.

— J'accompagne parfois des amis joueurs. Je préfère contempler le paysage, je garde l'esprit de compétition pour le travail.

— Prenez-vous le temps de méditer ?

La question était inattendue. Je n'ai jamais eu le temps de « méditer ». J'ai travaillé pour gagner ma vie, j'ai traversé des frontières. Dans les trains détestables, je lisais. Je cherchais désespérément quand j'aurais pu trouver le temps de méditer.

— Parfois. La vie m'a appris à être rapide : je fais une synthèse instantanée qui permet d'avoir du recul par rapport à un événement ou à un écrit...

Alex intervint :

— Expliquez-vous plus simplement.

Je compris le message.

— Par exemple, pour une Européenne, New York est un sujet de méditation. On est à la fois écrasé...

Alex se racla la gorge.

— ... émerveillé.

Il acquiesça.

— Je me sens ici protégée.

— Vous aimeriez vivre en Amérique ?

— Si j'avais pu naître ici...

Grand sourire d'Alex.

— Je serais écrivain américain. J'aurais aimé être enfant à Brooklyn.

— Vous connaissez Brooklyn ?

— Surtout par les écrits de Malamud.

— Vous avez lu Malamud...

— Oui.

— Qu'est-ce que vous aimez chez lui ?

— Sa trajectoire et celle de ses parents. Des ghettos de Russie aux boutiques de Brooklyn. La misère et le génie. Le dur destin du petit peuple de l'Est, l'ascension vers les espaces physiques et moraux de ceux qui étaient destinés à végéter dans les souterrains de l'existence.

— D'après votre biographie, ce milieu est loin du vôtre, de vos origines.

— Je vis sous l'influence de la littérature. Mon attirance pour le monde slave est omniprésente. Ma mère était d'origine germano-polonaise.

J'avais l'impression que, dans son doux néant, ma grand-mère riait. Je devais l'amuser. Elle riait et je fuyais le sujet. Je ne pouvais ni nier ni prouver quelque chose de pourtant essentiel. Mon subconscient ne cessait de me taquiner.

— Votre prochain livre ?

— L'histoire d'un cardinal, réfugié à l'ambassade américaine de Budapest. Prisonnier dans son propre pays.

D'une rencontre à l'autre, avec l'aide d'Alex, je me suis adaptée à l'idée que dans ce monde où j'arrivais pour la première fois, j'existais. « Le seul vrai problème ici, disait Alex, c'est qu'on n'a pas le droit de ne pas avoir de succès. On ne se relève pas d'un échec. On ne le pardonne pas. Si vous êtes capable de tenir le rythme, ne les faites pas trop attendre. Je vais ouvrir un bureau à Los Angeles. Tout se passe là-bas. Je veux dire : le cinéma. Vous êtes une mine d'histoires en or. Je vous y vois déjà installée. » J'écoutais. Je n'avais pas envie d'expliquer ma vie. J'allais m'organiser pour en avoir deux. Deux vies.

Alex m'avait transmis, des mois plus tôt, une invitation de l'institut Arden où je devais être coiffée et maquillée. La marque offrait parfois ce genre de cadeau aux femmes qui apparaissaient dans une actualité fugitive, comme moi. Alex avait pris le rendez-vous chez Arden le jour même où nous étions invités dans la propriété de l'éditeur de *J'ai quinze ans,* qui organisait un déjeuner. J'y rencontrerais des producteurs de cinéma de passage à New York, intéressés aussi par le projet du *Cardinal prisonnier,* qu'Alex leur avait raconté.

Sortie d'une cabine de beauté et de mains légères et savantes, une écharpe en mousseline autour de mes cheveux bouclés comme ils ne l'avaient jamais été, maquillée, je me sentais un peu trop voyante. Avant de quitter l'institut, je m'étais contemplée dans un miroir. Je ne m'étais pas reconnue. J'étais en face de quelqu'un d'autre. Tout ce que je pouvais considérer comme « bien » dans mon visage était devenu éclatant. J'aurais voulu me montrer à C.B., mais il était assez loin, à l'hôtel où se tenait son congrès.

La voiture, rutilante d'accessoires et, sans doute comble de luxe, décapotable, devait être une Cadillac. La vitesse était tellement limitée que sur cette large route, parfois, j'avais l'impression d'être immobile. Malgré l'écharpe de mousseline et des lunettes noires, apprêtée comme une poupée de cire, je supportai mal ce voyage en plein air. Pendant le trajet Alex continua d'accumuler les conseils. « Vous devez vous comporter d'une manière naturelle. Montrez-vous sûre de vous. Étonnée de rien. Quelle que soit la proposition que vous entendez – vous n'avez pas besoin de répondre tout de suite –, ne dites pas « non » d'emblée. Actuellement, toutes les portes s'ouvrent devant vous. Parlez librement de vos projets et racontez vos sujets sans crainte. Si quelqu'un émet l'idée que vous devriez vous installer aux États-Unis, éludez la question avec un "Pourquoi pas ?" Si on vous demande de parler de vous, de vos habitudes, n'hésitez pas à vous inventer quelques charmants caprices. Sur le sport, essayez de trouver mieux que le vélo. Ne ramenez pas sans cesse la conversation à M. Bellanger. Quand on a votre talent, il est difficile de supporter votre dépendance sentimentale. Vous la manifestez un peu trop. Il vaut mieux aimer "utile" et ne se permettre une histoire d'amour désintéressée que lorsqu'on est arrivé au sommet. Si vous aimiez un magnat de Hollywood, ce serait plus intéressant pour la presse. D'ailleurs, aimer, c'est un mot très vague. "Être avec", ça suffit. Dans une carrière, il y a des hauts et des bas. Vous êtes à un sommet. Attention, ça ne dure pas. Il faut chaque fois reprendre la compétition. »

L'éditeur avait une maison toute en rez-de-chaussée, avec un immense salon. La femme de l'éditeur – j'ai constaté ensuite que l'épouse d'un éditeur ressemble toujours à une autre épouse d'éditeur. La fonction d'éditeur déteint peut-être sur celle avec qui il vit. Bref, celle-ci m'observait, légèrement crispée. Je lui ai dit que mon maquillage était l'œuvre d'Arden. « Mais vous êtes une vraie blonde, ça se voit », conclut-elle, polie. Au living-room, il y avait déjà trois hommes qui se levèrent à mon arrivée. Ils étaient élégants, réservés, style « country club ». Je dus faire face à des questions incisives. Rien n'était inutile. Nous étions loin de la notion de « bavardage », et la durée de l'entretien était définie à l'avance. Je devais réussir cet examen de passage.

Pendant le déjeuner, quand, sur une demande insistante, j'évoquais un sujet qui les intéressait, la femme de l'éditeur imposait aussitôt silence et immobilité au personnel. J'avais amorcé une phrase concernant un incident vécu à Budapest. J'avais neuf ans. À l'école, j'avais vu sur la veste d'une de mes camarades de classe une étoile jaune. Je ne supportais pas l'idée que l'amie soit ainsi marquée. Pendant la récréation, j'ai enfilé sa veste et je suis sortie dans la rue. Avec la veste j'aurais voulu prendre aussi son humiliation. La partager. « J'écrirai un jour l'histoire d'un jeune garçon. Il aura seize ans, il sortira dans la rue avec la veste de son camarade juif. Il sera pris dans une rafle et déporté. Il ne pourra pas prouver qu'il avait pris la veste d'un autre. Il sera condamné à mourir à Auschwitz. Il en sortira. Après sa libération, jurant vengeance, il sera le premier terroriste qui, emportant des explosifs dans son bagage à main, partira avec un club de vacances pour commettre un attentat, une sorte de protestation sanglante contre les persécutions.

— Mais où il va votre terroriste ? demanda l'un des Américains.

— Quelque part en Égypte. Il se dirige vers le temple d'Abou-Simbel.

— Le lieu est parfait, pittoresque et mystérieux, intervint l'autre producteur. Et qu'est-ce qu'il veut faire là-bas, cet homme ?

Je me glissai sous l'épiderme de celui qui portait la mort dans un bagage à main. Ils attendaient la réponse.

— Il transporte des explosifs.

— Il a passé des contrôles ? Des détecteurs ?

— Il voyage en groupe. Qui contrôlerait sévèrement de joyeux vacanciers ? Ce qui me passionne, ai-je continué, c'est le contraste. Suivre un individu qui porte la mort avec lui, au milieu de vacanciers insouciants.

Un des producteurs était inquiet :

— Il ne va pas abîmer Abou-Simbel ? Le marché égyptien n'est pas énorme pour un film américain, mais une atteinte de ce genre, même dans une fiction complète, peut gêner la vente.

J'étais devenue le figurant principal de l'histoire que j'improvisais. Je me sentais dans l'atmosphère du bleu du Nil. Je retrouvais les moments de fascination de mon enfance où je captais l'attention de mes parents en leur racontant des anecdotes, des idées, des esquisses qui naissaient en moi et s'enrichissaient grâce à leur intérêt. Cet intérêt était précieux. Il fallait le préserver, le nourrir et accélérer l'action pour qu'on ne me lâche plus.

— Il veut faire exploser – en théorie – un monument historique faisant partie des trésors de l'humanité, justement pour protester contre ce qui s'est passé dans les camps de concentration. Et le dire ensuite, le proclamer. Cette manifestation morbide...

— Cette folie !

— Oui, ai-je répondu. C'est une folie. Mais il le comprend à temps. Il comprend, face à l'éternité du Nil, que ce n'est pas en anéantissant des beautés ou en tuant des innocents qu'on venge des massacres. Lorsqu'il se sent incapable de faire la justice dans ce monde, il se suicide. Quel échec ou quelle victoire de ne pouvoir porter atteinte à une autre vie que la sienne ! Mais il laisse suffisamment de traces écrites derrière lui pour que sa mort ne soit pas inutile.

— Bravo, Christine, dit l'un des trois producteurs. Nous aurons le livre bientôt ?

— Dès que je l'aurai écrit, je le confierai à Alex.

— Est-ce que vous pouvez déjà nous donner un scénario, ou un découpage des lieux, pour un pré-repérage ? Après, nous mettrons les scénaristes sur le texte.

Je jetai un coup d'œil vers Alex qui ferma légèrement les paupières pour signifier que je ne devais pas dire non. Je ne voyais pas comment je pourrais écrire un livre assez rapidement pour maintenir leur intérêt en éveil tout le temps nécessaire. J'ai répété :

— Dès que j'aurai le manuscrit, je le donnerai à Alex.

Une énergie puissante montait en moi. J'avais des ailes, donc du vocabulaire. Le fait que je pouvais parfois m'exprimer en allemand m'aidait aussi : l'un d'eux était d'origine viennoise.

Après le déjeuner, je me suis éloignée vers les toilettes en marbre du rez-de-chaussée et je me suis lavé le visage pour revenir au salon la peau nue, les cheveux en liberté. « Est-ce une démonstration de plus de votre jeunesse ? » me demanda l'un des cinéastes. J'ai juste expliqué que je ne supportais pas longtemps le maquillage. Mais j'ajoutai prudemment : « L'aimable invitation d'Arden m'a enchantée. — Vous voilà redevenue l'être tombé d'une autre planète », conclut Alex. Dans la voiture, au retour, il me rassura : « Tout s'est bien passé ! Mais, surtout, écrivez, dit-il. Il ne faut pas les faire attendre. »

Après ces journées riches de rencontres, le soir je retrouvais C.B. La veille de la clôture du congrès, eut lieu une réception où ses collègues patrons de presse américaine le félicitèrent pour le développement de la Fédération internationale des éditeurs de journaux. Une phrase me parvint, comme un écho, prononcée à quelques mètres de moi : « Oui, Claude Bellanger est le mari de Christine Arnothy, ce jeune écrivain dont on parle. » Claude entendit la remarque et, radieux, se tourna vers moi : « Tu as gagné, mon amour. »

J'étais la vedette de ces jours fastes. Alex était content. J'avais acquis le rythme et les manières de l'Amérique. D'où son insistance — avant que nous partions pour le voyage organisé à l'intention des participants au congrès :

— Si vous voulez rester aux États-Unis, vous n'avez qu'à me le dire. Nous réfléchirons ensemble. J'organiserai votre vie. L'éditeur actuel — sinon, j'en ai quelques autres en réserve —, les producteurs aussi vous offriront les services de traducteurs qui adapteront en anglais, chapitre par chapitre, vos textes français. Je pourrais vous vendre cher, dit Alex, et plus rapidement que maintenant.

— Ma vie est là-bas, Alex.

Je me voyais en noir et blanc sur un écran. « Ma vie est là-bas. » Elle était sans doute là-bas, mais mon style déjà d'ici. En gros plan : « Ma vie est là-bas. » C'était bête à pleurer mais vrai. Je m'adaptais à une sorte de grandiloquence des situations. Il fallait être remuante ? Je remuais. Un caméléon. L'insistance d'Alex à la fin devenait presque agaçante.

— Vous pourrez continuer à aimer M. Bellanger, dit-il. Mais d'ici.

Il ne voulait pas entendre raison. Ma raison. Je lui parlai — pour calmer un peu son impatience — de ce que j'appelais mes « petits romans » : *Le Guérisseur, Pique-Nique en Sologne,* des « divertissements à la française ». Alex hocha la tête : « Pour le moment, tout ce que vous écrivez va être acheté ici. Mais, attention, il ne faut pas les détourner de votre collégien à l'étoile jaune. »

Grâce au prestige de C.B., les congrès suivants m'ont permis de connaître les dirigeants du pays qui invitait. La

Maison-Blanche, vue de l'intérieur et de l'extérieur, était parfois plus passionnante que son locataire. Mais, lorsqu'on a pris l'habitude de traverser les frontières à pied et en fraude, se trouver à la droite d'un président américain, ça fait de l'effet sur une ex-réfugiée. Ex ? Mais non : je n'avais toujours pas la nationalité française.

Lorsque la suite de *J'ai quinze ans*, intitulée *Il n'est pas si facile de vivre*, a été publiée juste après *Dieu est en retard*, j'ai reçu des articles enthousiastes. J'eus encore la chance de plaire lors de la publication du *Guérisseur*, devenu *The Charlatan* et de *Pique-Nique en Sologne* traduit en *The Serpent's Bite*.

*
**

Les retours des États-Unis sont souvent pénibles. Le nôtre battit sans doute tous les records. Quelques heures avant l'accostage au Havre où le chauffeur nous attendait, le commandant a souhaité parler à C.B., qui revint pâle et tendu de cet entretien. Le commandant était prévenu que la vraie Mme Bellanger, accompagnée d'un huissier, nous attendait au débarquement. Le constat prouverait que C.B. et moi nous n'étions pas seulement ensemble, mais que je voyageais avec un faux passeport. Une pareille complication, nous n'en sortirions jamais. Un paquebot comme *le Flandre* a toujours plusieurs issues. Dans mes souvenirs, il me semble que nous avons été débarqués deux ou trois kilomètres plus loin, peut-être à bord du bateau-pilote ou d'un petit bateau. Puis nous avons pris un taxi pour rentrer à Paris. Il n'y avait pas encore de téléphone portable : il fallait envoyer quelqu'un au Havre prévenir le chauffeur qui, sinon, nous aurait attendus jusqu'au soir.

Infligé après un séjour inoubliable, le choc de cette arrivée-là fut plus cruel que tous les autres. Bien. On n'allait pas se laisser écraser aussi facilement. Notre système immunitaire fonctionnait. Nous avions pris l'habitude d'être rançonnés pour chaque minute de bonheur, de succès ou même de quiétude. J'avais un fichier mental. Chaque bienfait me marquait et ma reconnaissance n'avait pas de limite dans le temps. Je me souviens encore de la personne qui m'apportait des sandwiches dans une chambre de bonne à Paris, à l'époque où nous étions très pauvres, où Georges n'avait plus que des travaux occasionnels ; et moi, enceinte, affaiblie – parfois je ne pouvais presque pas bouger –, je végétais sur un lit étroit. Tout était inscrit en moi, y compris les phrases cruelles entendues quand j'étais au comble de la vulnérabilité.

Douée d'une sale nature – d'un côté le don de reconnaissance, de l'autre celui de rancune –, je n'ai jamais accepté de « tendre l'autre joue ». Pas du tout. Lorsque je devais subir des attaques, des injustices flagrantes, une méchanceté née de la jalousie, j'engrangeais et pensais au proverbe : « Les chiens aboient, la caravane passe. » Je respecte les volontés et les caprices du destin, je n'ai jamais souhaité le mal, même à nos pires détracteurs. Je savais qu'un jour, tôt ou tard, ils recevraient en pleine figure ce que nous avions subi de leur part. La loi du talion, le fameux « œil pour œil, dent pour dent », me semblait atroce et peu pratique. Si l'adversaire louche ou s'il a un dentier, la vengeance perd de son charme. J'ai appris aussi que l'humour n'adoucit ni les mœurs ni l'horreur qu'un être humain peut concocter envers un autre. Plus tard, lorsque la méchanceté dépassait les limites du raisonnable, quand on utilisait les enfants pour exercer un chantage ou une pression intenable alors, j'attendais l'aide du destin. Il a toujours été au rendez-vous.

Comblée, inquiète et heureuse, je portais l'enfant de C.B. L'enfant que nous avions conçu dans un élan irrésistible, en refusant d'emblée de considérer comme obstacles les contraintes juridiques. Je serrais parfois mes mains sur mon ventre et pensais : « Pourvu que tu sois généreux et bon ! Bon comme ton père. Je t'aime, mon petit enfant. » Chaque jour, chaque minute, un geyser d'amour surgissait en moi à l'idée de l'enfant qui grandissait. J'étais devenue une plante véhiculant une autre plante. J'adorais les jours et les nuits ainsi, à deux. Je guettais le premier frôlement, cette sensation sublime, lorsque l'enfant effleure les parois de sa grotte, l'utérus.

Quand l'avocat de C.B. apprit la nouvelle, il fut aussi stupéfait qu'agacé. Un enfant dans notre situation juridique ? Étions-nous des « cinglés », des malades mentaux bons à interner ? Il ne comprenait pas du tout les relations entre C.B. et moi. Comment une taupe comme lui aurait-elle pu éprouver le vertige de l'infini, se griser de hauteur ? Pauvre type. Il sortait de son trou pour nos rendez-vous. Il ne pouvait plus me considérer comme une « jeune aventurière » (c'était vaguement son attitude, au début), celle qui cherche à faire carrière grâce à un homme important. Hélas pour lui, ce n'était pas ça. J'avais ma carrière à moi. Du reste, il n'existait sans doute pas beaucoup d'aventurières qui, n'étant pas divorcées, se seraient risquées à mettre au monde l'enfant d'un homme qui n'était pas divorcé non plus. Il a bégayé que nous aurions dû attendre. C.B. était persuadé – d'après les rapports de cet avocat – que son divorce serait prononcé juste à temps avant la naissance de l'enfant, donc qu'il allait pouvoir le reconnaître. Sur l'acte de naissance, je serais « mère inconnue ». Nous prenions à la lettre les dates que cet ignoble Thénardier du code civil nous faisait miroiter. La faille, chez C.B., était d'accorder sa confiance avec trop de générosité. Il considérait, lui dont les ancêtres formaient jadis une tribu de juristes, que l'avocat qui représente un client est toujours fidèle à son serment, qu'il est honnête et discret. Sur le plan de la confiance, ce n'est pas le seul cas où il s'est trompé.

— Ce type me déteste, ai-je déclaré à C.B.

— D'abord, répondit-il, on ne peut pas te détester. Ensuite, quelle importance ? Il représente mon dossier, mes relations avec ma femme. Ta personnalité ne joue aucun rôle dans cette affaire.

— Aha ! ai-je dit, avec un « h » de style slave ou germanique. Aha.

Puis j'ai ajouté :

— Le super-avocat de ta femme doit l'écraser comme on écrase un moustique.

— Ne t'inquiète pas. Nous avons un bon dossier. Le juge n'est pas sensible aux mondanités, ni aux intrigues personnelles.

J'ai avalé mon dernier « aha », ç'aurait été un « h » de trop.

*
**

Les problèmes s'accumulaient. Il fallait demander à ma fille, qui partait en vacances à Bruxelles, de garder le silence. « Ne pas dire à papa, ne pas dire à grand-mère que maman va avoir un bébé. C'est notre secret. » La moindre maladresse pouvait nous perdre. Anne nous regardait vivre avec une attitude d'adulte. Le divorce des parents est mauvais pour les enfants, c'est une vieille vérité. Quand ils sont petits, il leur faut deux individus, Papa et Maman. Ils se fichent des conflits, eux. Pas besoin de psychologue pour le savoir. Ma fille restait silencieuse. À l'école, elle était première en tout. Nous disions qu'adulte, elle pourrait tapisser un mur avec ses diplômes. Je l'amenais à des cours de danse. Petite et fine, elle réussissait ses « pointes » aussi. Ce qui est amusant — rétrospectivement — c'est que ma fille, discrète, enfermée dans le silence que lui demandaient les deux camps adverses entre lesquels elle circulait est devenue, adulte, une championne de la communication. C'est sans doute une grande satisfaction pour celle qui s'entendait sans cesse recommander : « Surtout, ne dis rien, ne parle pas. »

J'entrai dans des labyrinthes, des faux-fuyants et des mensonges. Chaque fois, le trac me saisissait quand on me demandait des renseignements. Donner des détails sur moi à une secrétaire méticuleuse, à l'assistante qui tenait les dossiers d'un médecin accoucheur connu ? Méfiance. J'étais protégée par le secret médical, mais un simple regard impertinent m'aurait choquée. Aucun mot ne devait m'associer en tant que mère officielle à l'enfant que j'attendais. Même une mère porteuse clandestine aurait eu plus d'existence légale que moi.

Lors de ma première visite médicale, je me suis déclarée sous une partie de mon nom dit « de jeune fille ». La consonance étrangère et la particule intriguaient. La secrétaire leva la tête. J'ai lu dans son regard : « Un nom à rallonge ? »

Au gynécologue, en revanche, j'ai dû avouer que le père de l'enfant était un homme connu, marié, mais pas avec moi. Que j'étais mariée aussi, que j'écrivais. J'imaginais qu'en donnant cette indication je me prêtais une certaine respectabilité. « Vous avez déjà publié quelque chose ? – Oui. – Quel titre ?... Ah, c'est vous ? » Il avait lu, lui aussi, le premier livre. « Mais je vous demande de l'oublier, le nom d'auteur aussi. Il ne doit pas être mêlé à la naissance. » Lorsque je lui ai signalé que l'âge inscrit sur mes papiers n'était pas exact non plus, il est devenu hagard. « Pour quelle raison ? – Guerre. – Quelle guerre ? – La plus récente. Mondiale. La deuxième, paraît-il. » Je m'amusais un peu pour me détendre. Il n'avait pas relevé mon accent. Ses patientes étaient à quatre-vingts pour cent affublées d'accents divers. De riches étrangères, souvent voilées aussi. L'histoire du mariage blanc l'aurait détraqué. Il fallait l'épargner. Il m'a juste demandé pour quelle raison nous n'avions pas pu nous « protéger » lors de l'acte sexuel pour éviter cet incident. Ma grossesse ne pouvait être qu'un « incident ». « Nous avons voulu cet enfant. – Dans ces conditions ? – Oui. » Il susurra quelque chose dans l'interphone. Sa secrétaire lui apporta une aspirine et un gobelet d'eau. Il lui fallait un remède pour résister à tous ces éléments absurdes qui déferlaient sur lui.

À la deuxième visite, C.B. m'a accompagnée. Sa présence a réconforté le médecin : il savait dorénavant qui réglerait ses honoraires. C.B. avait choisi la clinique la plus élégante de l'époque, où ce médecin exerçait aussi. Sa secrétaire fut chargée de retenir une suite dans cette clinique à la mode, celles qu'on réservait d'habitude à des princesses, arabes ou non, mais princesses. « Il y a toujours un flottement dans les dates d'accouchement, a dit le médecin, j'espère que la suite que vous désirez sera libre au moment où vous en aurez besoin. »

Lorsqu'il apprit que mon premier enfant était venu au monde par césarienne, il a été content. Il n'y avait pas de

374

raison que l'autre naisse « normalement ». Il pouvait donc fixer la date de l'intervention et ne pas déplacer la période de ses sports d'hiver.

Un mois avant la naissance, lors d'un vilain après-midi gris, C.B. est rentré beaucoup plus tôt que d'habitude à la maison. Il m'a demandé si j'étais une femme solide. « Femme solide », ce n'était pas son vocabulaire ! Il était calme et livide. Je lui ai répondu que je me croyais solide. Alors il m'annonça que le divorce, accordé par un premier jugement, avait été transformé, en appel, en séparation des corps et des biens. Ce jugement nous condamnait à au moins trois ans et demi d'attente. Lorsqu'il pourrait réintroduire une nouvelle demande, son épouse ferait appel certainement une fois de plus et gagnerait ainsi encore un ou deux ans. Nous risquions même de nous retrouver en Cour de cassation.

Assise au salon dans un fauteuil, j'écoutais. Mes mains sur mon ventre, pour protéger l'enfant du choc que je venais de subir. Le bébé n'a pas bougé pendant les deux jours suivants. Folle d'angoisse, je suis retournée chez le gynécologue, qui m'a auscultée. « Tout va bien, dit-il. Vous avez sans doute désamorcé le choc. Mais essayez d'avoir une vie plus sereine. » Ces gens sont impossibles, devait-il penser. Ils inventent n'importe quoi pour se rendre intéressants.

L'enfant serait déclaré « né de père et de mère inconnus ». Un conseil de famille devait être créé. C.B. et moi devions faire partie de ce cercle juridique pour être autorisés à « héberger » le bébé chez nous. Nos adversaires de Bruxelles et du côté de C.B. ne devaient pas connaître l'existence du petit. Désigné comme « bâtard » — c'était sa situation juridique à l'époque —, il n'aurait pas pu ensuite être légitimé par C.B. Cela, je l'ai su deux jours avant l'opération.

Je suis entrée à la date convenue à la clinique. Ma suite était libre et un lit supplémentaire y était installé pour C.B. J'ai subi des tests et, le lendemain matin, j'ai été transportée à la salle d'opération. Ce n'était pas si facile, cette césarienne. Il a fallu une anesthésie lourde, suivie d'un choc opératoire assez compliqué. Je ne devais pas être si « solide » que ça...

**

Vaseuse, les yeux à peine entrouverts, j'entendais des susurrements, des chuchotements. Quelqu'un tenait ma main. J'ai tourné légèrement la tête. C'était Claude, les yeux embués d'émotion. « Nous avons un fils, mon amour. Un magnifique petit garçon. » Plus tard, une infirmière m'a présenté un bébé vêtu de blanc, robuste, les yeux foncés. Les rares amis sûrs qui étaient dans le secret avaient envoyé des fleurs. Il y en avait tellement que, lors d'une visite, maman déclara qu'il fallait les porter à l'église la plus proche. Ce qui fut fait.

L'infirmière en chef a affirmé qu'après une césarienne on ne nourrit pas un nouveau-né. Le choc opératoire coupe le lait, c'est connu. J'ai répondu que ma tentative de surmonter ce problème avait réussi lors de la naissance de ma fille. « Je vais essayer une fois de plus. – Essayer ? – Oui. » J'ai passé plus de vingt-quatre heures à me concentrer sur une seule idée : nourrir mon fils. Mon corps, je l'ai transformé en une machine soumise à ma volonté. Mes fonctions physiques rétablies, j'ai demandé qu'on me donne à boire. Après trente-six heures d'effort mental, on a constaté une « légère montée de lait ». Combien de fois ai-je entendu : « Le lait maternel pour un enfant est une valeur, etc. » Mais, bientôt, il fallut des biberons de complément, mon lait n'étant pas assez nourrissant.

J'ai fait ce que j'ai pu. Ce n'est pas dans un camp de réfugiés qu'on fait des réserves de calcium.

Le préfet poète m'avait envoyé une merveilleuse corbeille de roses. J'ai demandé, timide, à C.B. : « Qui déclare l'enfant ? – C'est fait, dit-il. Pour le moment, sous les prénoms dont nous étions convenus. Sans doute, c'est toi qui le reconnaîtras avant moi. » Avec ma force renaissante, revint mon humour noir. « J'aurais aimé le mettre au monde aux États-Unis, notre enfant. Il aurait été américain et heureux un jour, fier aussi... – De quoi, ma chérie ? – D'être né dans un pays où ne sévit pas le code Napoléon. »

Le médecin accoucheur avait promis que nous serions à la maison pour la fête de Noël. En effet, nous étions de retour dans le nouvel appartement où nous avions emménagé quelques semaines avant la naissance. Il y avait des bibliothèques et des tableaux partout. Le living-room pouvait être séparé en deux parties et nous assurait, aussi bien à C.B. qu'à moi, notre monde personnel. Les chambres étaient nombreuses. Ma fille avait son espace arrangé comme elle l'avait souhaité et le petit garçon était installé dans une pièce contiguë à celle de sa nurse.

Au bout d'un couloir, je me suis réservé une chambre dont je fis peindre les murs en blanc. Tout blanc. Comme meubles : deux armoires noires du dix-septième siècle et un grand coffre sculpté sur les côtés de saints en relief. Plus tard, j'ai accepté dans cet univers blanc et noir deux tableaux abstraits. Ce qui restait de murs servait aux affiches. Au centre, dominait Allende, à côté de Che Guevara. À l'intérieur d'une porte d'armoire, j'ai collé un portrait de Marx. À tout hasard. S'il avait eu raison de bousculer tout cela ?

C'est ici que j'écrivais. Dans ma tanière. Je m'y retrouvais seule avec mes personnages du roman en cours. Je me déplaçais dans mon intimité profonde : l'écriture – à cette époque-là : *Le Cardinal prisonnier*. J'avais un besoin moral et physique de quitter ce que les personnes normales appellent le « lit conjugal ». Il me fallait mon univers : me réveiller tôt, traverser un appartement où derrière chaque porte dormaient des êtres que j'aimais, arriver à la cuisine où je me préparais un café. Paix divine, l'aube, le café, le cardinal, puis les bruits de l'avenue Victor-Hugo – un enfant pleure, le petit garçon, ma fille se prépare et, d'une des salles de bains, parvient une légère musique, puis les nouvelles. L'activité générale.

La nurse était rassurante, elle dispensait autour d'elle l'ambiance sécurisante de ces Bretonnes qui affrontent bonheur et malheur avec la même énergie. Avec notre nombreux personnel, nous formions une famille en trompe-l'œil. Il y avait le père et la mère non mariés, ou plutôt mariés chacun de son côté. Il y avait une petite fille issue d'un premier mariage, ayant elle aussi changé déjà une fois de nom. Pilar, la cuisinière attitrée, s'occupait de l'ensemble de la maison. Une femme de chambre arrivait le matin et repartait le soir. La nurse, la clef de notre liberté, avait son domaine privé.

Une masse de livres parvenait en service de presse au directeur de journal. Lui-même ne cessait de compléter le fichier de sa collection de presse. Il avait un placard spécial pour ranger les dossiers du divorce. Un grand placard. Selon moi, l'emplacement serait juste suffisant pour deux ans encore. Ensuite, les dossiers ne tiendraient plus derrière les portes et coloniseraient une autre armoire.

Mes éditeurs ne s'occupaient pas de ma vie privée. Ils avaient su que j'allais avoir un enfant, puis que je l'avais eu.

Cartes de félicitation discrètes. Ils ne s'intéressaient, et avec raison, qu'à mes manuscrits et aux dates prévues de publication. Seul Julliard me parlait d'une manière plus personnelle : « Êtes-vous sûre que vous ne prenez pas trop de poids sur vous ? – Quel poids ? – Votre situation juridique, les enfants, l'écriture, les voyages... Vous recevez aussi beaucoup. » En effet, nous recevions beaucoup. J'étais bien organisée. Cuisinière, traiteur, serveur et porcelaine fine, les tables étaient belles. J'avais presque toujours un ministre à ma droite, ou un académicien. Tout le monde devinait ou savait que sur le plan juridique, en tant que couple, nous n'existions pas. Mais on passait chez nous de superbes soirées.

Anne était perplexe. Elle se sentait mal, éloignée de son père, et ne savait pas non plus s'il fallait se réjouir ou pas de la naissance du petit garçon. Après les jours de vacances obligatoires chez son père, elle était souvent énervée, mais gardait le silence. La grand-mère arrivée de Hongrie n'avait aucune indulgence pour la belle-fille partie. Elle était dénigrée, cette belle-fille, considérée comme celle par qui était arrivé le malheur de la séparation. Ses « amis » belges issus du milieu catholique devaient lui suggérer que Paris était un endroit de péché. Anne était détachée des problèmes religieux, la notion de l'enfer ne l'influençait guère. Bientôt, elle allait s'inscrire dans une vraie école de ballet, tout en gardant son rythme de travail normal. Mais j'étais sûre qu'elle était déstabilisée par ses déplacements. Il y avait un demi-frère entouré de soins, d'amour et de fanfreluches de toutes sortes, elle, en revanche, devait nous quitter souvent pour se rendre à Bruxelles. Elle partait et revenait taciturne. C'est comme la bande de Gaza, un mariage raté. On n'en sort pas, le nombre des victimes se multiplie et on se demande sur qui jeter la première pierre.

Quand un divorce se passe correctement, l'enfant peut apparemment s'en tirer, mais quand il doit faire des aller-retour entre deux camps ennemis, il ne sera jamais comme les autres. Parfois, ma fille savait quand elle me blessait, parfois pas. Nos relations étaient fragiles.

Le petit garçon était choyé. Quand je l'embrassais et que je lui disais que je l'adorais, il me regardait avec intérêt. Il ne souriait que rarement. Ce n'était pas un bébé tendre. Mais existe-t-il des enfants tendres ? Sans doute, oui. Mais je n'ai goûté à cette joie qu'avec le troisième. Chut... On n'en est pas encore là !

Ma mère nous épuisait avec la question du baptême. Sa conversion au catholicisme avait fait d'elle une militante des rituels chrétiens. Elle nous harcelait pour savoir qui serait le parrain, qui la marraine, quand et dans quelle église le baptême aurait lieu.

Le fait que Claude était laïc et moi de plus en plus détournée de ce genre de mise en scène, créée par les êtres humains pour mieux les opprimer, nous causait des ennuis à n'en plus finir. Claude avait des difficultés à trouver un prêtre qui accepte de baptiser un enfant illégal, c'est-à-dire sans existence juridique ni – pire –, religieuse. Les sauveurs d'âmes, qui auraient dû se précipiter pour assurer le salut d'un nouveau venu sur cette terre, hésitaient à l'idée de baptiser un enfant qui n'avait qu'un prénom. Il fallait trouver un parrain et une marraine dotés d'un minimum de notions religieuses. On s'égarait dans un labyrinthe de problèmes. C.B. avait accepté cette cérémonie forcée à laquelle – à la fin – même moi je tenais. C'était le seul rituel que nous pouvions assurer au petit garçon, et c'était important aussi pour la nurse que nous voulions garder.

Au baptême clandestin, officia le personnage ecclésiastique qui m'avait donné des conseils pour *Le Cardinal prisonnier*. Au début, il avait rechigné, lui aussi : pouvait-il baptiser, sans risquer de réprimandes, un enfant illégitime ? Il se laissa convaincre par un don pour ses œuvres de charité. Il n'y eut aucun certificat délivré. Pour les parties adverses, ce baptême aurait été de l'or en barre, une occasion de chantage moral et de répressions futures sur le bébé. Pour éviter toutes ces attaques, je devais rester Mme X, ayant mis au monde un enfant sous X. N'était-il pas, le pays aussi, sous X ?

Ma future et de plus en plus éventuelle belle-mère d'Angers nous avait fait parvenir une robe de baptême originaire de Lille, en dentelle, qui avait traversé un siècle et demi. C'est dans ce vêtement aux plis abondants et assorti d'un bonnet que l'enfant fut baptisé. Son parrain, mon frère Alain, l'adorait, et prenait son rôle avec gravité.

Le bébé, ayant reçu l'eau bénite sur son front, entra dans le monde selon des traditions dont le respect n'était qu'hypocrisie. Des années plus tard, elle servit une fois de plus, cette robe de baptême somptueuse, puis elle fut volée. Je ne sais pas si cet acte abject a porté bonheur ou malheur au voleur. Il ou elle doit le savoir. Il reste de cette cérémonie des photos pleines de promesses, le visage de mon frère, les deux grands-mères à la maison, les gestes précautionneux, une cape en dentelle sur la tête de la nurse. Images, images, images...

*

Nous vivions dans l'absurde. Tantôt félicités par ceux qui étaient au courant de nos secrets – si on pouvait encore parler de « secrets » –, tantôt menacés à demi-mot. Tout le quartier devinait que l'union de l'écrivain connu et du patron de presse n'avait pas de base légale. La concierge recevait périodiquement des cartes postales non signées qui nous dénonçaient. Comme nous vivions dans un appartement très grand, sans aucun lien juridique, C.B. devait payer une taxe pour « surface insuffisamment occupée ».

Un jour, le chauffeur nous a informés que la nurse **évi**tait le Bois, pourtant proche de l'appartement. Nous lui en avons demandé la raison. Elle répondit que le landau du petit garçon n'était pas assez chic pour le « public » de l'allée des nurses.

Cette allée était un endroit célèbre où les nurses des grandes familles – grandes par leur argent, par leur naissance, ou par la superficie de leur appartement –, se retrouvaient, chacune représentant la situation sociale, le rang de ses « patrons ». Plus le bébé était élégant, plus la cote de la nurse était forte. Vers les années 55-60, le Bois, pas encore pollué, était un havre superbe.

Pour ne pas mettre la nurse dans une situation gênante, nous nous sommes précipités, Claude et moi, dans un magasin de luxe avenue Victor-Hugo où on achetait des landaus bleu marine dont l'immense capote baissée permettait d'apercevoir, à l'abri de cette mini-grotte, un bébé qui trônait, la tête sur des petits coussins entourés de dentelle, sous une couverture brodée d'initiales. Ma mère, ravie de cette acquisition, dit que nous aurions pu faire broder un des monogrammes de mon ascendance paternelle, et que l'enfant pourrait un jour revendiquer ses titres. Je hochai la tête. Maman, qui avait été considérée comme un sujet de mésalliance, était donc maintenant fière de la branche qui l'avait rejetée ? Dans un monde où les convictions se renversent comme dans un sablier, il fallait à n'importe quel prix garder l'équilibre. Maman n'avait pas saisi la gravité de notre situation juridique. À quoi bon l'inquiéter ? Heureuse, elle retrouvait une partie des fastes anciens : un enfant, une nurse... Je n'osai pas demander s'il y avait, à l'époque où j'étais bébé, des landaus, et quel genre de landau. Je préférais ne pas l'attrister, ni déchaîner un torrent d'histoires qui m'aurait submergée une fois de plus sous le flot du passé.

Un jour, légèrement agacée, j'ai demandé à C.B. pourquoi je ne pourrais pas obtenir la nationalité française avant notre mariage, de plus en plus hypothétique. Il m'a regardée, étonné. « Tu seras légalement française le jour de notre mariage. » Il a cité de mémoire une phrase du *New York Herald Tribune* dont il était fier. J'y étais évoquée comme l'un des écrivains français les plus prometteurs. Que pouvais-je demander de plus ?

*
**

L'épouse en titre, dès qu'elle apprit que nous « hébergions » un enfant « né d'un père et d'une mère inconnus » renouvela sa demande d'interdiction de visite. Ses fils ne devaient pas être reçus au domicile de son mari. Si elle ne pouvait pas prouver que l'enfant était celui de son mari, la suspicion suffisait. Il devenait impossible pour moi de « déménager » les jours de visite : ma fille, mon fils, la nurse, les employés de maison..., tout cela pour que ses enfants ne risquent pas d'être désorientés par une situation immorale. Dorénavant, Claude ne rencontrerait plus ses enfants que dans des restaurants.

Après avoir surmonté quelques difficultés de santé dues à la naissance du bébé, j'ai pu enfin me remettre à l'écriture du *Cardinal prisonnier*. Julliard m'appelait, m'encourageait ; il trouvait ma vie compliquée mais, avant tout, il attendait « son » livre. Il créait déjà la « rumeur » d'un futur événement.

Mon père regardait toute cette affaire de loin. Il n'avait plus l'âge de s'enthousiasmer. Sauf quand je lui racontais mes projets de roman. Il préférait ses livres et les miens à un enfant avec qui il n'avait guère de contact. Quand mon frère Alain venait de Vienne, nous constituions, ne fût-ce que pour quelques moments, une atmosphère familiale. J'épargnais à mes parents les explications sur nos difficultés juridiques. Ils ne pouvaient pas aider et, pour comprendre, à leur âge et avec leur passé, la situation où nous nous trouvions, il aurait fallu appeler à l'aide toutes les références littéraires. Qui aurait pu définir le mieux notre existence ? Labiche ? Strindberg ? Ou Jarry ?

Mon agent, Alex, venait souvent à Paris. Nous étions devenus de vrais amis. Il connaissait le problème du divorce et l'attente du mariage. Il me dit un jour – nous en étions à la septième ou huitième année de bataille juridique : « Si un jour vous avez besoin de moi, je suis là. En dehors de mon rôle auprès des éditeurs, je suis là. » Je savais ce qu'il entendait par ces mots. Il avait formulé un jour sa proposition comme une boutade : « Si C.B. n'arrive pas à se libérer, je pourrais vous épouser. Vous seriez aussitôt américaine. Je ne vous dérangerais pas. Je suis homosexuel. – Merci, Alex. Mais j'aime C.B. – Et votre avenir ? – Je ne sais pas. – J'ai un grand appartement. Il y a de la place pour votre fille, pour votre fils. Venez écrire à New York, on fera de vos enfants des Américains. Et je vous vendrai encore mieux que maintenant. Si C.B. réussit un jour à se libérer, il viendra vous chercher. Vous, vous seriez enfin libre. – Peut-être », avais-je répondu sans conviction.

Nous recevions des visites de Bruxelles. D'abord la comtesse d'A. qui nous avait sauvés de la misère parisienne. Lorsqu'elle avait appris mon départ pour Paris, mon intention de divorcer, elle m'avait considérée avec pitié, terrorisée à l'idée que je me trouve, à cause d'un amour interdit, en enfer. Mais elle n'avait pu résister à la tentation de venir faire une sorte de repérage et nous demanda si elle pouvait nous rendre visite. Nous l'attendions avec joie. Frissonnante, elle observa C.B. Elle voyait de près un Français dont l'esprit, l'élégance et la distinction l'enchantaient. Elle constatait que l'enfer n'était pas si terrible qu'elle l'aurait imaginé. Elle parut soulagée d'un grand poids quand elle sut que l'enfant avait été baptisé.

Le sénateur R., qui avait perdu sa femme un an plus tôt, vint nous voir deux fois. Il admira le petit garçon. Ensuite, il m'emmena chez *Lucas-Carton* pour me rappeler le premier voyage Bruxelles-Paris, le jour du Prix Vérité. Il paraissait soucieux, préoccupé par mon avenir. Il se sentait responsable parce que c'était lui qui m'avait conduite à Paris, le 17 décembre 1954. J'étais dans une situation difficile, me dit-il. Il était avocat aussi, il connaissait les conditions du divorce, mais il ne pouvait pas me représenter parce qu'il y aurait eu conflit d'intérêts : à l'époque, Georges était son protégé aussi. Il essayait quand même d'apaiser nos adversaires, déterminés à me garder prisonnière. Il savait que ma liberté était incertaine et que C.B. avait devant lui une attente qui pouvait durer des années.

— Je suis très inquiet pour vous. Vous n'avez toujours pas la nationalité française ?

— Non, parce que Claude voudrait que je l'obtienne par mariage.

— Mais ce mariage est très loin !

— Oui. Il faut juste que je vive assez longtemps pour devenir officiellement française. C'est drôle, non ?

— Pas tellement. Je crois que je pourrais vous aider à obtenir enfin une situation sociale accompagnée de papiers d'identité. Juste une idée. On verra dans un an, si j'existe encore.

*
**

Quelques mois plus tard, grâce sans doute aussi aux interventions indirectes du sénateur, mon divorce fut enfin prononcé à Bruxelles. Le papier qui confirmait ma liberté fut envoyé chez les avocats de C.B., censés me représenter aussi. Au cours d'une réunion — nous étions tous assis autour d'une table ronde dans leur cabinet d'avocat —, l'acte de divorce me fut remis. Me B. déclara : « Madame, vous pouvez enfin reconnaître votre fils. Il aura une mère, c'est déjà ça. » Il ne mettait pas de gants, Me B. Il me trouvait encombrante et la situation de C.B. difficile à cause de moi. Quelque chose en lui créait un blocage. Était-ce une éventuelle conviction religieuse, hostile d'office au divorce ? Ce n'était qu'une supposition de ma part. J'ai demandé à C.B. :

— Est-ce que tu as dit à ton étrange avocat que tu n'as jamais été religieusement marié avec ta première femme ?

— Non. Mais ça ne le regarde pas. Le mariage religieux est une affaire personnelle.

— Comment ? Mais s'il est de confession catholique et persuadé que le mariage religieux est un engagement pour la vie, il pourrait être hostile à ton divorce et le saboter.

— Mais non, dit C.B. Un avocat ne mêle pas ses convictions religieuses à une affaire professionnelle.

— Et Bruxelles ? Qu'est-ce qu'on me fait à Bruxelles ?

— Là-bas ce sont des Belges, a dit Claude Bellanger. Des Belges.

Lorsque Me B. annonça que je pouvais me présenter avec mon acte de divorce à un guichet d'état civil pour reconnaître l'enfant, je me suis étonnée :

— C'est si simple ? Si simple ? Avec ce document, se présenter à un guichet...

— Vous devrez d'abord changer votre nom sur votre carte de séjour. Lorsque votre nom de jeune fille y figurera, vous vous présenterez à la mairie de l'arrondissement. Le petit garçon y sera inscrit sous votre nom de jeune fille et deviendra apatride, jusqu'au moment où M. Bellanger pourra le légitimer. Il sera alors citoyen français. Si jamais M. Bellanger ne pouvait pas le reconnaître, il faudrait à ses dix-huit ans introduire une demande de nationalité française. Il l'obtiendra par le droit du sol.

C.B. hocha la tête.

— Tout s'arrangera automatiquement à notre mariage. Je vais t'accompagner à la mairie.

L'avocat le retint :

— Ce serait peut-être une erreur. Certainement, même.

— Vous ne pourriez pas vous y rendre vous-même pour épargner ma femme ?

L'avocat était toujours agacé par l'expression « ma femme ».

— Exclu. C'est une affaire qui ne peut être réglée que par Madame Arnothy.

— Y a-t-il une possibilité d'avoir un entretien en tête à tête avec le chef du bureau d'état civil ?

— La loi est la même pour tout le monde, prononça l'avocat avec un malin plaisir. Je vous dis que ce n'est qu'une formalité. Dix minutes.

C.B. insista :

— L'employé du guichet ne saura pas qui je suis. Je ne veux pas que ma femme aille seule là-bas.

L'avocat était excédé.

— Je ne vous conseille pas, monsieur Bellanger, d'aller à la mairie avec madame. Elle doit accomplir elle-même cette démarche. Présenter le document et faire ajouter aux trois prénoms et à la date de naissance de l'enfant son nom de jeune fille. Faire inscrire le nom de l'enfant. C'est tout.

— Vous en êtes sûr ?

Là, je suis intervenue pour soulager C.B.

— J'ai déjà traversé une frontière sous des barbelés, je peux affronter la plaque de mica d'un guichet à la mairie.

18

Les mairies ont des odeurs. Les salles où le peuple français fait enregistrer les étapes de son existence ont une odeur. Des émanations de moisi, de papier rance, de dossiers au contenu jauni, de poussière, de respiration humaine, qui laissent un goût âpre au palais.

Je me mis dans la file — il y avait deux personnes devant moi et il y en eut bientôt trois derrière. Je serrais mon dossier jaune clair. La couleur vive qui éclatait dans la grisaille attirait les regards. L'angoisse me serrait le cœur. L'importance de la démarche que j'accomplissais ne cessait de m'émouvoir depuis le matin. J'entrai sur une scène, celle de ma vie, dont une partie s'était déjà déroulée devant des guichets de ce genre. Ici, il s'agissait de sortir mon propre enfant d'un anonymat juridique. J'avais le trac. Presque plus qu'avant la traversée de la frontière austro-hongroise. Je devrais sans doute répondre à des questions concernant la naissance. Je voyais apparaître — dans mon esprit, il était souvent présent — l'avocat de C.B. Il avait les yeux ronds et le regard gras.

L'homme qui me précédait dans la file était parti. C'était mon tour.

— Oui ? demanda l'employée derrière la plaque de mica. Vous voulez quoi ?

— Bonjour, madame.

Elle hocha la tête.

— Bonjour. Allons-y. Quoi ?

— Reconnaître un enfant.

Elle leva la tête. Au-dessus du mica, je l'ai vue. Elle avait les yeux gris et les lèvres étroites. J'essayai d'ôter l'élastique du dossier dont les coins étaient serrés, j'ai fini par ouvrir la chemise et y prendre les documents. Ma carte d'identité provisoire à volets.

— L'enfant est inscrit sous quel nom ?

— C'est un garçon. Il est né à — j'indiquai l'adresse de la clinique et la date. Il est déclaré sous les prénoms — j'indiquai ces prénoms.

— Vous êtes qui ?

— Sa mère inconnue.

Une hilarité sauvage me saisit, phénomène qui précède les rires nerveux. Je me voyais ployant sous une couronne de fleurs abondamment décorée de rubans bleu-blanc-rouge. L'Arc de Triomphe. La mère inconnue.

Elle examina ma carte d'identité à volets et le document certifiant le divorce. La personne qui me suivait dans la file s'approcha. Je devais l'intéresser. Sinon moi, du moins mon affaire.

— Qui prouve que c'est votre fils ?

— C'est qu'il est mon fils.

Du regard elle chercha une collègue. À côté d'elle, l'employée parlait au téléphone. Je me demandais avec quel produit on nettoie le mica.

— Parlez plus fort.

Je me penchai. Je répétai la phrase précédente et j'ajoutai qu'il était peut-être inscrit sous la tutelle d'un conseil de famille constitué quelques heures après sa naissance. L'employée s'éloigna et consulta le registre qui concernait cette période. Elle l'avait ouvert sur une table éloignée des guichets et son doigt, l'index de la main droite, suivait les lignes. Elle revint.

— Je l'ai, dit-elle, si c'est ça — et elle indiqua la date de naissance et les trois prénoms. Voilà.

Elle examina ma carte de séjour de résidente privilégiée.

— Apatride, dit-elle. De quelle origine ?

— Une apatride n'a pas d'origine à prouver. Elle n'est rien.

La femme s'impatienta :

— Vous êtes apatride ou réfugiée ?

— Je suis une apatride considérée comme réfugiée.

— D'où ?

— D'Europe centrale. Quel rapport, madame, avec l'enfant ?

— Il sera lui aussi inscrit comme réfugié.

— C'est une maladie génétique, l'état de réfugié ? Héréditaire ?

Je l'agaçais. « Cette pâle maigrichonne a le culot de plaisanter. Dans sa situation ! On aura tout vu. »

— Ce n'est pas si simple de reconnaître un enfant. Qu'est-ce que j'ai comme preuve ?

— Regardez l'acte de divorce. Il porte mon nom de jeune fille. Quand le bébé est né, je n'étais pas encore divorcée.

Je venais de faire la plus stupide des maladresses. Pendant des mois, après, je me consolerais en me disant qu'elle aurait de toute façon découvert le problème, que j'ignorais complètement.

— Mon nom de femme mariée figure dans l'acte devant vous. Après le divorce, comme vous le voyez sur ma carte de séjour, j'ai retrouvé mon nom de jeune fille, que doit porter mon enfant avant que j'épouse...

— Qui ?

— Le père inconnu.

Chaque mot m'enfonçait dans la glu.

— Regardez mon nom de jeune fille, il est inscrit sur l'acte constitutif du conseil de famille provisoire.

Pâle, mal coiffée, je susurrais la sotte formule : « nom de jeune fille ». À force d'être obligée de la répéter, je la vomissais.

— Le père en fait partie aussi, de ce conseil ? Le présumé père ?

Je ne tombai pas dans le piège.

— Aujourd'hui, il s'agit de moi et de l'enfant. Pas de lui.

— Je ne comprends rien à cette salade, fit-elle.

Elle partit, sans doute pour consulter quelqu'un. La file s'impatientait derrière moi. Je retardais tout le monde. J'espérais que l'autre employée ouvrirait le guichet d'à côté et que dans mon dos la tension se calmerait. Non. Elle s'expliquait toujours au téléphone. Celle qui s'occupait de mon affaire revint au bout d'une dizaine de minutes, accompagnée du chef de bureau, aimable et calme.

— Votre conseil juridique aurait dû vous expliquer, madame, que vous ne pouvez pas déclarer un enfant avant un délai de neuf mois à partir du jour où l'acte de divorce vous a été signifié.

— Quels neuf mois ?

— Cet enfant pourrait avoir été conçu par votre ex-mari. Une femme qui divorce ne peut ni avoir ni déclarer un enfant sous son nom de jeune fille avant le délai de neuf mois. Vous comprenez, l'enfant est susceptible d'être celui de son ex-mari, répéta-t-il.

Ma voix me parvint de loin, sourde.

— Mais c'est absurde ! Je ne vis plus avec lui depuis des années. Il habite dans un autre pays.

Le chef de service fit un geste qui exprimait sa compassion.

— Je suis navré, mais votre démarche m'oblige de fait à inscrire l'enfant sous le nom de votre mari, disons ex-mari, qui, comme je le vois sur le certificat de divorce, vit à Bruxelles. Nous allons lui notifier qu'un enfant porte — à partir d'aujourd'hui — son nom. Vous pouvez toujours solliciter un désaveu en paternité. Si l'enfant n'est pas de lui, il le fera. Je l'espère pour vous.

J'étais glacée. La peur au ventre, dans la cage thoracique, la peur.

— Je vous demande de ne pas le prévenir. Je vous en prie ! Je m'en vais, je reviendrai dans neuf mois, mais n'inscrivez rien. Ça peut être très grave pour moi.

— Je suis vraiment désolé, dit le chef du secteur. Je suis désolé, mais la loi est la loi. Ayant eu connaissance de cette affaire, nous devons signifier à ce monsieur, à Bruxelles, que, depuis aujourd'hui un garçon porte son nom. Arrangez-vous avec lui, si l'enfant n'est pas le sien. Pour quelle raison voudrait-il s'en encombrer ? C'est du souci, un petit comme ça...

**
**

L'enfer s'était déchaîné. Cette fois-ci, lors du passage de la caravane, ce ne sont pas les chiens qui aboyèrent mais les

393

chacals qui s'acharnèrent sur nous. En rentrant, je n'ai pas appelé C.B. au journal, mais Alex à New York. Je lui ai annoncé que j'avais un fils. Il m'a félicitée. Je lui ai demandé si je pouvais venir chez lui quelque temps, avec le bébé.

— Bravo, dit-il. Enfin. Venez et installez-vous chez moi quand vous voulez ! L'appartement est grand, même s'il pleure, votre bébé, on ne l'entendra pas partout. On peut trouver de charmantes Portoricaines pour le garder.

— Il ne pleurera pas, moi non plus. Je voudrais juste passer quelques semaines à New York. J'étouffe ici. J'ai besoin de respirer, de me sentir libre.

Il me fallut à peine quelques heures pour comprendre que la résidente, même « privilégiée », n'obtiendrait pas facilement de visa pour les États-Unis et que, sur mon « laissez-passer » qui remplaçait un passeport, je ne pouvais pas faire figurer mon propre fils sans l'autorisation de Georges, qui détenait dorénavant le pouvoir paternel. Je ne pouvais traverser aucune frontière avec mon fils. Sauf en fraude.

C.B., hors de lui, traita l'avocat d'inconséquent et de maladroit. Celui-ci présenta de plates excuses et s'embarqua dans des explications vaseuses. Comme il s'agissait d'un couple de réfugiés, il n'avait pas prévu que la loi française s'appliquerait d'une manière si péremptoire, surtout quant l'ex-conjoint habitait un autre pays. C.B. m'a annoncé que l'avocat en question devait bientôt quitter son cabinet. « Il souffre d'une maladie de cœur. Il a un excellent collaborateur. » J'étais déterminée à ne plus parler – si inutilement – de l'avocat, que j'appelais dorénavant Me Thénardier, et de nos divorces, ceux des « Misérables ».

Comme il fallait s'y attendre, Bruxelles se manifesta bientôt. Je reçus un appel – bien que le numéro de l'avenue Victor-Hugo soit sur liste rouge – de la mère de Georges.

— Christine, dit-elle d'une voix suave, nous savons que tu as déclaré un enfant qui dorénavant porte le nom de mon fils. Tu vas m'écouter sagement. Je t'annonce ma décision. Si tu ne renonces pas définitivement à la garde de ma petite-fille, si elle n'arrive pas ici dans le plus bref délai, si tu ne renonces pas officiellement à tes droits maternels sur elle, nous prendrons le petit garçon. J'espère que je suis bien claire. Donc, ou tu acceptes d'être déchue de tes droits maternels ou un huissier accompagné d'un gendarme se présentera, sinon moi, accompagnée des représentants des autorités concernées, pour emmener le bébé à Bruxelles. Avec Georges nous avons analysé le problème. Ce serait plutôt amusant d'avoir un petit garçon à la maison ! Je ne me suis jamais occupée de très jeunes enfants, mais j'apprendrais... Nous serions moins seuls, mon fils et moi. Il y aurait Anne et son demi-frère. Tu serais libérée de tous tes soucis. Tu pourrais écrire. N'est-ce pas ? Écrire en paix.

J'ai cru devenir aphone. Mais non, je pouvais encore parler.

— Il est impossible que Georges soit mêlé à tout cela. Il est plus humain.

— Plus faible ? C'est ce que tu veux dire ? Je t'avais annoncé dès mon arrivée à Bruxelles que ce serait avec moi qu'il faudrait divorcer.

⁎⁎

— Ils ne feront jamais ça, dit C.B., livide. Il n'existe pas un être civilisé qui soit capable d'une action de ce genre !

— Bien sûr que si. Leur alliée principale est ta femme. La preuve : le numéro rouge. Tu l'as donné à ta femme pour qu'on puisse te prévenir en cas de problème avec tes fils. Elle l'a communiqué à Bruxelles.

— Pourquoi tu dis « ta femme » ? fit-il, irrité.

— Parce que ton épouse actuelle est ton épouse. Tu n'es pas divorcé, tu es juste séparé. Liquide ton avocat. Avant de mourir d'une crise cardiaque, il peut nous exécuter.

— Changer d'avocat au cours d'une procédure ne fait jamais bon effet. J'attends que Me B. se retire de sa vie professionnelle. C'est pour bientôt.

Nous étions devenus les otages d'une situation inextricable. Pilar, qui connaissait maintenant toute l'histoire, me proposa sa maison près de Séville : « Ma mère y habite. Vous y serez très bien avec les enfants. » Je ne pouvais pas me réfugier à Séville. Traverser les montagnes à pied pour fuir les conséquences de divorces de plus en plus mal engagés aurait été l'apothéose de la bêtise et de la maladresse.

J'ai dû dire à ma fille qu'elle allait être « livrée » à Bruxelles, en quelque sorte « échangée ». Sinon, on m'enlèverais son demi-frère. Elle m'a écoutée, les dents serrées. Elle devait être persuadée que je l'abandonnais pour le petit garçon. A-t-elle pu imaginer que je ne l'aimais pas assez, que je n'ai pas lutté suffisamment pour la garder ? Comment aurait-elle pu mesurer le poids d'une telle affaire ? Une demande d'extradition du nouveau-né aurait autorisé — en cas de résistance de notre part — une intervention de la force. L'enfant apatride risquait, à la demande officielle de Georges — inspiré par sa mère —, de se retrouver protégé par la loi belge, le père étant résident en Belgique. Nous devions nous plier à l'ultimatum. Le directeur de journal aurait-il assez de relations pour empêcher cette action ? Non. Pas du tout. Le haut fonctionnaire, l'ami des roses, ne pouvait être mêlé à une non-présentation d'enfant. D'ailleurs, C.B. n'a même pas émis l'hypothèse de s'adresser à lui.

Un avocat français engagé par la belle-mère de Bruxelles m'a appelée, se présentant comme le conseil de Georges. Il m'accompagnerait à la préfecture où je devais signer l'acte officiel de « déchéance » de mes droits maternels. Je me souviens, même aujourd'hui en écrivant ces lignes, qu'à l'époque je ressentais ce document comme une injure insupportable. N'importe quel enfant de chœur, ou analphabète, ou innocent, ou quiconque qui n'aurait jamais eu de conflit avec la loi, savait qu'être déchu des droits maternels était la pire atteinte à l'honneur d'une femme. En ces années, on appliquait paraît-il ce procédé surtout aux droguées, aux prostituées, à celles qu'on internait dans un asile. Même dans ces cas, il existait des procédures obligatoires qui aboutissaient peut-être plus ou moins lentement à un tel jugement. Mais la possibilité de faire appel n'était jamais exclue. Pour qu'on ne m'enlève pas mon petit garçon, je devais me rendre à la préfecture de mon propre gré et subir cette humiliation comme si j'y avais librement consenti. À qui aurais-je pu crier mon indignation ? Quel secours, au temps de ces inquisitions juridiques, aurais-je pu espérer ? Tous les documents qu'on m'avait fait signer avant me piégeaient. Rétrospectivement, quand je revis cette scène, je pense aux caissiers des banques qu'on amène pour ouvrir le coffre en tenant leur famille en otage.

Dans une pièce mal éclairée, assise devant un bureau chargé de dossiers bourrés de papiers jaunis, d'une manière hypocrite l'avocat de l'adversaire me lut la déclaration avant de la signer. Le procédé était vicieux. Il fallait – selon la loi – entendre le texte. C'était la preuve que je le signais de mon propre gré en en connaissant chaque mot. L'essentiel était à peu près ça : *Je soussignée* – et mon nom de jeune fille –, *reconnais être déchue de mes droits maternels et ne faire aucun obstacle au transfert de ma fille de Paris à Bruxelles.* Prénoms de ma fille, l'adresse.

— Là, dit l'avocat, vous signez ici.

Il pointa son index sur le papier. Il répéta :

— Là. Précédé de « lu et approuvé ».

— J'ai lu. Je signe parce que les circonstances m'y obligent, mais je n'approuve pas.

— Vous devez faire précéder votre signature de « lu et approuvé », sinon la déclaration n'a pas de valeur.

Un greffier regardait la scène. Il n'avait pas de mouchoir en papier. Il ne pleurait pas, il était juste enrhumé. Il reniflait et s'essuyait le nez avec le dos de la main. J'ai signé. Quarante-huit heures plus tard, ma fille allait partir, arrachée à son école, à ses cours de danse brutalement interrompus. En me disant adieu, elle n'a pas pleuré. Une multitude de douleurs me traversaient, des spasmes et des crampes. Nous avons dû ensuite envoyer des suppliques à Bruxelles pour que Georges accepte d'entreprendre une procédure de désaveu en paternité du petit garçon. Alors seulement, après un délai de près d'un an, je pourrais le reconnaître. Il fallait attendre.

*
**

« J'espère que vous travaillez, me dit Julliard. J'ai de grands espoirs au Femina pour *Le Cardinal prisonnier*, un roman de cette envergure est rare. Le sujet est extraordinaire. » Son attention aiguë pour cette histoire sur laquelle je travaillais tous les jours me donnait des forces pour affronter mes deux personnages et leurs attitudes morales. Le cynisme mêlé à l'athéisme de l'Américain – qui ne croit plus en rien et qui propose d'échanger son identité avec celle du cardinal pour permettre à celui-ci de sortir de Hongrie – m'était proche. À la suite des événements que j'avais vécus, des chocs juridiques que j'avais subis, privée de ma fille, je détestais de plus en plus profondément la société où j'évoluais. Je la trouvais rétrograde, cruelle. Je la traitais d'archaïque. Dans ma tanière, sur le mur, j'ai ajouté le portrait de Mao. Mes révoltes n'étaient que théoriques. Je devais rester apparemment paisible pour ne pas troubler le petit garçon et ne pas imposer à C.B. trop de tensions dues à mes angoisses. J'avais décidée qu'au moment même où j'aurais une situation juridique considérée comme « légale », je reprendrais ma fille à n'importe quel prix.

Je n'étais pas seule à subir les conséquences du fait qu'on me l'avait arrachée. Ses rêves à elle ont été cassés aussi. Malgré toute sa grâce et son talent, elle ne serait jamais ballerine. N'était-ce pas un métier, une vocation un peu légère ? Ne l'avait-on pas habillée, exprès, d'une manière tellement sévère que la petite poupée blonde revenait vers moi comme sortie d'un roman du dix-neuvième siècle ? Ne devait-elle pas renoncer de force au luxe « inutile » auquel C.B. et moi l'avions habituée ? La privation de la danse a fait d'elle une petite fille triste. Après ses courts séjours je m'asseyais dans sa chambre vide. Je savais qu'un précipice se créait entre elle et moi. J'étais culpabilisée et je souffrais.

En revanche, mon désir de détruire un monde où on pouvait être livré à de tels chantages, où on pouvait faire souffrir le martyr à un adulte à travers un enfant innocent, a été assouvi lorsque j'ai fait disparaître toute une société ancienne, qu'elle soit à l'Est ou à l'Ouest, dans *Le Cardinal prisonnier*.

L'enfant aux trois prénoms grandissait. Bientôt, si Georges n'abandonnait pas en cours de route la procédure de désaveu en paternité, je pourrais le reconnaître. J'ai souvent pensé que, si je réussissais à être un jour fille-mère, je pourrais avoir enfin un enfant libre de toute pression. C.B. serait un parfait « père inconnu » et moi, libre d'élever – avec lui – notre enfant. C.B. n'aimait pas ce genre d'humour. Au tréfonds de lui-même, il se faisait des reproches. Je n'insistais pas. Nos adversaires auraient souhaité que notre vie soit empoisonnée. Nous connaissions pourtant des trêves où nous étions heureux et nous faisions des projets.

Mes ennemis avaient raison de me haïr. Je sentais, même dévastée, ma sève revenir comme dans un arbre : j'écrivais chaque matin, inlassablement, les yeux brûlants de fatigue et de larmes quand j'imaginais ma fille au loin, désemparée. Mais ma puissance de travail ne me lâchait pas. Je tenais par l'écriture. J'étais sans doute un être à tuer aux yeux de mes ennemis personnels ou littéraires. Ma vie professionnelle n'était pas seulement un réconfort, mais un rempart. Mes éditeurs étaient toujours d'une rare correction, agréables. Je figurais sur la liste noire de quelques ennemis du journal, mais que de personnes superbes aussi ! Indépendantes et courageuses. Lorsqu'on cherchait à m'abattre d'un côté, ils tendaient la main ou leur plume de l'autre.

***

Quelle grâce d'ignorer l'avenir ! Comment aurais-je pu imaginer que le petit garçon que C.B. aimait tant et que j'aimais tant me ferait, un jour – après la mort de son père – connaître l'enfer ? « C'est ça, un grand amour ? C'est ainsi que tu subis la perte de Papa ? Merci ! Je n'en voudrai jamais. Si tu souffres tant, fais comme les veuves indiennes : monte sur un bûcher et fais-toi brûler ! C'est toi qui aurais dû mourir, pas Papa. » Voilà ce qu'il m'a dit un soir, avant de partir. Le corps de son père reposait encore dans notre chambre à coucher. Il était décédé à la maison, la veille.

Faute d'avoir pu, selon la théorie freudienne, tuer le père, il restait à l'ex-petit garçon à tuer la mère. Il l'a tenté sur le plan psychologique en sortant de ma vie à l'âge de vingt et un ans. Je ne l'ai jamais revu depuis. Au début, naïve, affolée, je croyais à une fugue, je tremblais de peur pour lui. Je l'imaginais au bout du monde ou nulle part, je n'avais plus de jours ni de nuits. Lui – ai-je appris plus tard – était installé sur la rive gauche. J'avais eu la maladresse de lui dire une fois : « Seule une grave inquiétude pour un enfant pourrait m'empêcher de travailler. Mais si je n'écrivais plus, je cesserais aussi de vivre. » De quelle haine a-t-il hérité, et de qui ? Serais-je devenue trop encombrante ? Lui aurais-je rappelé sans cesse son père absent ? « Tuer » la mère – m'anéantir – aurait sans doute été pour lui une libération. Il a failli réussir.

Il m'avait délibérément rejetée. Ce rejet, sa disparition volontaire de ma vie, c'était comme sa mort. Je souffrais du décès de mon mari et je devais faire le deuil d'un fils vivant. Heureusement, C.B. n'a pas su que l'enfant aux trois prénoms m'a fait passer, moi, mère lionne, à travers des cercles de feu. Des années plus tard, le hasard m'a présenté une possibilité de lui faire du mal. Très mal. Il me restait encore quelque chose de la mère, et je n'ai pas bougé. On ne fait pas des graffitis de chagrin sur la pierre tombale de l'amour maternel. Puis le miracle s'est produit à l'envers. Un jour, je me suis réveillée délivrée de ce chagrin. J'étais légère, enfin indifférente à son égard. Quel soulagement pour moi ! N'avait-il pas réussi une opération d'une extrême rareté : neutraliser mon instinct maternel ? Il avait même vidé mon ventre de son souvenir biologique. Ma douleur était désamorcée. Si jamais il a été courant, il a peut-être dû s'amuser de mes tourments. Les a-t-il devinés ? Et, dans ce cas, quelle farce d'avoir tourné cette mère en bourrique... Un vrai succès. Bravo, l'artiste... Mais, des cercles de feu, je suis sortie. Brûlée. Mais vivante.

S'il avait été un enfant adopté, j'aurais entendu un chœur de commentaires autour de moi : « Évidemment, il n'était pas votre fils à vous deux ! » La preuve est là : on peut adopter tranquillement un enfant de n'importe quel coin du monde. La reproduction génétique ne garantit pas l'amour filial et n'exclut aucune haine.

Après des crises aiguës, ma fille, adulte, est devenue plus compréhensive, plus amie. Bien, c'est déjà ça. On veut être mère ? Autant sauter à l'élastique ou en parachute quand on a le vertige. Manquer de l'amour de ses enfants ou s'écraser, le risque est le même.

**

Bref, cela étant dit, par bonheur il n'était pas question à l'époque de projections dans l'avenir. Après d'interminables délais, j'ai réussi à reconnaître l'enfant aux trois prénoms, et il porta enfin mon nom de jeune fille. La seule personne à qui cela faisait vraiment plaisir, c'était mon frère Alain, toujours dans le souci de prolonger la branche noble, etc. J'en avais vraiment assez de tous les discours familiaux.

Ma fille revenait à Paris pour les fêtes et les lendemains de Noël. Chaque fois, sa grand-mère répétait : « Ce n'est pas sûr qu'on vous la donnera aux prochaines vacances. » Anne était grave, elle avait les yeux cernés. Et puis, elle qui était toujours une excellente élève, qui pouvait travailler seule, qui était toujours si brillante, a cessé d'étudier à Bruxelles. En conséquence de cette sorte de grève, on me l'a rendue. Nous étions donc de nouveau réunis : ma fille, le petit garçon qui devenait de plus en plus grand, bientôt inscrit dans une école primaire privée où, avec la complicité du directeur, il etait enregistré sous le nom de Bellanger.

Le Cardinal prisonnier eut du succès mais pas le prix Femina. L'un des membres du jury avait dit à Julliard : « C'est un livre d'homme, on ne dirait pas que c'est une femme qui l'a écrit. C'est un livre trop lourd pour ce prix. » À l'époque, le prix Femina était plus « féminisé » qu'aujourd'hui.

C'est dans cette période trouble et troublante qu'est intervenue la maladie de René Julliard. Il n'a jamais pardonné aux membres du prix Femina de m'avoir écartée pour ce *Cardinal prisonnier* qui a fait le tour du monde, best-seller aux États-Unis, aimé par les lecteurs de toute l'Europe. Julliard espérait que, malgré l'influence de Grasset et de Gallimard auprès des jurys, il réussirait à me faire attribuer un des grands prix de la fin de l'année.

Le sénateur R. est revenu nous rendre visite. Invité pour le dîner, il est arrivé plus tôt dans la soirée, « pour pouvoir vous parler ». Il paraissait soucieux, vieilli. Ses sourcils étaient plus en broussaille que jamais. Son visage toujours noble. Il m'a demandé :

— Il paraît que Claude Bellanger a d'énormes difficultés à s'en sortir. C'est sa septième ou huitième année de procédure de divorce ?

— Je ne sais pas, ai-je dit. Je ne compte plus. Ça va sans doute se prolonger encore.

Tout en me parlant, il se promenait devant la bibliothèque de presse de C.B.

— Vous êtes libre maintenant, et votre fils porte votre nom de jeune fille. Vous avez retrouvé Anne aussi. Je voudrais vous proposer quelque chose d'insolite mais, enfin, ce ne serait que la deuxième fois dans votre vie : un mariage blanc. Je suis un vieil homme, mes enfants sont des adultes, ma femme serait d'accord avec moi et admettrait ma démarche. Je me fais des reproches. Si je ne vous avais pas amenée à Paris pour la récompense du Grand Prix Vérité, vous n'auriez pas connu Claude Bellanger...

— Et j'aurais été privée d'un amour infini, ai-je dit. Je l'aime, nous sommes heureux ensemble. On va en sortir. Il est vrai qu'il faut payer pour chaque seconde d'harmonie. Mais Claude devrait pouvoir se libérer.

— C'est une proposition qui s'adresse à vous et à Claude. Si je vous épousais, votre fils aurait un nom de famille, il ne serait pas inscrit partout comme « né d'un père inconnu ». Pour sa future vie professionnelle, quel que soit le métier qu'il exercera, au moins il serait un enfant légitime. Vous-même, vous auriez un état civil convenable, la nationalité belge, une place dans la hiérarchie sociale. Vous n'avez actuellement aucune marge de sécurité.

— Si, ai-je dit. Si. Claude Bellanger pense à mon avenir, prend grand soin de moi. J'ai mes livres.

— Vous devez vivre dans l'angoisse. Et s'il avait un accident ? Que deviendriez-vous avec deux enfants ?

— Je ne sais pas. Je suis incapable de faire des projets « en cas de... » Je ne peux pas.

— Nous allons parler de tout cela pendant le dîner avec Claude Bellanger. Je lui ferai cette proposition. Je vous épouse et je divorce quand il sera libre. En attendant, vous aurez mon nom, la nationalité belge, la sécurité d'avoir votre place normale dans un monde normal. Son fils portera un autre nom que le sien, d'accord. Mais c'est toujours mieux que de naître d'un géniteur inconnu.

Affolée, je lui ai demandé de ne pas parler à C.B. de ce projet étrange, lunaire, profondément amical, sécurisant. « Pas un mot, je vous en prie. » Alors, pendant le dîner, il conversa avec Claude Bellanger de tout : l'Europe, la politique, l'Algérie, la vie quotidienne en France, en Belgique, l'évolution du monde. Je les écoutais, moralement absente. Étais-je à New York ? Cette nuit-là, je dis à C.B. :

— Il faudrait un jour que tu m'écoutes, si tu veux bien, parce que c'est aussi mon intérêt. Je t'aime de toute ma force, mais il faut changer d'avocat.

— On verra ça, a-t-il dit. On verra ça quand on sera à la fin du délai de séparation. Trois ans et demi.

— Est-ce que nous serons encore vivants, à la fin de ce délai ? Quelle sécurité a le petit garçon ? Et moi ? Je peux être écrasée par une voiture. Toi aussi. Un crash d'avion, tu y as pensé ?

En voyage, nous prenions toujours des avions différents. Un de nos amis fit remarquer que nous multipliions les risques au lieu de calmer nos angoisses. Question de point de vue.

Au cours de cette septième année en attente de divorce, je reçus une deuxième demande en mariage. Alex L. me proposa une fois de plus de m'épouser. « Vous êtes dans une situation impossible. Vous ne pouvez même pas circuler à votre guise entre Paris et New York. Vos papiers d'apatride sont ridicules. » C'était vrai. Je ne pouvais plus demander qu'on me prête un beau faux passeport.

J'étais déterminée, C.B. aussi, à avoir un jour, à obtenir un jour la paix et une vie commune sans tempêtes perpétuelles. J'ai réfléchi. Une idée se précisait : il me fallait celui que j'appelais déjà « mon enfant ». Je le mettrais au monde, moi libre, lui libre.

*
**

— Un troisième enfant pourrait vous tuer, dit le célèbre gynécologue. Une troisième césarienne, c'est trop. Vous n'avez pas une constitution physique qui vous permette d'avoir de nombreux enfants. Vous en avez déjà deux, il faut vous en contenter.

— Je ne m'en contente pas. Je veux mon enfant. Mon enfant à moi.

Personne ne comprenait cette définition. C'est quoi, « un enfant à moi » ? Je voulais dire : un enfant que personne ne pourrait me réclamer. Qui ne pourrait pas être utilisé comme élément de chantage. C.B. serait une fois de plus un père merveilleux, généreux. Toujours pas libre ? Nous attendrons. C'est ce que je dis au médecin.

— Vous avez tort d'insister, madame. Pensez aux conséquences. Vos enfants, que deviendront-ils sans vous ?

— Je n'en suis pas déjà à organiser la vie après ma mort.

– Pendant neuf mois, vous serez en danger, l'enfant aussi. Vous risquez d'y rester tous les deux.

– Qu'importe. Je partirai avec mon troisième enfant dans un monde où on ne réclame pas de papiers.

Enceinte de deux mois et demi, je fus obligée de rester couchée pratiquement toute la journée. Parce que Claude Bellanger était un homme important et qu'on voulait lui faire plaisir – en dehors des honoraires considérables qu'il payait –, un médecin se dérangeait chaque matin et chaque soir pour venir prendre ma tension. Un peu sévère, il arrivait comme un élément du destin, toujours à la même heure, serrait mon bras dans le large bandeau élastique, prenait mon pouls et surveillait l'aiguille sur le cadran. Un jour – ce devait être au sixième mois –, furieux, il me dit :

– Qu'est-ce que vous avez fait ? Dites-moi la vérité. Vous vous êtes levée, vous avez eu des activités interdites ?

– Je n'ai rien fait, docteur. Je vous le promets, je n'ai rien fait.

Soudain j'ai pensé :

– J'ai écrit une nouvelle, la moitié d'une nouvelle. Une histoire passionnante.

– Vous ne devez pas, dit-il. L'écriture a fait monter votre tension. Encore une tentative du même genre et vous vous retrouverez dans une clinique, sous perfusion.

Ainsi, pour la première et peut-être pour la dernière fois de mon existence, j'ai renoncé à écrire à cause de l'enfant que je portais en moi, que j'adorais, que je protégeais. La pile de papiers, les crayons restaient sur la table. J'étais heureuse d'offrir mon inactivité à cet enfant.

Le bébé, pressé, arriva avec un mois d'avance. Paris était désert. À la clinique, tous les médecins étaient des remplaçants. Il était difficile d'obtenir une ambulance. Enfin, la sonnette de la porte d'entrée. Deux brancardiers à la démarche curieusement incertaine – avaient-ils bu ? – me descendirent dans l'escalier en trébuchant.

L'ambulance fonçait. C.B., assis à côté de moi, me tenait la main. Je me souviendrai toujours de l'image : dans le hall de la clinique, l'équipe chirurgicale m'attendait, déjà vêtue pour l'intervention. On courait à côté de mon brancard, un jeune médecin écoutait, le stéthoscope collé contre mon ventre. J'entendais : « L'enfant est encore vivant, l'enfant est encore vivant, dépêchez-vous ! » Cette urgence-là n'était pas du cinéma. Dans la salle d'opération, on me prépara, on me badigeonna, on ne m'endormit pas. « Pas tout de suite ! » ai-je entendu. L'anesthésie devait se faire à la dernière minute pour ne pas asphyxier le bébé.

Le néant. Puis le retour des profondeurs. Doucement. Lumières. Ouvrir les yeux et, près de moi, ce visage que j'adorais, ce visage qui n'était que tendresse, angoisse, amour et bonheur. Claude me dit : « Nous avons un fils, mon amour. On va l'appeler comme c'était convenu... » C'est moi qui ai prononcé : « François. »

**
*

Rentrés à la maison, après des jours d'extrême angoisse pour le bébé né avant terme, doucement nous avons commencé à vivre ce que les autres appellent une vie normale. Il y avait des fleurs, des tableaux, un beau bijou. L'hypothèse de l'achat d'une propriété en Bretagne – « l'air y est excellent pour les enfants ». Je vivais dans une étrange plénitude, décidée à lutter pour un petit garçon qui portait mon nom de jeune fille. Le nom de ma famille avec ses particules et ses ancêtres. La comtesse austro-hongroise, la grand-mère polonaise – juive ou pas –, l'homme d'affaires allemand et ceux de la branche « pur-sang » hongrois, ils étaient tous autour du berceau. Eux, je les acceptais, ainsi que la vénération de mes parents pour le petit. Enfin, j'étais fille-mère, plus personne n'avait prise sur moi.

Le petit garçon était d'une intelligence si vive que sa nurse disait : « Il va parler avant même de marcher, madame. » Il contemplait son monde. Un souvenir : à l'âge de trois ans, il a déclaré, la tête levée vers nous : « Cette année, je ne vais pas à Megève. » Nous n'avons jamais su pour quelle raison. Nous sommes donc partis pour Wengen. C'était le bébé le plus indépendant et le plus impatient, de mémoire de nurse. « Il ira très tôt à l'école », a déclaré une autre nurse. La première était partie : elle ne voulait pas être commandée par François – poliment, mais commandée. L'école ? Le mot a fait tilt, comme dans un jeu forain. École ? Ça veut dire un nom. Le mien ? Seulement le mien ? Je voulais en finir avec le « père inconnu ». Sur un coup de tête, j'ai dit à C.B. un soir, à son retour du journal, après la séance de décompression :

– Je t'aimerais toujours, comme je t'aime maintenant, mais je ne peux plus supporter ton avocat. Si tu ne veux pas te séparer de lui, garde-le. Mais moi, je m'en vais. Je sais qu'il a un jeune associé, je sais qu'il abandonne tout à ce successeur, mais...

J'ai continué doucement :

– J'en ai marre, j'en ai ras le bol, j'en ai gros sur la patate. Il me débecte, il m'a fait gerber dès le premier rendez-vous.

Je sentais puissamment mon intégration définitive à la France dans ce moment de révolte où je lâchai d'un seul souffle argot, injures, plus quelques petites grossièretés, modérées mais si saines.

— L'affaire va être jugée en Cour de cassation. Nous gagnerons.

— Mon cul, ai-je répondu avec grâce.

Dans « cul », il n'y a pas de « r ». Je prononçais donc le mot sans le moindre accent.

— Quoi ? dit-il. Quoi ?

Il n'en croyait pas ses oreilles.

— Mon cul.

— Christine, qu'est-ce qui t'arrive ?

J'ai enchaîné, toujours apparemment placide :

— Je veux une avocate, une femme, laïque, de gauche, spécialiste du divorce. Sinon, je me tire avec mes gosses !

— Quoi ?

— Je parlerai comme le peuple, les gens normaux. Je me ficherai du langage distingué. Je ne me nourrirai plus de références littéraires.

Effet foudroyant. J'ai ajouté :

— Cambronne avait raison.

— Quoi ?

— De donner à son mot une valeur nationale !

D'un coup sec, « sa » fée nordique — il m'appelait parfois ainsi —, la « blonde aux yeux verts » prononça — comme on ôte un sparadrap :

— J'en ai assez de ce bordel, mon amour !

Il était temps. J'avais attendu neuf ans avant de prononcer le mot « bordel ». C'est ce jour-là que je suis devenue définitivement française. N'empêche, l'idée m'a vaguement traversée que Victorien Sardou, l'auteur de *Madame Sans-Gêne*, a écrit aussi une pièce assez mal connue, intitulée *Divorçons*.

Mais on ne peut pas toujours chercher les signes, il y a le hasard aussi. Mais, au fait, est-ce que Victorien Sardou avait lui-même divorcé, oui ou non ?

**
*

Nous nous sommes bientôt retrouvés dans le bureau de Me Suzanne Blum, une femme à l'aspect sévère, aux courts cheveux blancs et au regard extraordinaire. Elle nous observait. Elle aussi avait besoin de temps pour nous comprendre et nous assumer. Nous étions un couple insolite. Le chauffeur habituel et un aide qu'il avait rameuté au garage avaient monté les dossiers. L'ascenseur en était plein. Une dame, un chihuahua dans les bras, les vit disparaître vers le haut de l'immeuble sans pouvoir trouver place dans la cabine. Les dossiers furent déposés en colonnes de dix, il y en avait environ cinquante. Nous nous sommes glissés dans des fauteuils, en face de Me Suzanne Blum et les questions ont commencé. Il ne fallut pas plus de quinze minutes pour faire apparaître les ténèbres de maladresse dans lesquelles nous étions enfoncés. Je n'éprouvai même pas la satisfaction morale d'avoir eu raison. Je pensais aux dossiers. Combien de temps faudrait-il à Me Suzanne Blum pour les étudier ? Elle demanda dix jours pour explorer les labyrinthes du procès de C.B. À la deuxième rencontre, elle dit à C.B. que notre affaire appelée en Cour de cassation contenait deux vices de forme qui avaient été glissés « avec beaucoup d'adresse ». La Cour de cassation ne s'intéresse par à l'aspect humain, mais uniquement à l'aspect juridique. « Si cette affaire est cassée, vous ne pourrez pas divorcer, monsieur Bellanger. »

Entre temps, C.B. avait revu le président de la Cour de cassation et découvert que la personne en question était le juge qui l'avait reçu lors de sa première requête. Entre ce premier rendez-vous et le dernier, en fin de parcours, plus de dix ans s'étaient écoulés. Le magistrat avait eu le temps de faire toute une brillante carrière et il se retrouvait en face de C.B., qui attendait toujours son divorce. Cette situation absurde était à l'image de notre vie.

*
* *

Nous avons réussi à nous marier au milieu de l'année 1964. Grâce à une initiative de M. Pleven, les enfants « hors mariage » pouvaient être légitimés avant d'arriver devant le maire. Ce droit de reconnaissance avait été obtenu après une longue bataille à l'Assemblée. Sans M. Pleven et ceux qui avaient voté pour sa loi, mes fils auraient dû rester comme les lépreux au Moyen Age, une clochette autour du cou, anonymes. Ou bien devenir belges ou américains. Je me serais installée avec eux à New York ou à Bruxelles. Vous dites que ce n'est pas la même chose ? En effet. Mais il y a des attaches surnaturelles avec certains lieux. Moi, j'aime Bruxelles, même sans sa Grand-Place. C.B. a pu les légitimer une demi-heure avant le mariage. Pas la veille ni l'avant-veille : une demi-heure avant. Il fallait juste espérer ne succomber ni à une crise cardiaque due à une succession de stress, ni à un accident. Enfin, les enfants étaient inscrits dans un registre. Bientôt, nous posséderions cet objet de culte, la base de la famille française traditionnelle : le livret de famille. Pas une virgule ne pourrait désormais y être changée. Il aurait fallu une vitrine pour lui, éclairée. Ou un coffre-fort codé. « Jamais vous ne

412

pourrez le remplacer, m'a-t-on dit. Il ne faut pas le perdre. »
Je ne sais pas comment c'est maintenant mais, dans les années
1960, l'objet était sacré.

Avenue Victor-Hugo, une splendide corbeille de roses
m'attendait, envoyée par le préfet. La surprise devait avoir été
préparée avec la complicité de C.B. qui lui avait fait parvenir
ma photo, car j'ai trouvé dans une enveloppe, avec ses félicitations, ma première carte d'identité de citoyenne française.

Cette carte d'identité française, au nom de Mme Claude
Bellanger, était le résultat d'un geste élégant et chevaleresque. Toute une procédure administrative de guichet en
guichet, de secteur en secteur, avait été évitée. Le parcours
obligatoire des apatrides, des personnes déplacées, des réfugiés, m'était épargné. J'aurais dû chaque fois être inscrite avec
mon état civil modifié. Le jour où j'ai eu besoin d'un acte de
naissance pour renouveler ma carte d'identité, le centre où
sont enregistrés les ex-apatrides a répondu que je n'étais pas
sur leur liste et qu'il n'y avait aucune trace de mon existence.
Nous avons bientôt découvert la clef de l'énigme. Le jour
même où j'ai reçu ma carte d'identité française, j'ai perdu
d'un seul coup mon passé administratif. J'ai été éliminée du
fichier. J'étais maintenant une Française créée de toutes pièces
depuis le jour de son mariage.

En attendant de trouver les preuves que j'existais, il me fallait
un acte de « notoriété » : deux personnes devaient jurer devant
un notaire qu'ils me connaissaient et confirmer mon nom. C'est
ainsi qu'on crève le plafond de l'absurde. Ensuite il fallait
remonter toute l'absurde filière depuis mon mariage blanc, le
passage de la frontière, mes divorces – faux ou vrais –, etc.

Voilà une « histoire de papier ». Quant à moi, je préfère le
papier sur lequel j'écris des histoires infiniment plus vraisem-

blables que ne l'est la mienne. Pour un roman, je n'aurais jamais choisi un sujet pareil, une telle épopée, si maladroite, si pénible, parfois si romantique aussi. Mais je l'ai vécue avec passion, cette histoire. C'était ça, notre secret, à C.B. et à moi : la passion, tour à tour anoblie, embourgeoisée, persécutée, sans cesse enflammée, mais que rien n'entamait.

Ce livre n'aura pas de suite. Je l'ai commencé à cause d'un hasard. Mais ce signe, cette provocation du destin, m'a permis de constater que cette vie valait la peine d'être vécue. Est-ce que je referais ce chemin de calvaire et de bonheur ? Est-ce que je le referais, sachant ce que je sais aujourd'hui ? La réponse surgit sans se faire attendre : oui.

Je recommencerais de la même manière. Pour l'homme que j'ai aimé tel qu'il était.

Je me tairais peut-être moins longtemps. Et encore. Je n'en suis pas sûre. Chacun de nous était le destin de l'autre. C'était l'évidence. Nous avancions au prix de concessions, pour ne pas nous perdre. Pour ne pas reculer lors de cette course d'obstacles qu'était notre route.

Il y a une autre raison qui serait — elle seule — suffisante. Pour la première fois de mon existence, j'aime un avocat. Ce n'est pas tout : un avocat m'aime. Il s'appelle François Bellanger, il est notre fils dont Claude a dit une fois : « Il est différent de tout le monde. François est différent. »

Dès que nous le pouvons, nous déjeunons en tête à tête dans notre restaurant préféré, chez *Roberto*, à Genève, où règne Marietta. Son regard, couleur bleu de Nil, s'arrête sur nous, elle sourit. Elle crée l'atmosphère, une atmosphère bleue.

Quand je regarde l'avocat, je pense que cela vaut la peine d'être mère. Grâce à lui, je ne suis pas volée de mes rêves qui me promettaient des maternités douces. Il a rendu crédible le rôle d'une mère. Existant.

Je lui raconte mes projets de romans, nous parlons souvent de littérature et de politique. Il a le don de l'écoute qu'avaient mes parents et Claude.

Depuis quelques mois, un sujet-vedette s'impose : François a un petit garçon qui s'appelle Antoine, comme mon père. L'enfant gambadera d'une branche à l'autre sur les arbres généalogiques de son grand-père et de sa grand-mère, qui ont réuni l'Occident et l'est de l'Europe. De quel côté s'attachera-t-il, Antoine ? Sera-t-il un homme du passé, un homme de l'avenir, un savant perdu dans les théorèmes ou un bohème romantique avec une guitare dans les mains ? Personne ne peut le prédire. On me le décrit pressé et doué d'un sens aigu de l'observation. En effet, il faut déjà soutenir son regard qui vous traverse. Si jamais il était psychanalyste un jour ou avocat — ce serait le comble —, personne ne réussirait à lui mentir. Il a six mois quand j'écris ces lignes. Il semble déjà tendre avec sa mère et son père.

***
****

On me félicite pour Antoine. Je déclare, non sans fierté, qu'il est né un 14 juillet, à 17 h 30, à l'heure des visites dans un monde ancien. Je montre ses photos. Elles sont admirées. Je suis presque dépaysée : pourrais-je être enfin comme tout le monde ? Me contenter de ces plaisirs si quotidiens et si sublimes ? Erreur. L'impatience me prend. Cette incorrigible, fabuleuse impatience qui m'a fait parcourir plusieurs fois le monde.

Je sais que je dois faire quelque chose dans l'immédiat, avant que je ne change d'avis, avant qu'un sujet m'emporte et que, embarquée dans mes rythmes fous, je commence une course d'obstacles. Je dois apprendre ce que ni Claude Bellanger ni moi nous n'avons jamais réussi à faire ensemble : je dois apprendre à flâner. Où commencer l'exercice ? Dans les vieilles rues pavées d'une ville d'Autriche. Une ville que j'adore. Oui, je vais passer une semaine à Salzbourg avec Mozart. Je voudrais réussir une expérience insolite : être insouciante. Mais d'abord, il faut définir ce qu'est l'insouciance... Se débarrasser de tout le poids du monde, du passé, du présent, ne pas faire la synthèse du sujet en cours d'écriture, ne pas vouloir assumer les vingt-quatre heures de la veille et les vingt-quatre heures du lendemain. Juste être. Être l'arbre qu'on regarde, s'enivrer de l'air pur, se griser du bonheur de vivre. Peut-être ainsi réussirai-je, ne fût-ce que quelques secondes, à m'abandonner à la beauté absolue, à la beauté qu'on écoute : à la musique qui vous emporte comme une lame de fond.

Pour vivre cette aventure, quelle frontière intérieure devrai-je traverser ? Pour le moment, si pressée que je sois, cela reste un mystère.

Impression réalisée sur CAMERON par

BRODARD & TAUPIN

GROUPE CPI

La Flèche

pour le compte des Éditions Fayard
en février 2001

Imprimé en France
Dépôt légal : mars 2001
N° d'édition : 9598 – N° d'impression : 6262
ISBN : 2-213-60815-6
35-33-1015-01/3